# JESUS TAUFT IN EINEM HEILIGEN GEIST

# Jesus tauft in *einem* Heiligen Geist

*Wer? Wie? Wann? Warum?*

David Pawson

ANCHOR

Copyright © 2023 David Pawson Ministry CIO

David Pawson ist gemäß dem Copyright,
Designs and Patents Act 1988 der Urheber dieses Werkes.

Herausgeber der deutschen Ausgabe 2023 in Großbritannien:
Anchor, ein Handelsname von David Pawson Publishing Ltd.,
Synegis House, 21 Crockhamwell Road,
Woodley, Reading RG5 3LE

Dieses Werk ist urheberrechtlich geschützt. Ohne vorherige schriftliche Genehmigung des Verlages darf kein Teil dieses Buches in irgendeiner Form vervielfältigt oder weitergegeben werden. Das betrifft auch die elektronische oder mechanische Vervielfältigung und Weitergabe, einschließlich Fotokopien, Aufzeichnungen und Systemen zur Informations- und Datenspeicherung und deren Wiedergewinnung.

Alle Bibelzitate stammen aus der Revidierten Elberfelder Bibel 2006, es sei denn, sie sind anderweitig gekennzeichnet.

Übersetzung: Werner Geischberger

**Weitere Titel von David Pawson,
einschließlich DVDs und CDs:
www.davidpawson.com**

**KOSTENLOSE DOWNLOADS:
www.davidpawson.org**

**Weitere Informationen:
info@davidpawsonministry.com**

**ISBN 978-1-913472-69-6**

Printed by Ingram Spark

# *Inhalt*

| | |
|---|---:|
| Vorwort | 9 |
| Prolog | 15 |

**1 Überraschende Wortkargheit** — **27**

| | |
|---|---:|
| Der Wegbereiter Jesu | 27 |
|     Lamm Gottes | 30 |
|     Täufer in Geist | 32 |
| Die Nachfolger Jesu | 34 |
|     Antike | 34 |
|     Moderne | 38 |

**2 Prophetische Verheißung** — **41**

| | |
|---|---:|
| Das Königreich Israel | 47 |
|     Das Unmögliche tun | 48 |
|     Das menschlich Unerreichbare sein | 51 |
|     Das Unfaßbare sagen | 54 |
| Das Reich Gottes | 61 |
|     Ein vom Geist gesalbter Souverän | 61 |
|     Vom Geist durchdrungene Untertanen | 64 |

**3 Endgültige Erfüllung** — **73**

| | |
|---|---:|
| Die Evangelien – vorher | 80 |
|     Synoptiker | 83 |
|     Johannes | 100 |
| Die Apostelgeschichte – während | 125 |
|     Pfingsten | 128 |
|     Nach Pfingsten | 135 |
| Die Briefe – nachher | 158 |
|     Paulinisch | 161 |
|     Nicht-Paulinisch | 185 |

## 4 Lehrmäßige Definition — 193
- Wer? — 194
  - Täufer — 194
  - Gläubige — 195
- Wie? — 196
  - Erfahrung — 197
  - Beweis — 198
- Wann? — 200
  - Start — 201
  - Eingliederung — 203
- Warum? — 207
  - Errettung — 208
  - Dienen — 217

## 5 Traditionelle Lehre — 221
- Die Erfahrung ging verloren — 225
  - Sakramental — 226
  - Evangelikal — 231
- Der Start in den Glauben ging verloren — 235
  - Puritaner — 236
  - Heiligung — 239
- Die Errettung ging verloren — 244
  - Pfingstlich — 244
  - Neo-pfingstlich — 248
- Die Taufe ging verloren — 251
  - Charismatisch — 251
  - Zeitgenössisch — 253

## 6 Jüngste Revisionen — **265**
Zeitverzögerte Erfahrung — 267
  Einfach — 271
  Mehrfach — 271
Definitives Ereignis — 274
  Vollständig — 275
  Unvollständig — 277

## 7 Praktische Probleme — **281**
Gläubige — 284
  Selbstzufrieden — 291
  Frustriert — 294
Ungläubige — 294
  In Wasser getauft — 296
  In Geist getauft — 298

Epilog — 301

# Vorwort

Es ist ein Genuss und eine Ehre zugleich, das Vorwort zu diesem wichtigen neuen Buch von David Pawson schreiben zu dürfen.

David und ich kennen uns jetzt schon seit etlichen Jahren. Jedes Mal, wenn wir uns treffen, kann man ganz real spüren, wie „Eisen Eisen schärft" – wie zwei Menschen im Licht der wohlgesinnten Kritik, die man beiderseits einbrachte, ihre theologischen Anschauungen verfeinerten und weiterentwickelten. Angesichts dessen möchte ich hier und jetzt erklären, dass ich Davids Ansichten zu meinen Schriften und zu meiner öffentlichen Lehre stets als außerordentlich scharfsinnig und hilfreich empfand.

Dies galt ganz besonders in der Zeit, nachdem ich mein Buch *Explaining Baptism in the Holy Spirit* („Taufe im Heiligen Geist erklären") veröffentlicht hatte. David war so freundlich mir zu sagen, wie sehr er meine Arbeit mit den biblischen Texten zu diesem Thema schätze und gleichzeitig brannte in ihm genügend Leidenschaft für diese Materie, um mir seine Bedenken über meine Auslegung dieser Texte mitzuteilen!

Meine eigene Sicht der Dinge war, dass die Lehre von der „Taufe im Heiligen Geist" für ein normatives biblisches Christsein absolut wesentlich sei. Genauer gesagt vertrat ich den Standpunkt (wovon ich niemals abrücken werde), dass jeder Mensch, der ein wahrer Nachfolger Christi werden möchte, über seine Sünden Buße tun, an den Herrn Jesus Christus glauben und sowohl in Wasser als auch im Heiligen Geist getauft werden müsse. Ich erklärte, dass ein umfassender und effektiver Einstieg ins Reich Gottes notwendigerweise all diese Aspekte der Wiedergeburt beinhalten müsse.

Ich formulierte auch meine Überzeugung, dass die Erfahrung, im Heiligen Geist getauft zu werden, etwas Intensives, „Immersives" (also „Eintauchendes") und „Invasives" (also „Eindringendes") an sich habe. Ich wies darauf hin, dass das griechische Wort für „taufen", *baptizo*, wörtlich „vollständig sättigen" bedeute. Anschließend machte ich jedoch den Fehler, mich für etwas auszusprechen, was David Pawson als die „Zeitbombentheorie der Geistestaufe" bezeichnet. Ich stellte, mit anderen Worten, die These auf, dass, wenn man bekehrt ist, es erstens möglich sei, im Heiligen Geist getauft zu sein, ohne sich dessen bewusst zu sein, und zweitens, dass die vollumfängliche Realisierung dieser Erfahrung erst später erfolgen könne, wenn der Geist, der uns beim Einstieg ins Glaubensleben bzw. bei der Bekehrung gegeben worden sei, zu einem späteren Zeitpunkt in Kraft „freigesetzt" werde.

David hatte die hier vorliegende Unstimmigkeit im Handumdrehen ausgemacht. Er formulierte seine Kritik folgendermaßen: „Wenn die Taufe im Heiligen Geist eine Erfahrung ist, die etwas Intensives, ‚Immersives' und ‚Invasives' an sich hat, wie kann man sie dann machen, ohne dass der Empfänger weiß, dass er sie gemacht hat? Wie können wir tatsächlich im Heiligen Geist getauft worden sein, wenn diese Erfahrung nicht dazu führt, dass wir ‚vollständig in der Kraft spendenden Gegenwart Gottes gesättigt' werden?"

Das ist wirklich eine sehr zielführende Frage, die den Dingen auf den Grund geht. Sollte ich mein Buch jemals neu schreiben, würde ich diesen Aspekt seiner Kritik natürlich berücksichtigen und meine Argumentation dementsprechend anpassen. Ja, heute würde ich mich vehement dafür aussprechen, dass diese Zeitbombentheorie über Bord geworfen werden muss und wir uns darum kümmern sollten, dass jeder Gläubige so gründlich im Heiligen Geist getauft wird, wie er – im Neuen Testament ersichtlich – in Wasser getauft wird, d. h. durch vollständiges Untertauchen!

Ich bin in der glücklichen Lage, ein solches Buch nicht schreiben zu müssen. In vielerlei Weise stellt *Jesus tauft in einem Heiligen Geist* dar, was ich hätte schreiben sollen, ja noch ungleich mehr! In dem vorliegenden Buch korrigiert David meine These und betont, dass das evangelikale Christentum in seiner Theologie und Praxis der Taufe im Heiligen Geist ganz dringend wieder eine zentrale Position zuweisen muss.

David und ich sind der Auffassung, dass dies vor allem für das charismatische evangelikale Christentum lebenswichtig ist. In den vergangenen Jahren haben viele Charismatiker den ureigensten Kern ihrer Identität aus den Augen verloren, der aufs Engste mit der Taufe im Heiligen Geist und der darauffolgenden

Ausdrucksform der *charismata* oder Geistesgaben verknüpft ist. Diese beiden Dinge sind das Herzstück dessen, was es heißt, ein charismatischer Christ zu sein. Doch seit den 1990er Jahren mehren sich die Anzeichen dafür, dass Charismatiker diese beiden Schwerpunkte vernachlässigen und stattdessen andere Dinge (wie zum Beispiel exotische „Manifestationen") an ihre Stelle setzen. Hier vollzieht sich ein äußerst gefährlicher, unterschwelliger und unsichtbarer Wandel – und Davids Buch ist ein Appell an die Charismatiker zur rechten Zeit, ein Appell, sich daran zu erinnern, aus welchem Holz sie geschnitzt sind und zu den Dingen zurückzukehren, die ihre wahre Identität ausmachen.

Deshalb möchte ich Flagge zeigen und sagen, dass ich dem von ganzem Herzen zustimme, was David auf Seite 203 schreibt: dass Sakramentalisten klar zwischen der Taufe im Wasser und der Taufe im Geist unterscheiden müssen; dass Evangelikale klar zwischen „an Jesus glauben" und „den Geist empfangen" unterscheiden müssen; und dass Pfingstler ihre Sichtweise preisgeben müssen, dass man den Geist zweimal empfange. Was wir heute brauchen, ist eine umfassende Sicht vom Einstieg ins Glaubensleben bzw. von der Bekehrung, die Folgendes umfasst: Buße über Sünde, Glauben an Christus, Wassertaufe und den Empfang der Gabe des Heiligen Geistes in Kraft (das „Eintauchen", von dem David spricht).

All das ist für uns am Übergang zum neuen Jahrtausend von eminenter Bedeutung. Überall gibt es Hinweise darauf, dass unsere Nation Großbritannien im Begriff ist, aufzuwachen, dass immer mehr Menschen Gott suchen.

# VORWORT

Es gibt, kurz gesagt, Anzeichen für etwas, das einige Leute gerne „Erweckung" nennen. Wenn dem so ist (und ich glaube, dass dem so ist), dann werden in den Jahren, die vor uns liegen, viele Menschen zum Glauben an Christus kommen. Damit diese jungen Gläubigen einen wirksamen und nachhaltigen Start in Christus bekommen, ist es von höchster Dringlichkeit, großen Wert auf die Lehre und Erfahrung der „Geistestaufe" zu legen. Das ist ganz entscheidend, um sicher zu gehen, dass sie eine „normale christliche Geburt" erleben.

Dr. Mark Stibbe, 1997

# JESUS TAUFT IN EINEM HEILIGEN GEIST

# Prolog

Den Pfingstsonntag mochte ich überhaupt nicht. Jahr für Jahr musste ich zwei Predigten über den Heiligen Geist vorbereiten. Jedes Mal kratzte ich dafür alles zusammen, was mein karges Wissen hergab, das mir nur zwei Möglichkeiten ließ, mich dem Thema zu nähern.

Ich konnte es von der *historischen* Seite her anpacken. Pfingsten war der „Geburtstag" der Gemeinde, ein Ereignis, das nicht wiederholt, aber dessen gedacht werden sollte. Man konnte einen Vergleich ziehen zwischen der Gemeinde und einem Raumschiff:

Nach einem feurigen und lauten Start schwebe es nun still und ruhig in seiner Umlaufbahn. Eine Hymne, die wir sangen, beschrieb die Aktivität des Heiligen Geistes als „sanft wie ein abendlicher Hauch".

Ich konnte aber auch den *lehrmäßigen* Ansatz wählen. Anhand zahlreicher Werke über systematische Theologie, die mein Bücherregal zierten, konnte ich eine Liste der Eigenschaften und Aktivitäten des Heiligen Geistes zusammenstellen und stets darauf hinweisen, dass er die scheue Person in der Dreieinigkeit sei, die sich im Hintergrund halte und keinerlei Aufmerksamkeit auf sich selbst lenken wolle.

Der *existenzielle* Ansatz war allerdings nicht möglich. Weder hatte ich eine bewusste Beziehung zum Heiligen Geist noch irgendwelche direkten Erfahrungen mit seiner Kraft und deshalb konnte ich zur Veranschaulichung auch nicht auf etwas Derartiges zurückgreifen. Nicht dass irgendjemandem diese Dimensionen gefehlt hätte: Meine Zuhörer und ich, wir saßen fast alle im selben Boot.

Und so seufzte ich erleichtert auf, als diese Tage im Jahreslauf hinter mir lagen und ich wieder ein Evangelium predigen konnte, bei dem der Vater und der Sohn im Mittelpunkt standen. Bis zum nächsten Jahr!

Doch diese Situation bereitete mir stets ein undefinierbares Unbehagen. Ich spürte, dass ich mehr über den Heiligen Geist wissen sollte, aber erst später wurde mir klar, dass ich ihn persönlich kennen musste.

Zweifellos war ich, was den Heiligen Geist betraf, neugierig. Im Rahmen meiner universitären Arbeit nach Abschluss meines Studiums in Cambridge hatte ich mir das Ziel gesetzt, eine „Mini-Doktorarbeit" mit dem Titel „Was geschah am ersten Pfingsttag?" zu schreiben. Nachdem ich alle relevanten Bücher in der Universitätsbibliothek studiert hatte, schrieb ich eine Abhandlung, die zu der naiven Schlussfolgerung kam, dass es heute niemand mehr weiß. Die Fachleute, die ich konsultierte, waren mit ihren Auslegungen derart geteilter Meinung, dass ich mutmaßte, das ursprüngliche Ereignis liege schon zu weit zurück und sei zu weit weg, als dass irgendjemand Gewissheit darüber haben könnte. Ein derart skeptisches Fazit wäre für meinen Tutor akzeptabel, vorausgesetzt, ich hatte meine Hausaufgaben gemacht. Doch klüger war ich dadurch auch nicht geworden.

Meine Unzufriedenheit mit alledem wuchs stetig und strebte auf einen Höhepunkt zu. Ich beschloss, mir predigender Weise einen Weg aus meiner Unwissenheit zu bahnen und verkündete kühn vor der Gemeinde, dass ich eine längere Predigtreihe über den Heiligen Geist halten und mich dabei durch jeden biblischen Verweis auf seine Person und sein Wirken arbeiten würde. Dabei hatte ich es ganz minutiös so ausgetüftelt, dass ich am Pfingstsonntag bei der Apostelgeschichte ankommen würde.

Ich hoffte, dass am Ende der Predigtreihe meine Neugier gestillt und meine Schuldgefühle getilgt sein würden. Nicht im Traum hatte ich daran gedacht, was letztendlich tatsächlich dabei herauskommen würde. Drei persönliche Begegnungen fielen in die Zeit dieser ausgedehnten Bibelauslegung (Zufall?).

Die erste fand auf einer Konferenz für evangelikale Pastoren im Herne Bay Court Christian Holiday Centre in der Grafschaft Kent statt. Bei meiner Ankunft flüsterte mir ein Freund, der bereits den Zimmerbelegungsplan gesehen hatte, entsetzt ins Ohr: „Du musst dir das Zimmer mit jemandem teilen, der in Zungen redet." Sein Tonfall wäre nicht viel anders gewesen, wenn er in der Badewanne ein Krokodil gesichtet hätte. An jenem Abend war mir etwas bange, als ich auf mein Zimmer ging, weil ich eine unruhige Nacht erwartete. Doch meine Befürchtungen erwies sich als unbegründet. Mein Zimmerkollege war sanftmütig, freundlich und still (er schnarchte nicht einmal!). Ja, er wirkte so gewöhnlich, und dennoch wusste ich, dass in der Gemeinde, deren Pastor er war (die

Basingstoke Baptists), einige außergewöhnliche Dinge vonstattengegangen waren. Mein Appetit war angeregt worden und später besuchte ich dann Michael Pusey, weil ich mehr herausfinden wollte.

Ich wohnte in unmittelbarer Nähe von Stoke Poges (wo „Elegy in a Country Churchyard" von Grey geschrieben wurde), wo es ein anglikanisches Einkehrzentrum gab. Nachdem ich erfahren hatte, dass sich dort ein kleiner Hauskreis traf, um sich über den Heiligen Geist auszutauschen, schaute ich ein oder zweimal vorbei. Ich erinnere mich noch, dass ich dort Michael Harper und Harry Greenwood traf. Das war Anfang der 1960er Jahre und man berichtete dort, dass die großen Denominationen im Begriff seien, „Pfingsten" neu zu entdecken. Bis dahin hatte sich meine Erfahrung darauf beschränkt, mit den Pastoren dieser Denominationen in Brüder- oder Leitertreffen beisammen zu sein, wo sie, vermutlich um der ökumenischen Akzeptanz willen, mit ihren speziellen Überzeugungen und deren praktischer Umsetzung hinter dem Berg hielten. Jetzt war ich im Begriff, etwas über diese Dinge zu erfahren und zwar durch Leute, die auf der anderen Seite des Zauns standen. Zum ersten Mal hörte ich eine „Zungenrede" und deren Auslegung. Damit kam ich dem Ganzen schon etwas näher.

Meine dritte Begegnung fand in meinem engeren Umfeld statt. Einer unserer Diakone war ein Mann, den ich nur als „merkwürdig" bezeichnen kann. So, wie es aussah, war er der selbsternannte Oppositionsführer (setzt Gott so jemanden in jede Gemeinde hinein, um sicher zu gehen, dass der Pastor auch ja demütig bleibt?).

Er war scharfsinnig und intelligent und konnte gegen Veränderungen, die ich vorschlug, überaus überzeugende Argumente ins Feld führen. Nach frustrierenden Sitzungen, in denen praktische Abläufe in der Gemeinde erörtert wurden, sagte meine Frau immer: „Schenk ihm keine Beachtung. Die anderen sind auf deiner Seite."

Doch einmal im Jahr hatte ich „Schonzeit". Er war etwas schwach auf der Brust und bekam immer zum Frühlingsende hin Heuschnupfen, wodurch seine Lungen so sehr verschleimten, dass er manchmal tagelang, wenn nicht wochenlang, das Bett hüten musste. Eine derartige Verschlechterung seiner Gesundheit trat auch ein, als ich gerade im Begriff war, im Rahmen meiner Predigtreihe über den Heiligen Geist vom Alten zum Neuen Testament überzugehen.

Eines Sonntagnachmittags besuchte ich ihn und auf meinem Weg dorthin musste ich die ganze Zeit an Jakobus, Kapitel 5, denken. Als ich bei James (den so gut wie jeder „Jimmy" nannte) ankam, fragte er mich ohne lange Vorrede, wie ich denn Jakobus 5 sähe und ob ich ihn nicht salben könne, damit er gesund würde, weil er am darauffolgenden Donnerstag einen wichtigen geschäftlichen Termin in der Schweiz hätte. Ich sagte, ich würde darüber beten (eine fromme Ausflucht!).

Am Mittwoch rief mich seine Frau an und fragte mich, wann ich denn nun zu ihnen kommen würde. Da mir keine Ausrede einfiel, sagte ich zu und erklärte, ich würde an jenem Abend noch ein paar andere Gemeindeleiter mitbringen. Ich kaufte eine große Flasche Olivenöl und ging ins Gemeindegebäude, um – in der Kanzel kniend

– für eine erfolgreiche Krankensalbung zu beten.

Es ist nicht einfach, für jemanden um Heilung zu bitten, den man gerne noch ein oder zwei Wochen ans Bett gefesselt sehen würde! Da ich sehr gemischte Beweggründe hatte, entspann sich eine Debatte mit dem Herrn. Wie war ich nur in diesen Schlamassel hineingeraten?! Wenn es nicht funktionieren würde, wäre er mir nur ein noch größerer Stachel im Fleisch. Und ich konnte ihn sowieso nicht heilen. Ich hatte diese Kraft des Heiligen Geistes noch nicht. Es würde alles total schief gehen. Mein Gebet verstummte.

Urplötzlich begann ich, von ganzem Herzen und mit meiner ganzen Seele für ihn zu beten. Die Worte strömten nur so aus mir heraus – allerdings nicht in meiner Muttersprache Englisch. Ein Teil meines Gehirns sagte mir, das höre sich an wie Chinesisch. Ich erinnere mich noch, wie ich auf meine Uhr sah und dachte, sie müsse stehen geblieben sein, denn ich konnte ja wohl kaum eine ganze Stunde lang geredet haben. Ich fragte mich, ob ich dasselbe noch mal tun könnte – und stellte fest, dass aus demselben Mund eine ganz andere Sprache herauskam.

Meine Begeisterung war mehr intellektueller als emotioneller Natur. Das war es also, was in Apostelgeschichte 2 geschehen war. Ich wurde im Heiligen Geist getauft. Das bedeutete Kraft. An jenem Abend würde in Jimmys Zimmer etwas passieren. Davon war ich überzeugt.

Als es dann soweit war, packten wir die Sache sehr amateurhaft an. Wir arbeiteten uns durch den letzten Teil des Jakobusbriefs, so als wäre er ein Handbuch für eine Autoreparatur. Es hieß, man müsse einander die Sünden bekennen; also sagte ich zu Jimmy, dass ich ihn nie gemocht hatte und er sagte, dies beruhe auf Gegenseitigkeit. Dann goss ich das Öl über seinen Kopf in der Vermutung, die Wirkung sei umso stärker, je mehr man davon verwendet. Er saß vornüber gebückt und wir knieten um ihn herum und beteten. Raten Sie mal, was geschah? Absolut nichts!

Mir fiel nichts mehr ein, was ich als Nächstes tun oder sagen könnte und trat deshalb einen hektischen Rückzug in Richtung Ausgang an. Kurz bevor ich das Weite suchte, stammelte ich noch: „Wann geht denn dein Flugzeug morgen Vormittag? Ich fahr dich zum Flughafen." Dann floh ich. In jener Nacht tat ich kaum ein Auge zu, weil mir davor graute, mit seiner Enttäuschung konfrontiert zu werden.

Am nächsten Tag meldete ich mich auch nicht bei ihm. Er rief mich an – um mir zu sagen, dass er bereit sei und ich ihn nun abholen könne. Mitten in der Nacht sei es so gewesen, als hätten zwei riesige Hände seine Lungen zusammengedrückt und die ganze Flüssigkeit herausgepresst. Er sei beim Arzt gewesen und dieser habe gesagt, er sei fit genug, um die Reise antreten zu können. Er habe sich auch noch die Haare schneiden lassen wollen, doch der Friseur wollte erst ans Werk gehen, nachdem er sich gründlich die Haare gewaschen hätte („Noch nie zuvor habe ich so fettiges Haar gesehen!").

Jimmy war ab diesem Zeitpunkt von seiner Krankheit befreit. Er und seine Frau wurden kurz darauf selbst mit dem Geist erfüllt. Und zur Krönung des Ganzen wurde er mein bester Freund und Vertrauter in dieser Gemeinde.

Es war mehr Heilung geschehen, als ich es mir in meinen kühnsten Träumen ausmalen konnte. Als mir später dann Kritiker weismachen wollten, solche Geschehnisse seien das Werk des Teufels, können Sie sich vorstellen, wie ich reagiert habe!

Aber ich wollte ganz sicher sein, dass es von Gott war. Die wichtigste Prüfung, der ich die meisten Dinge unterzog, war der in der Schrift offenbarte Wille Gottes. Ich war ja schon dabei, für meine Predigtreihe genau dieses Thema zu studieren. Doch jetzt ergab alles einen Sinn und wurde für mich lebendig. Die Verheißung des Vaters, das Gebet des Sohnes und die Kraft des Geistes waren genau dieselben, wie eh und je in diesen „letzten Tagen" zwischen dem ersten und zweiten Kommen Jesu auf unserem Planeten Erde.

Am darauffolgenden Sonntag stand ich auf, um die nächste Predigt in meiner Reihe zu halten, mit der ich inzwischen bei der zweiten Hälfte des Johannesevangeliums angelangt war (wo es ständig um den verheißenen Tröster oder Beistand geht). Ich fühlte mich nicht anders als zuvor und das Material hatte ich größtenteils schon in den vorangegangenen Wochen fertiggestellt. Doch nach dem Gottesdienst fragte mich ein junger Mann: „Was ist mit Ihnen in dieser Woche geschehen?" Als ich nachhakte und den Grund seiner Frage wissen wollte, bekam ich eine niederschmetternde Antwort, die mir Grund zur Freude gab: „Vorigen Sonntag wussten Sie nicht, wovon Sie redeten; heute schon." Ken ist heute selbst Pastor.

Der Rest ist, wie man so schön sagt, Geschichte.

Diese neue Dimension, die mein Dienst hinzugewann, öffnete mir neue Türen und Betätigungsfelder, während andere geschlossen wurden. Nachdem ich einen Ruf als „Evangelikaler" erlangt hatte, stand ich nun immer mehr im Verdacht, ein „Charismatiker" zu werden. Ein Freund, ein berühmter Bibellehrer, fragte mich, ob ich meine Fähigkeit zum kritischen Denken verloren hätte. Damit wollte er sagen, ich hätte das Denken gegen Gefühle, Theologie gegen Erfahrung und die Schrift gegen den Geist eingetauscht.

Das alles war für mich rätselhaft und frustrierend. Mit der neuen Erfahrung war ein neues Verständnis einhergegangen. Theologie und Erfahrung brachten sich gegenseitig zum Leuchten. Ich studierte die Schrift mehr als je zuvor, fest entschlossen herauszufinden, was das Wort über den Geist sagt, und dabei fand ich, quasi als Bonus, auch heraus, was der Geist über das Wort sagt. Ich konnte mich nun mit so vielen Aussagen der Bibel identifizieren, denen ich vorher mehrheitlich gar keine Beachtung geschenkt hatte, weil ich sie für Bezugnahmen auf eine längst vergangene Epoche gehalten hatte.

Seither erkläre und praktiziere ich „Geistesgaben" (Prophetie, Heilung, Worte der Erkenntnis und Weisheit), doch im Mittelpunkt meines Denkens steht diese Ersterfahrung des Heiligen Geistes, die man oft als „Taufe im Heiligen Geist" bezeichnet. Meinem Verständnis nach habe ich genau das erlebt, als ich an jenem Tag allein in der Kanzel kniete. Doch das war siebzehn Jahre nachdem ich Christus als meinen Herrn und Heiland „angenommen" hatte. Warum musste ich so lange warten? Müssen das andere auch? Müssen wir in unserem geistlichen Wachstum erst eine bestimmte Stufe erreichen, bevor wir dafür in Betracht kommen?

Ich befragte einmal den Evangelisten David Shepherd zu diesem Thema. In seinem breiten Waliser Akzent, den man auf Papier nicht wiedergeben kann, polterte er: „Ist dir das nicht aufgefallen? Die Jünger wurden in Apostelgeschichte 2 im Geist getauft, nicht in Apostelgeschichte 28 – am Anfang, nicht am Ende!" Was seine Auslegung anbelangt, bin ich mir nicht so sicher, aber seine Antwort veranlasste mich, erneut meine Bibel zu befragen und die Dinge aus einem etwas anderen Blickwinkel zu betrachten.

Dieses Buch konzentriert sich einzig und allein auf das Thema Geistestaufe und stellt im Besonderen vier Fragen: **WER** tauft und wird getauft? **WIE** geschieht das? **WANN** sollte das stattfinden? Und vor allem **WARUM**?

Auch wenn es sich in Grenzen hält, kommt es dabei unweigerlich zu Überschneidungen mit zwei meiner anderen Bücher, nämlich *Wiedergeburt – Start in ein gesundes Leben als Christ* und *Fourth Wave* (nur auf Englisch; vergriffen). In beiden Büchern wird Geistestaufe in einem breiteren Kontext beleuchtet. Diese Betrachtung geht tiefer und betritt Neuland, indem sie die historische Entwicklung dieser Lehre erörtert.

Ein erstaunlicher Umschwung, der sich in jüngster Vergangenheit vollzogen hat, drängte mich, wieder etwas zu Papier zu bringen. Nachdem sie ein Jahrhundert lang eine herausragende Position innehatte – zuerst außerhalb der großen Denominationen, dann innerhalb –, rückt

„Taufe im Heiligen Geist" jetzt allmählich wieder in den Hintergrund (diesem Trend und seinen Ursachen wird in Kapitel 4 nachgegangen).

Bevor man diesen überraschenden Niedergang akzeptiert, muss man sich drängenden Fragen stellen. Laufen wir Gefahr, etwas Lebenswichtiges zu verlieren? Wie elementar ist seine Bedeutung für das Christenleben? Wie nötig ist es für dieses neue Jahrtausend, das gerade anbricht?

Zweifellos trägt es zur allgemeinen Verwirrung bei, dass man innerhalb der christlichen Kirchen und Gemeinden eine breite Palette unterschiedlicher Meinungen zu diesem Thema findet. Es gibt teils massive Differenzen. Können hier Brücken geschlagen werden? Können wir miteinander versöhnt werden? Und mit der Schrift?

Es ist mir ein leidenschaftliches Anliegen, dass Wort und Geist zusammenkommen und im Einklang miteinander sind. Ich glaube, dass sich Theologie in der Erfahrung niederschlagen und Erfahrung auf Theologie gegründet sein muss. Das eine ohne das andere ist eine Verzerrung des christlichen Glaubens und anfällig für folgenschwere Irrtümer.

Manche Leser werden versucht sein, die detaillierte Exegese relevanter Schriftstellen (in Kapitel 2 und 3) zu überspringen oder zu überfliegen, weil sie neugierig sind, ob ich Schlussfolgerungen ziehen werde, die sie billigen oder ablehnen. Doch die Wurzeln des Studiums sind genauso wichtig wie die Früchte und man sollte beides abwägen und beurteilen. Insbesondere hoffe ich, dass all jene, die sich mit praktischen Problemen (denen wir uns in Kapitel 7 stellen werden) herumschlagen, diesen

Schwierigkeiten nicht das letzte Wort überlassen und ihre letztendliche Überzeugung nicht von ihnen prägen lassen, sondern vielmehr mit mir zusammen zur Bibel zurückgehen, damit Gott selbst das letzte Wort hat.

*Anmerkung:* „Der Heilige Geist" ist landläufig ein Name für die dritte Person der Dreieinigkeit. Ich gebrauche jedoch verschiedene Varianten dieser Formulierung, um die Aufmerksamkeit des Lesers auf die sich kontinuierlich entfaltende Offenbarung der Schrift zu lenken. *„Getauft in heiligem Geist"* ist eine wörtliche Übersetzung aus dem Griechischen (ohne den bestimmten Artikel), die eher auf Kraft als auf eine Person hindeutet; und „heilig" (klein geschrieben) wird als Adjektiv gebraucht, um eine Wesenseigenschaft zu beschreiben. Außerdem wird zwischen dem göttlichen und dem menschlichen Geist unterschieden (was im Englischen die unterschiedliche Verwendung von Groß- und Kleinschreibung bewerkstelligt). Später verwende ich dann meist Begriffe, die in aktuellen Diskussionen gebräuchlich sind, wie zum Beispiel „Taufe im Geist" oder „Geistestaufe". In jedem Fall bestimmt der Kontext die Terminologie.

# 1

# Überraschende Wortkargheit

Jesus war und ist ein Täufer. Er hatte diesen Titel mit seinem Cousin gemeinsam. Ja, im Grunde genommen war es Johannes, der ihm diesen Titel verlieh, nachdem Johannes selbst von der Bevölkerung so genannt worden war.

### DER WEGBEREITER JESU

Was mehr Spitzname als Name war – „Täufer" –, diente als eine Art „Jobbeschreibung". Die Grundbedeutung von „taufen" ist: in einen festen oder flüssigen Stoff eintauchen bzw. untertauchen. Da Johannes genau das mit Leuten im Jordan machte, überrascht es nicht, dass er als „Johannes der Eintaucher" oder „Johannes der Untertaucher" bekannt wurde – eine Formulierung, die unsere Bibeln eigentlich verwenden sollten (bedauerlicherweise wird im Englischen in den meisten Versionen das griechische Wort erst gar nicht in ein entsprechendes englisches Wort übertragen, sondern man schreibt es einfach nur in lateinischen Buchstaben: *baptize*).

Johannes tat das aus einem ganz einfachen Grund – um die Leute sauber zu bekommen. Doch der Jordan ist nicht nur der Fluss, der weltweit am tiefsten liegt, sondern auch eines der schlammigsten Gewässer, vor allem an seinem Unterlauf, kurz bevor er ins Tote Meer mündet. Der Aussätzige Naaman war nicht der einzige, der es für eine Zumutung hielt, in dem schmutzigen kleinen Fluss eine Waschung vorzunehmen!

Doch bei dieser Übung ging es nicht um körperliche Reinlichkeit. Johannes sah seine Taufe als ein „Sakrament" (auch wenn er dieses Wort nicht verwendet hätte), eine physische Tat mit moralischen und geistlichen Auswirkungen. In diesem Fall sollten vergangene Sünden weggewaschen, d. h. vergeben, werden. Der Getaufte sollte mit einem reinen Gewissen wieder aus dem Fluss heraussteigen.

Dies würde nicht daran liegen, dass das Wasser eine spezielle Eigenschaft aufwies, sondern daran, dass der Gott, der Johannes anwies zu taufen, ein Wunder wirken würde, sobald er es tat. Dies geschah auch nicht automatisch: Es funktionierte nur bei jenen, die ihre Sünden erkannten, bereit waren, sie in einem öffentlichen Bekenntnis beim Namen zu nennen und mit ihrem Verhalten bewiesen hatten, dass sie tatsächlich Buße über diese Sünden getan hatten, also von der Abkehr bis hin zur Wiedergutmachung. Es war kein magisches, sondern ein durch und durch moralisches Wunder.

Der Grund dieser Vorgehensweise des Johannes war so einfach zu erklären wie ihr Zweck: Das Reich Gottes war nahe. Die Zeit war nahe herangerückt, in der die Herrschaft Gottes in die menschlichen Geschicke eingreifen würde, wonach sich das Volk Gottes ja schon seit Langem gesehnt hatte. Doch jetzt, als es unmittelbar bevorstand, waren sie alles anderes als bereit. Ein heiliger Gott würde bei Sünde nicht einfach ein Auge zudrücken – schon gleich gar nicht bei seiner eigenen Nation. Er würde mit Feuer kommen und alles verbrennen, was gottlos war.

Johannes wusste auch, dass Gott durch einen König wie David – ja sogar durch einen Sohn Davids – sein Reich auf Erden wiederaufrichten würde. Johannes wusste, dass er selbst nicht der „Messias" war und fand erst sehr spät heraus, dass es sein eigener Cousin war. Aber er sah sich als den, der ihm den Weg bereiten würde, als den „Vorgänger", den „Elia" vor dem „Elisa".

Johannes rief also die Kinder Israels zurück an genau den Ort, an dem sie durch den Fluss hindurch ins verheißene Land Kanaan gegangen waren – um noch einmal ganz von vorne zu beginnen, um sauber und rein neu anzufangen.

Er war mit dieser Aufgabe zufrieden; er war glücklich damit, eine Stimme in genau der Wüste zu sein, in der er zur Vorbereitung viele einsame Jahre zugebracht hatte. Was seine eigene Person anbelangte, hatte er keinerlei Ehrgeiz und war bereit, als Brautführer die Braut dem Bräutigam zu übergeben und selbst abzunehmen, während dieser zunehmen sollte.

Doch welchen Einschränkungen sein Tun unterlag, war ihm nur allzu bewusst. So wirkte er beispielsweise selbst keine Wunder im Bereich Heilung oder Befreiung. Sogar die Sündenvergebung, die er durch die Taufe vermittelte, reichte nicht aus, um das abzudecken, was sündhafte Menschen tatsächlich brauchten.

Er konnte sie von Sünden in der Vergangenheit befreien, aber nicht vor Sünden in der Zukunft beschützen. Er konnte dafür sorgen, dass sie rein wurden, aber nicht, dass sie rein blieben. Er konnte Sünden erlassen, aber nicht wegnehmen. Mit anderen Worten: Durch Johannes von Schuld erleichtert zu werden konnte nur etwas Vorübergehendes sein. Die Menschen brauchten viel mehr Hilfe, als er ihnen geben konnte, wenn sie von ihrer starrsinnigen Ichbezogenheit dauerhaft kuriert werden sollten.

Johannes hatte schlicht und einfach nicht die Vollmacht, um im Leben seiner Zuhörer eine derartige Umgestaltung zu bewirken. Aber er kannte jemanden, der sie hatte. Genau die Person, deren Wegbereiter er war, war „stärker als er" und deshalb auch größerer Ehre wert. Johannes fühlte sich nicht würdig, die Riemen seiner Sandalen zu lösen (das war die Aufgabe des zweitniedrigsten Sklaven; der niedrigste musste den Leuten die Füße waschen!).

Es gab zwei Dinge, die „der Kommende" für Sünder tun würde – niemand sonst war dazu in der Lage.

**Lamm Gottes:** Nachdem Johannes begriffen hatte, dass sein Cousin Jesus der Erwartete war, wies er mit denkwürdigen Worten auf ihn hin: *„Siehe, das Lamm Gottes, das die Sünde der Welt wegnimmt!"* (Joh 1,29). Es lohnt sich, diese Aussage im Detail zu betrachten – eine wirklich erstaunliche Behauptung.

Da Johannes' Anhänger Juden waren, ist es legitim, die Frage zu stellen, welche Assoziationen dieses Statement in ihnen geweckt haben dürfte. Die Opferung von Lämmern zur Sühnung von Sünden war für sie nichts Unbekanntes, auch wenn es sich dabei um ältere Tiere mit Hörnern handelte (im Deutschen wäre die Bezeichnung „Bock" oder „Schafsbock" weitaus treffender). Andere dachten vielleicht an den Sündenbock (einen Ziegenbock), der die Sünden des Volkes in die Wüste hinaustrug. Doch sowohl Schafböcke als auch Ziegenböcke mussten immer wieder geopfert werden, während die Aussage des Johannes etwas Endgültiges an sich hat – „wegnehmen" im Sinne von „ein für alle Mal wegnehmen".

Es überrascht jedoch, dass es sich um eine allgemeingültige Aussage mit universeller Anwendbarkeit handelt. Das Wirken des Johannes galt seinem eigenen Volk, dessen Zukunftshoffnung nicht selten nationalistisch geprägt war. Doch hier haben wir eine Aussage, die sich über alle ethnischen Barrieren hinwegsetzt und deren Nutznießer die ganze Menschheit sein konnte. Alle *Gojim* (Nichtjuden) sind darin eingeschlossen.

Christen, die diese Aussage lesen, neigen meist zu der Anschauung, sie sei in dem Opfer erfüllt worden, das Jesus ein für alle Mal am Kreuz erbracht hat. Doch diese Anwendung könnte nicht weitreichend genug sein. Das Verb „wegnehmen" steht in der Verlaufsform der Gegenwart: *„...das weiterhin wegnimmt"*. Diese Formulierung scheint auf eine kontinuierliche Aufgabe hinzudeuten, die sich über Zeit und Raum erstreckt, wie es ja tatsächlich der Fall war und auch weiterhin ist. Sie wird nicht aufhören, solange die Enden der Erde und das

Ende dieses Zeitalters noch nicht erreicht sind.

Doch so wunderbar es auch ist – beim „Wegnehmen" geht es um ein „negatives" Geschehen. Was wird an seine Stelle gesetzt? Was wird den entstandenen Leerraum im menschlichen Herzen ausfüllen? Was wird verhindern, dass sieben unreine Geister kommen und die saubere, aber leerstehende Wohnung neu in Besitz nehmen? Johannes gab eine klare und zwingende Antwort auf all diese Fragen. Seine negative Voraussage wurde durch eine sehr positive Verheißung ergänzt.

**Täufer in Geist:** Eine Aussage des Johannes, die sehr direkt und gerade heraus über seine Lippen kam, wird uns wohl am besten in Erinnerung bleiben: *„Ich taufe euch in Wasser, aber er wird euch in heiligem Geist taufen"* (Mk 1,8; wörtl. a. d. Engl.).

Wir werden uns später (in Kapitel 3) noch eingehend mit diesem Zitat befassen, doch an dieser Stelle kann schon einmal vorläufig festgehalten werden, was die Juden, die Johannes zuhörten, wohl mit diesen Worten assoziiert haben mögen.

„Geist" war sicher nichts Neues für sie. In ihrer Geschichte gab es viele Beispiele dafür, dass der Geist Gottes, seine unsichtbare Kraft, auf ganz gewöhnliche Männer und Frauen kam und sie befähigte, außergewöhnliche Dinge zu tun (in Kapitel 2 finden Sie eine Zusammenfassung der Aktivitäten des Geistes im Alten Testament).

In Geist „getauft" zu werden dürfte für sie eine neue Vorstellung gewesen sein. Doch dass jemand

„untergetaucht" wird, war ihnen aufgrund dessen, was Johannes am Jordan tat, mittlerweile vertraut. In gewisser Weise gab es Analogien zwischen beiden Taufen: Beide waren die „überwältigende" Erfahrung, vollständig in ein frisches Medium eingetaucht zu werden.

Doch am stärksten betont dieses Zitat des Johannes das Adjektiv „heilig". In etlichen Bibelübersetzungen wird fälschlicherweise der bestimmte Artikel („der") eingefügt, wodurch eine Beschreibung zu einem Namen wird. (Ausführliche Erläuterungen dazu finden Sie in Anhang 2 von *Wiedergeburt – Start in ein gesundes Leben als Christ*.) Johannes verhieß, dass sie „in *heiligen* Geist eingetaucht" werden würden – das wahre Mittel gegen ihren sündhaften Zustand. Dieselbe Person, die ihre Sünde wegnahm, würde sie in Heiligkeit tränken.

„Heilig" war ein Begriff, der den Juden durch und durch vertraut war. Ihr Gott war „der Heilige Israels" und sie waren dazu berufen, „heilig zu sein, wie er heilig ist". Ein heiliges Volk zu sein bedeutete, ein abgesondertes Volk zu sein – im negativen Sinne von Sünde; im positiven Sinne für Gott. Nicht nur rein, sondern rein genug, um ausschließlich Gott zur Verfügung zu stehen.

Dieses Eintauchen in heiligen Geist war das mit Abstand auffälligste Merkmal der Predigt des Johannes. Es überrascht, dass er nur bei einer einzigen Gelegenheit vor einer kleineren Zuhörerschaft darüber sprach, dass das Lamm Gottes die Sünde der Welt wegnehme, doch über „Taufe in Geist" heißt es: „Das war seine Botschaft" (Mk 1,7; wörtl. „Er predigte weiterhin."). Regelmäßig und immer wieder warnte er seine Jünger mit dem Hinweis, eine Taufe in Wasser zur Vergebung von Sünden sei nicht genug, jedoch alles, was er für sie tun könne. Sie müssten zu einem anderen Täufer weitergehen und zu einer anderen Taufe, wenn sie nicht wieder in ihren früheren Zustand zurückfallen wollten. Der saubere Beginn, zu dem er ihnen verholfen hatte, würde sonst wieder hinfällig.

Nach dieser kurzen Zusammenfassung des Wirkens des Vorgängers, der Jesus den Weg bereitete, kommen wir nun zu einer noch kürzeren Zusammenfassung dessen, wie die Nachfolger Jesu in den darauffolgenden Jahrhunderten diese Proklamation des Johannes wiedergaben.

## DIE NACHFOLGER JESU

Nun wird offenkundig werden, warum dieses erste Kapitel die Überschrift „Überraschende Wortkargheit" trägt. Die von Johannes vielfach wiederholte Betonung, Jesus sei der Täufer in heiligem Geist, wurde in den meisten Phasen der Kirchengeschichte weitgehend ignoriert.

**Antike:** Lässt man den Blick zurück in die Jahrhunderte schweifen, wird deutlich, dass die übrigen Aspekte von Johannes' Wirken von den christlichen Kirchen treu weitergeführt wurden. Seine Praxis der Wassertaufe findet man fast überall wieder (wobei die Quäker und die Heilsarmee zu den wenigen Ausnahmen zählen). Es muss angemerkt werden, dass die Frage, wer wie tauft und warum, erheblichen Modifikationen unterlag, aber wenigstens wird es immer noch getan.

## ÜBERRASCHENDE WORTKARGHEIT

Auch seinen Aufruf zu Buße, Umgestaltung und Wiedergutmachung hört man noch heute. Sein Angebot der Vergebung für Sünden, die man begangen hat, steht noch heute, ja es gilt sogar als Kernstück der Frohen Botschaft, des „Evangeliums". Seine Warnung, dass Gericht über all jene kommen wird, die in ihren Sünden verharren, fand in all den Jahren mehr oder weniger starken Widerhall.

Dass er Jesus als „das Lamm Gottes, das die Sünde der Welt wegnimmt" identifizierte, hat auf breiter Front Eingang in die kirchliche Liturgie gefunden, vor allem in die Eucharistiefeier bzw. in das Abendmahl, das Sonntag für Sonntag rund um den Globus wiederholt wird. Doch wo wird heute noch eindringlich bekräftigt, dass Jesus der Täufer in heiligem Geist ist? Dieser Aspekt geriet weitgehend in Vergessenheit und wurde von seinen anderen Titeln und Funktionen überlagert. Von den meisten wird er als Heiland und Herr gepredigt, von vielen als Meister und Freund, doch nur von sehr wenigen als Täufer.

Dadurch ist eine Unausgewogenheit, wenn nicht sogar eine Verzerrung des Evangeliums entstanden, für die ich zwei Beispiele ins Feld führen möchte.

Erstens: Die Predigt konzentriert sich auf das Angebot der Vergebung und nicht so sehr auf das Angebot der Heilung. In der Praxis geht der Dienst in seiner Wirkung nur wenig über den des Johannes hinaus. Er war in der Lage, Taufe und Vergebung für Sünder zu gewährleisten. Ist das alles, was die Gemeinde Jesu tun kann und soll? Natürlich können christliche Pastoren auf die Sühne am Kreuz als Grundlage der Vergebung verweisen und im Namen Jesu (oder der Dreieinigkeit) taufen. Doch sind all jene, die das empfangen, in der Praxis besser dran als Johannes' Jünger, wenn Jesus sie nicht in heiligem Geist tauft? Oder anders formuliert: Ist Heilung genauso wichtig wie Vergebung, um eines Tages *„den Herrn zu schauen"* (Hebr 12,14)? Ist Vergebung allein schon eine ausreichende Qualifikation, um Zutritt zum Himmel zu bekommen? *(Eine detaillierte Abhandlung zu dieser ganz entscheidenden Frage finden Sie in meinem Buch Einmal gerettet – immer gerettet? Eine Studie über Ausharren und Erbschaft*, Anchor Recordings Ltd, 2020*).*

Zweitens: Die Predigt konzentriert sich mehr auf das vergangene als auf das gegenwärtige Wirken Jesu, also mehr auf das, was er für uns *tat*, als auf das, was er für uns *tut*. Es ist wirklich schade, dass seine Himmelfahrt an einem Donnerstag und nicht an einem Sonntag gefeiert und zudem häufig übersehen wird. Dieses Ereignis ist – wie alle Glaubensbekenntnisse bezeugen – für den christlichen Glauben genauso wichtig wie sein Tod, sein Begräbnis und seine Auferstehung. Es war die Einsetzung in sein gegenwärtiges Amt als unser Hohepriester zur Rechten Gottes, des Vaters. Abgesehen davon, dass er für uns eintritt, einen Ort für uns bereitet und alle Autorität im Himmel und auf Erden ausübt, besteht seine wohl wichtigste Funktion, die er jetzt hat, darin, den verheißenen Geist von seinem Vater zu empfangen und eben diesen Geist auf seine Jünger auszugießen – nicht nur einmal, sondern immer und immer und immer wieder. Nur er kann in heiligem Geist taufen, aber er wird damit weitermachen, solange es vonnöten ist.

Es ist eine Tragödie, dass dies im Gegensatz zur

## ÜBERRASCHENDE WORTKARGHEIT

Sündenvergebung nicht in die Glaubensbekenntnisse der Kirche aufgenommen wurde. Was Christus wegnimmt, wird proklamiert und akzeptiert; was er stattdessen gibt – darüber herrscht Schweigen. Das könnte ein Grund sein, warum Liturgien mehr von „elenden Sündern" reden als von fröhlichen Heiligen!

Ich möchte damit natürlich nicht sagen, die Christenheit habe ganz ohne den Heiligen Geist gelebt. Er ist aktiv, auch wenn er nicht anerkannt wird. Alle, die mehr suchen als ihnen angeboten wurde, haben auch mehr bekommen. Viele sind in heiligem Geist getauft worden, ohne den Zusammenhang zwischen ihrer Erfahrung und der biblischen Verheißung, die sie erfüllte, voll und ganz zu begreifen. Zu allen Zeiten gab es „geisterfüllte" Gläubige, wobei einige von der gesamten Christenheit als solche anerkannt, die meisten allerdings nur ihren engsten Freunden und Gott bekannt waren.

Gott allein weiß, durch wie viel mehr Kraft, Reinheit und Einheit sich sein Volk auf Erden ausgezeichnet hätte, wenn die eindeutige und Zuversicht ausstrahlende Botschaft des Johannes treu verkündigt worden wäre – mit ihrer Betonung des Positiven, wie auch des Negativen.

Wenn sich die Christenheit so sicher gewesen wäre wie er, dass derselbe Jesus, der unsere Sünde wegnehmen kann, uns auch in heiligen Geist eintauchen kann, hätte ihre Geschichte möglicherweise einen ganz anderen Lauf genommen.

Doch selbst Gott kann die Vergangenheit nicht ändern, wenn sie einmal geschehen ist, nur die Gegenwart und die Zukunft. Dasselbe gilt für uns. Während wir unser Bedauern darüber ausdrücken mögen, dass diese lebenswichtige Wahrheit schon so lange vernachlässigt wird, haben wir sowohl die Gelegenheit als auch die Pflicht, darüber Buße zu tun und diese entscheidende Dimension in unserer Predigt und Praxis wiederherzustellen.

Diese schon so lange andauernde Vernachlässigung war einer von zwei Beweggründen, dieses Buch zu schreiben, aber es gibt noch eine Entwicklung der jüngeren Vergangenheit, die den Ausschlag dazu gab.

**Moderne:** Einige Leser haben vielleicht den Eindruck, dass dieser Mangel bereits behoben oder man zumindest auf einem guten Weg sei, etwas dagegen zu unternehmen. Zweifellos sind wir im 20. Jahrhundert Zeugen einer Neuentdeckung der „Taufe im Geist" geworden und zwar in einem Ausmaß, das in allen vorangegangenen Jahrhunderten ihresgleichen sucht. Die Tatsache, dass die Pfingstbewegung zur „dritten Kraft des Christentums" (neben den Katholiken und Evangelikalen) herangewachsen ist, ist der hinreichende Beweis dafür.

All das stimmt. Wir werden an späterer Stelle (in Kapitel 5) rekonstruieren, wie „Taufe im Geist" während der ersten Jahrhunderte der Kirchengeschichte allmählich verschwand und dann in den vergangenen Jahrhunderten, von den Puritanern bis zu den Pfingstlern, allmählich wiederkam. Und im 20. Jahrhundert erlebten wir die größte Veränderung überhaupt, die gleich am allerersten Tag begann: am 1. Januar 1901. An diesem Tag streckte man sich nach der Taufe im Geist aus – begleitet von der Zungenrede, wie in den Tagen der Apostel – und fand sie auch. Seither sind Millionen Menschen in aller Welt in ihren Genuss gekommen.

Fünfzig Jahre lang wurde diese Neuentdeckung von den existierenden Kirchen abgelehnt und ausgegrenzt, was zur Folge hatte, dass sie in neuen Denominationen Ausdruck fand, die in den Augen vieler nichts anderes als Sekten waren. Diese vertraten eine „orthodox-evangelikale" Lehre und predigten ein auf vier Säulen ruhendes Evangelium: Jesus als Heiland, Herr, Täufer und König.

In der zweiten Hälfte des 20. Jahrhunderts fanden „Taufe im Geist" und ihre Befürworter Zugang zu den anderen Denominationen, wo sie sich rasch ausbreiteten. Es sah so aus, als würde diese wiederhergestellte Dimension überall in der Gemeinde Jesu wieder zur Normalität werden.

Doch es kam anders. In den vergangenen zehn oder fünfzehn Jahren haben wir sowohl in den alten als auch in den neuen Kirchen und Gemeinden eine regelrechte Umkehrung erlebt. Das klare Bekenntnis zur Geistestaufe reduzierte sich auf die Pfingstler und wird inzwischen sogar schon bei einigen von ihnen immer schwächer.

Der Hauptgrund für diese Ablehnung ist theologischer Natur. Zunächst wurde die Erfahrung von der Christenheit wieder mit offenen Armen willkommen geheißen, die damit zusammenhängende Lehre jedoch nicht. Viele hatten den Eindruck, sie sei meilenweit von einer angemessenen Auslegung aller relevanten biblischen Fakten entfernt. Sie konnten die pfingstliche Lehre nicht mit der Schrift in Einklang bringen.

Tatsache ist, dass es im Rahmen dieser Wiederentdeckung zu keinem Zeitpunkt zu einer vollständigen Integration aller Dimensionen des neutestamentlichen Verständnisses von Taufe im Geist kam (wie wir in Kapitel 4 und 5 noch sehen werden). Da dies nicht gelang, wurde die ganze Thematik leichte Beute für Kritik, die aus verschiedenen Gründen destruktiv statt konstruktiv war.

Doch das Thema kann man nicht einfach unter den Teppich kehren. Der pfingstliche Flügel wächst ungemein schnell und dürfte höchstwahrscheinlich das dominierende Kirchenmodell des 21. Jahrhunderts werden, insbesondere in den Entwicklungsländern.

Aus diesem Grund besteht gleich doppelt die Notwendigkeit, die Geistestaufe noch einmal gründlich unter die Lupe zu nehmen. Sowohl jene, die verstummt sind, als auch jene, die sich immer noch äußern, müssen zu einer vollständigen Anerkennung des biblischen Konzepts zurückgerufen werden, wenn man eine tiefe Spaltung vermeiden will.

Bereits im Jahr 1993 verfasste ich für das Magazin *Renewal* (Ausgabe Nr. 206) ein „Studien-Beiheft" mit dem Titel: *„Whatever happened to baptism in the Spirit?"* („Was ist nur mir der Geistestaufe geschehen?"). Dieses Buch ist eine erweiterte Version eben dieses Artikels.

Der erste Schritt sieht so aus, dass man in der Bibel selbst nachsieht und im Alten Testament anfängt. Was Johannes verkündigte, rief er nicht in den luftleeren Raum hinein. Er war der letzte in einer Reihe von Propheten, die die Wirkungen des Geistes Gottes selbst erfahren und anderen aufgeschlüsselt hatten.

# 2

# Prophetische Verheißung

Es mag seltsam anmuten, dass ein Buch über „Taufe im Heiligen Geist" ein ganzes Kapitel über das Alte Testament enthält, da man diesen Begriff dort nirgendwo findet. Doch Johannes, der erste, der ihn gebrauchte, sprach zu Juden, nicht zu Nichtjuden. Es waren Menschen mit einer Geschichte und die Predigt des Johannes baute – wie es jede gute Form von Unterweisung zu tun pflegt – auf dem auf, was sie bereits wussten. Ihre Vergangenheit war in ihren Schriften verankert und darin ließen sich die Samen dessen finden, was im Neuen Testament explizit formuliert wurde.

„Getauft" war zweifellos ein neues Wort, das für die von Johannes ausgeübte Praxis des Untertauchens geprägt wurde, doch rituelle Waschungen und Bäder waren den Juden bereits vertraut. Die „sakramentale" Verwendung von Wasser mit dem Ziel der inneren und geistlichen Reinigung war nichts Verwunderliches, eine Analogie zwischen Wasser und Geist als Medium zu ziehen vielleicht schon.

„Geist" war sicher das bekannteste Wort überhaupt – meist sprach man vom „Geist Gottes" – oder, da sie in diesem Zusammenhang seinen Namen gebrauchten, vom „Geist Jahwes". Ein Großteil unserer Betrachtungen wird sich auf diesen Aspekt konzentrieren.

„Heilig" als Adjektiv, das „Geist" näher beschreibt, kommt im Hebräischen verhältnismäßig selten vor. Tatsächlich gibt es nur drei Fundstellen (Ps 51,11; Jes 63,10.11; alle im Zusammenhang mit Sünde und Rebellion und dem daraus resultierenden Leid). Doch sehr, sehr oft wird Gott als „heilig" bezeichnet. Er ist „der Heilige Israels", vor allem in Jesajas Weissagungen. Und das Gesetz des Mose erinnert sein Volk wiederholt daran, dass es ihre Berufung ist, „heilig zu sein wie er heilig ist" (vgl. 3. Mose 19,2). Der Gedanke, dass der Geist Gottes diese Eigenschaft mit ihm gemeinsam habe, war ungewöhnlich, aber nicht unstimmig. Doch in ihrem Denken stand wohl die *Kraft* des Geistes Gottes im Vordergrund und nicht seine *Reinheit*.

Ihr Verständnis wurzelte in der von ihrer Vergangenheit herrührenden Überzeugung, dass Gott *lebendig* ist. Das bedeutet viel mehr als dass er bloß existiert. Er ist in dieser Welt aktiv, in Wort und Tat. Ein toter Gott würde zwar nicht aufhören zu existieren, aber in Zeit und Raum nichts mehr sagen und tun (genau das glaubt die moderne „Gott-ist-tot"-Philosophie). Mit toten Menschen ist es dasselbe: Sie existieren weiterhin in der Welt der körperlosen Geister („Scheol" im Hebräischen; „Hades" im Griechischen), sind aber in dieser Welt nicht mehr zugegen oder aktiv.

Das Charakteristikum des Lebens ist der Atem. Ein Toter hat aufgehört zu atmen. Der unsichtbare Luftstrom durch Nase und Mund ist Quelle von und Zeichen für belebtes Leben. Er ist bezeichnenderweise Träger jeder Form von Sprache und damit jeder verbalen Kommunikation zwischen Menschen.

Der Geist Gottes ist der Atem Gottes, der ihn in die Lage versetzt, in dieser Welt zu reden und zu handeln.

Sowohl im Hebräischen als auch im Griechischen ist das Wort für „Hauch", „Atem", „Wind" und „Geist" jeweils dasselbe – etwas Unsichtbares, das sich aber bewegt. Während das Griechische nur ein Wort dafür hat (*pneuma*), verwendet das Hebräische zwei: eines für den normalen ruhigen Atem, der unbewusst abläuft (*neshemah*) und eines für starkes, schweres Atmen, das uns nur allzu bewusst ist (*ruach*, ein lautmalerisches Wort, das sich, ähnlich wie „Platsch!", so anhört wie das, was es bezeichnet, und aufgrund des „ch" nicht ausgesprochen werden kann, ohne dass man den Atem hört). Auf den Wind übertragen, veranschaulichen die beiden Wörter den Unterschied zwischen einem sanften Hauch und einem tosenden Sturm.

Es ist dieses stärkere Wort, das für den Geist Gottes verwendet wird – unsichtbar, aber hörbar und sehr stark. Man könnte es mit den drei Begriffen „Macht", „Bewegung" und „Mund" zusammenfassen: Es drückt aus, dass Gott allmächtig ist, dass er sich bewegt und dass er mit seinen Geschöpfen kommuniziert. „Geist Gottes" und „Hand Gottes" sind austauschbare Bezeichnungen, vor allem in den Weissagungen des Hesekiel. Was wir mit unseren Händen tun können, kann er durch seinen Geist oder Atem tun. Es war die „heftige Böe aus seiner Nase", die als „starker Ostwind" das Rote Meer teilte. Wenn er bläst, verdorrt Gras und verwelken Blumen, da sein Atem heiß ist. Er kann Feuer ausatmen, Flammen des Gerichts. Ja, einmal heißt es sogar, er würde „hyperventilieren", d.h. „vor Zorn schnauben". Hesekiels Vision vom Tal mit den Totengebeinen ist vielleicht die typischste Illustration von alledem. Gott sagt ihm, er solle weissagen und zum „Wind" sprechen, woraufhin aus Knochen Körper werden; er solle es noch einmal tun – und „Atem" belebt sie. Es ist offensichtlich, dass die eigentliche Kraft der Geist Gottes ist. Diese Vision erinnert an die Erschaffung Adams.

Tatsächlich war die Schöpfung unseres Planeten das Werk des Geistes. In 1. Mose 1 finden wir die ersten „Zehn Gebote", die von Gottes himmlischem Thron ausgingen. Aber sie wurden erst ausgesprochen, als jemand auf Erden war, der sie hören und ausführen konnte. Der Geist schwebte (brütete?) unmittelbar oberhalb des flüssigen Chaos' und durch ihn wurde die Erde überhaupt bewohnbar und anschließend auch bewohnt. Der Geist war und ist die „Exekutive" der Dreieinigkeit; er wendet die Worte des Himmels auf die Ereignisse hier auf Erden an. Als Jesaja fragte: *„Wer hat den Geist des HERRN gelenkt ...?"* (siehe 40,13), dachte er mehr an Gottes Muskeln als an seinen Sinn, mehr an die Kraft als an den Plan.

All das gilt ganz besonders für menschliche Wesen, die Krone der Schöpfung. *„Lasst uns* [das richtet sich zweifellos an den Sohn und den Geist] *Menschen machen in unserm Bild ..."* (1 Mose 1,26). Die Tiere werden als „lebendige Seelen" (ein hebräisches Äquivalent für „atmende Wesen") beschrieben; jetzt kommt noch der Mensch hinzu, ein ganz besonderes Geschöpf, dessen aus

Staub geformtem Körper Gott Leben einhaucht (1. Mose 2,7; hier steht das Wort für den ruhigen, normalen Atem). Hiob ruft zu Recht: *„Der Geist Gottes hat mich gemacht, und der Atem des Allmächtigen belebt mich"* (33,4).

Der Geist Gottes ist nicht nur die Kraft in der Schöpfung, sondern auch die Macht über die Schöpfung, sei es die unbelebte oder die belebte, sei es das Rote Meer, das er teilte, oder Bileams Esel, dem er die Fähigkeit zu sprechen verlieh. Doch die meisten seiner überlieferten Taten haben etwas mit menschlichen Wesen zu tun. Es gibt eine Vielzahl von Begriffen, die diese Befähigung beschreiben: Er kann „über sie" kommen, „auf ihnen ruhen", ihnen „gegeben" werden, über ihnen „erscheinen" und vieles mehr.

Da er die Verwirklichung des Willens Gottes auf Erden ermöglicht, befähigt er auch Menschen, diesen göttlichen Willen zu tun. Er kann ihr Denken und ihren Körper übernehmen, in ihnen, mit ihnen und durch sie wirken, um die göttlichen Ziele zu erreichen.

Aber – und das ist ein sehr wichtiges „Aber"– der Geist wirkt durch Kooperation, nicht durch Zwang. Man empfängt und gebraucht die Kraft freiwillig; nie wird sie jemandem aufgezwungen. Sehr deutlich wird dies durch die traurige und elende Geschichte unserer Gesellschaft nach dem „Sündenfall" Adams und Evas im Garten Eden, auf den der pervertierte sexuelle Verkehr zwischen männlichen Engeln und Menschenfrauen folgte (1 Mose 6,1-2; „Söhne Gottes" werden im Buch Henoch als Engel interpretiert, worauf in 2. Petrus und Judas Bezug genommen wird), der Gott genauso sehr ein Gräuel war wie der Verkehr zwischen Menschen und Tieren (2 Mose 22,19). Durch diese unheilige Verbindung bekamen unreine Geister und Okkultismus Einlass und führten zu einer dekadenten und entwürdigenden Perspektive. *„Und der HERR sah, dass die Bosheit des Menschen auf der Erde groß war und **alles** Sinnen der Gedanken seines Herzens **nur** böse den ganzen Tag"* (1 Mose 6,5).

Es ist von entscheidender Bedeutung, wie Gott auf diesen totalen Verfall reagierte: *„Mein Geist wird nicht ewig mit dem Menschen **streiten** ..."* (1 Mose 6,3; wörtl. a. d. Engl.). Damit wird sehr deutlich, dass Gott seine souveräne Macht nicht dazu gebrauchen würde, sich über den freien Willen, den er den Menschen gegeben hatte, hinwegzusetzen. Er würde das Wollen (oder Nichtwollen) der Menschen respektieren und ihnen nicht seinen eigenen Willen aufzwingen, jedoch ihre Lebensspanne begrenzen – und auf diese Weise verhindern, dass ihre Verunreinigung seiner Schöpfung sich auf ewig fortsetzt.

Er wird mit ihnen „streiten" oder „ringen" und versuchen, sie durch Taten wie auch durch Worte dazu zu bewegen, seinem Willen gemäß zu leben. Aber er wird sie niemals zwingen. Die Zeit dieses Ringens wird allerdings einmal zu Ende gehen und damit auch die Chance der Menschen, darauf zu reagieren. Seine Geduld kann zu Ende gehen. Sein Zorn kann überkochen. Und wenn sein Geist aufgibt, hat dies entsetzliche Konsequenzen. Was zurückhält, wird weggenommen, die Bosheit kennt kein Halten mehr und die Gesellschaft zerstört sich selbst. Die überall herrschende Gewalt ist nur eine Auswirkung (vgl. 1 Mose 6,11).

Von dieser kurzen Zusammenfassung des Wirkens des Geistes bei der Schöpfung, an den Geschöpfen und an der Menschheit insgesamt gehen wir nun weiter zu seiner speziellen Beziehung mit dem Volk, das Gott sich erwählte, um seinen Wunsch, die Menschen aus diesem schrecklichen Schicksal herauszureißen, sowohl zu demonstrieren als auch zu vermitteln.

## DAS KÖNIGREICH ISRAEL

In der Geschichte Israels finden wir von Anfang bis Ende Beispiele dafür, dass Gottes Geist durch Menschen wirkte; aber wir begegnen auch jenen, die innerhalb des begrenzten Spielraums ihrer eigenen menschlichen Kraft agierten. Wird beides miteinander verglichen, ist häufig vom menschlichen „Fleisch" einerseits und vom göttlichen „Geist" andererseits die Rede. Der Geist bewirkt, wozu das Fleisch nicht imstande ist. Sacharja formuliert es so: „*Nicht durch* [militärische] *Macht und nicht durch* [politische] *Kraft, sondern durch meinen Geist, spricht der HERR der Heerscharen*" (Sach 4,6).

Mit anderen Worten: Was menschliche Wesen mit all ihren natürlichen Fähigkeiten und Ressourcen nicht erreichen können, kann erreicht werden, wenn sie Zugang zu übernatürlicher Kraft erhalten. Normale Menschen können sich zu ungeahnten Höhen aufschwingen. Andersherum gilt: Es ist unmöglich, ohne die Hilfe des Geistes Gottes den Willen Gottes zu tun.

Wir können das uns zur Verfügung stehende alttestamentliche Material unter drei verschiedenen

Überschriften sichten. Sobald sich der Geist Gottes in eine Person „kleidete", konnte er oder sie tun, sein oder sagen, was er oder sie sonst nie hätte tun, sein oder sagen können.

**Das Unmögliche tun:** In dieser Rubrik geht es um den *physischen* Bereich, also um grandiose Leistungen und Taten, die weit über die natürliche Kraft oder Geschicklichkeit des Menschen hinausgehen.

Das erste Beispiel ist die Errichtung der Stiftshütte in der Wüste. Gott gab sehr spezifische Anweisungen zu ihrem Bau, jedoch weder Plan noch Skizze! Abgesehen davon, dass sein Konzept erst einmal mit dem Verstand erfasst werden musste, waren auch zahlreiche physische Fertigkeiten gefragt, wie z. B. Holzschnitzerei, Metallguss, Vergoldung oder Stickerei. Was nicht perfekt war, galt als der Wohnstatt Gottes unwürdig und wurde verworfen. Als Sklaven in Ägypten hatten die Israeliten kaum etwas anderes getan, als Ziegel zu machen (mit und ohne Stroh), doch nun wurden keine Ziegel gebraucht. Der Geist Gottes kam auf zwei Männer, Bezalel und Oholiab, und gab ihnen einerseits die notwendigen Fähigkeiten und andererseits die Aufsicht über ein Team von Bauleuten. Ihre Köpfe meisterten und ihre Hände fertigten ganz genau das, was Gott im Sinn hatte (vgl. 2 Mose 31,1-11; 35,30-35). Jahrhunderte später entwarf König David auf genau dieselbe Art und Weise den Plan des Tempels (vgl. 1 Chr 28,12).

Simson ist mehr ein Beispiel für Kraft als für Geschick – „rohe Gewalt" würde man heute dazu sagen –, Kraft, die nicht immer weise eingesetzt wird. In Sonntagsschulen sieht man oft Bilder, die ihn als muskelbepackten Macho zeigen, doch diese Vorstellung ist reichlich irreführend. Hätte er so ausgesehen, hätte ihn Delila nie gefragt, was denn sein „Geheimnis" sei! Löwen töten und Stadttore wegtragen konnte er nur, wenn der Geist auf ihn kam. Als der Geist von ihm wich, nachdem sein Nasiräer-Gelübde, sich die Haare nicht zu schneiden, gebrochen worden war, war er so schwach wie jeder andere, wenn er es mit mehreren Leuten gleichzeitig aufnehmen musste. Der Geist, der erneut über ihn kam, und nicht sein nachwachsendes Haar versetzte ihn in die Lage, den Feinden Israels mit seinem Tod mehr zu schaden, als er es zu Lebzeiten vermocht hatte.

Der Geist war Urheber von Wundern, aber auch Kraftquelle. Im Dunstkreis der Helden in Israels Geschichte geschahen physische Dinge, die weit über die normalen natürlichen Gegebenheiten und Abläufe hinausgingen. In diesem Zusammenhang denken wir an die Auseinandersetzungen zwischen Mose und dem Pharao und die darauffolgenden Plagen. Doch die markantesten Beispiele finden wir im Leben von Elia und Elisa. Elia hielt jahrelang den Regen zurück und rief Feuer vom Himmel, das Steine zum Schmelzen brachte (ich hielt selbst einmal ein kleines Stück von dem Altar in Händen, den er auf dem Berg Karmel errichtet hatte – ein Stück gewöhnlichen Kalksteins, das durch enorme Hitze zu einem dunkelgrünen Kristall zusammengeschmolzen war).

Als Elisa ambitioniert verkündete, er wolle eine „doppelte Portion" des Geistes haben, den Elia hatte, bat er nicht um doppelte Kraft. Damals war es so, dass, wenn der Grund und Boden eines Vaters unter den Söhnen aufgeteilt wurde, der Älteste doppelt so viel bekam wie die anderen, weil er auch die Verantwortung erbte, sich um die Familie und den Betrieb zu kümmern. Elisa bat darum, Elias „Sohn und Erbe" zu werden. Er wirkte allerdings ein paar sensationelle Wunder (und speiste unter anderem Tausende mit ein paar Laiben Brot und weckte Tote auf).

Eine der außergewöhnlichsten Kraftwirkungen des Geistes bestand darin, ohne irgendwelche Transportmittel einen Menschen von einem Ort an einen anderen zu versetzen, wovon bei Elia zweimal berichtet wird (1 Kön 18,12; 2 Kön 2,16) und bei Hesekiel gleich mehrfach (u. a. Hes 3,10-15; von Jerusalem nach Tel Aviv, allerdings ist das Tel Aviv in Babylon gemeint!). Eine neutestamentliche Parallele sehen wir bei Philippus (Apg 8,39-40).

Am Rande sei vermerkt, dass der Geist noch eine andere Fähigkeit verleiht – Musik. Sie wurde König David in einzigartiger Weise gegeben, aber auch noch vielen anderen, sowohl in instrumentaler als auch in vokaler Form. Doch da dies über den rein physischen Bereich hinausgeht, werden wir uns später in einem anderen Zusammenhang noch einmal damit beschäftigen.

Dieser Abschnitt kann dort enden, wo er begann – beim Bauen. Nach der Rückkehr aus dem babylonischen Exil wurde der zerstörte Tempel in Jerusalem wiederaufgebaut, wenn auch nur Stück für Stück und in einem kleineren Maßstab. Haggai und Sacharja ermutigten und ermahnten die Arbeiter. Serubbabel, der überlebende Fürst aus der königlichen Erblinie Davids, legte den Grundstein. Als Beweis dafür, dass Gott mit ihnen sei und für die Fertigstellung der Arbeiten sorgen würde, sagte Sacharja voraus, dass Serubbabel eigenhändig den Schlussstein einsetzen würde! Und er fügte hinzu: *„Und du wirst erkennen, dass der HERR der Heerscharen mich zu euch gesandt hat"* (Sach 4,9). Der bereits zitierte, vorangegangene Vers *„Nicht durch Macht und nicht durch Kraft, sondern durch meinen Geist"* bezieht sich vor allem auf diese erstaunliche Meisterleistung, auch wenn ihn nur wenige Prediger in dieser physischen Weise deuten.

Gehen wir nun weiter zu einigen anderen Demonstrationen übernatürlicher Fähigkeiten, die uns im Geist zur Verfügung stehen.

**Das menschlich Unerreichbare sein:** Wir verlassen den physischen und betreten den *gesellschaftlichen* Bereich. Eine Gesellschaft ist in der Regel so gut oder schlecht wie ihre Führungspersonen. Bei Israel war dies ganz eindeutig der Fall.

Führung ist eine Berufung, zu der eine große Befähigung vonnöten ist. Man muss eine Gratwanderung meistern – zwischen Diktatur einerseits und Demokratie andererseits, zwischen einem Leiter, der in einer Tyrannei anderen seinen Willen aufzwingt, und einem, der vor dem Willen derer, die er leiten soll, kapituliert. Es kann sehr leicht geschehen, dass ein Leiter entweder zu stark oder zu schwach ist. Weisheit ist die Fähigkeit, die man braucht, um beide Extreme zu vermeiden.

## JESUS TAUFT IN EINEM HEILIGEN GEIST

Die Führung Israels durchlief verschiedene Phasen und für jede einzelne schenkte der Geist die notwendigen Qualifikationen. Jesaja formulierte es so: *„[Der Herr wird] zum Geist des Rechts dem, der zu Gericht sitzt"* (Jes 28,6).

Die Patriarchen (Abraham, Isaak und Jakob) kamen als Erstes und werden von Gott als „meine Gesalbten" bezeichnet (1 Chr 16,22). Überall in der Bibel ist Öl ein Symbol für den Geist und „gesalbt" eine Bezeichnung für den, auf dem der Geist ruht. Im Hebräischen lautet dieses Wort *mashiach*, wovon sich unser Wort „Messias" ableitet (im Vergleich dazu „Christus", von *chrisma*, dem griechischen Wort für Salbung).

Mose brachte in der Kraft des Geistes, der auf ihm ruhte, die Israeliten aus Ägypten heraus und derselbe Geist wurde dann später den siebzig Ältesten gegeben, die sich mit ihm die Verantwortung teilten (4 Mose 11,17). Josua führte sie ins Land Kanaan, nachdem er den Geist durch Handauflegung von Mose empfangen hatte (4 Mose 27,15-21), eine Salbung, die ihm Autorität verlieh und, was noch wichtiger ist, die Weisheit, richtig mit dieser Salbung umzugehen (5 Mose 34,9).

Später, als die Menschen sündigten, zur Strafe von umliegenden Völkern angegriffen wurden, dann Buße taten und zum Herrn um Hilfe schrien, rief er „Richter" auf den Plan, die sie retten sollten und denen allesamt vom Geist verschiedene Fähigkeiten verliehen wurden, die nicht normal waren. Dies wird ausdrücklich über Otniël (Ri 3,10), Gideon (Ri 6,34), Jeftah (Ri 11,29) und Simson (Ri 13,25) gesagt.

Als das Volk wie alle anderen Nationen auch einen

## PROPHETISCHE VERHEISSUNG

König haben wollte, salbte Samuel widerwillig den ersten, Saul, den sich die Menschen ausgesucht hatten. *„Da geriet der Geist Gottes über Saul"* (1 Sam 11,6), doch bedauerlicherweise erging es ihm später wie Simson: Der Geist wich wieder von ihm und hinterließ ein leeres Herz, in das böse Geister eindringen konnten. Der zweite, David, war die Wahl Gottes und als er gesalbt wurde, wurde der Geist von Saul auf ihn übertragen (1 Sam 16,13). Der dritte und letzte König des geeinten Königreichs war Salomo, der um die Gabe der Weisheit bat und sie auch bekam. Sein Gebet wurde bei jener berühmten Begebenheit erhört, als er einen Streit zwischen zwei Prostituierten schlichtete, die beide Anspruch auf dasselbe Baby erhoben.

Der Bürgerkrieg nach seinem Tod teilte das Volk in zwei Königreiche. Bezeichnenderweise wird ab diesem Zeitpunkt weder eine „Salbung" erwähnt noch der Geist. Es gab mehr schlechte Könige als gute, vor allem unter den zehn Stämmen „Israels" im Norden. Nach ihrem stetigen moralischen und geistlichen Niedergang wurden sie schließlich nach Assyrien deportiert. Die beiden Stämme „Judas" im Süden wurden kurz darauf ins Exil nach Babylon gebracht. Der Geist war schon lange von ihnen gewichen und hatte sie ihren eigenen Ressourcen überlassen, was zur Folge hatte, dass sie den Supermächten, die an ihren Grenzen standen, nichts entgegenzusetzen hatten.

Doch die Nation wurde wieder auferweckt, so wie es Hesekiels Vision von den Totengebeinen angedeutet hatte. Unter Führung des Priesters Josua und des Fürsten

Serubbabel kehrten sie zurück und begannen den Wiederaufbau. Der Prophet Sacharja hatte eine Vision von zwei Ölbäumen, die Öl für einen goldenen Leuchter spendeten und ihm wurde gesagt: *„Dies sind die beiden, die gesalbt sind, dem Herrn der ganzen Erde zu dienen"* (Sach 4,14; wörtl. a. d. Engl.).

Leider ging es in den darauffolgenden Jahrhunderten mit der vom Geist gesalbten Führung immer weiter bergab, bis sie schließlich ganz verschwand, die Nation ihre Unabhängigkeit verlor und persischer, syrischer, ägyptischer, griechischer und zuletzt römischer Herrschaft unterstellt wurde.

Es gibt jedoch noch eine dritte Art, wie der Geist in Menschen wirkt, die die Geschichte Israels vielleicht am nachhaltigsten beeinflusst hat.

**Das Unfassbare sagen:** Von den physischen und gesellschaftlichen Gaben kommen wir nun zu den *verbalen* Befähigungen. Den mit Abstand größten Teil der Aktivitäten des Geistes im Alten Testament machen die verschiedenen Formen übernatürlicher Rede aus, die Männer und Frauen in die Lage versetzten, das zu sagen, was Gott sagen wollte. Fast viertausend Mal begegnet uns die Wendung „So spricht der HERR" (d. h. Jahwe). Wurde jemand in dieser Weise vom Geist gebraucht, so bezeichnete man ihn als „Prophet" bzw. „Prophetin".

Die ersten, die diesen Titel bekamen, waren die Patriarchen Abraham, Isaak und Jakob (1 Chr 16,22). Was an ihren Geschichten besonders auffällt, sind ihre Zwiegespräche mit Gott, die etwas unterstreichen, was im Grunde sehr naheliegend ist, nämlich dass Prophetie zunächst einmal die Fähigkeit erfordert, von Gott zu hören, bevor man in die Lage versetzt wird, für Gott zu reden.

Mose war in höchstem Maße ein Prophet, ein Modell für *den* Propheten schlechthin, der später kommen sollte (5 Mose 18,15; Joh 1,21; 6,14; 7,40). Als die siebzig Ältesten ernannt wurden, die sich mit Mose die Verantwortung teilen sollten, wurde der Geist, der auf ihm war, auf sie verteilt und „*...es geschah, sobald der Geist auf sie kam, weissagten sie; später aber nicht mehr*" (4 Mose 11,25, obwohl man den letzten Teil auch mit „...und taten dies auch weiterhin" übersetzen könnte). Gleichzeitig prophezeiten auch noch zwei Männer auf der anderen Seite des Lagers: Eldad und Medad. Da die frisch eingesetzten Ältesten eifersüchtig über ihre neue Position wachten, protestierten sie dagegen und riefen die beiden zur Ordnung. Der großherzige Mose antwortete hingegen: „*Mögen doch alle im Volk des HERRN Propheten sein, dass der HERR seinen Geist auf sie lege!*" (4 Mose 11,29) – ein Wunsch und ein erstrebenswertes Ziel, das erst erreicht wurde, als der neutestamentlichen Gemeinde die „Taufe im Geist" zugänglich gemacht wurde.

Die außergewöhnliche Geschichte von Bileam demonstriert die Macht des Geistes, selbst einem heidnischen Wahrsager prophetische Worte in den Mund zu legen (4 Mose 23,7-10; 24,2-9), ja sogar seinem Esel (4 Mose 22,28-30)! Eine interessante Parallele im Neuen Testament sind die Worte des Kaiphas in Johannes 11,49-52.

Unter den charismatischen Richtern war Deborah eine Prophetin, wie es vor ihr schon Moses Schwester Miriam gewesen war und nach ihr Hulda sein sollte.

Der Prophet Samuel markiert den Übergang Israels zur Monarchie, und die beiden ersten Könige Israels waren Propheten. Als der Geist auf Saul kam und er ein anderer Mensch wurde, war ihm gerade eine „Schar von Propheten" begegnet, woraufhin er *„in ihrer Mitte weissagte"* (1 Sam 10,10-11). Wir erfahren nicht, wie dies genau aussah, aber wir können mit Gewissheit sagen, dass Worte aus seinem Mund kamen, die Gott ihm gab. Ob diese Äußerungen von Körperbewegungen wie Springen oder Tanzen begleitet wurden, wissen wir nicht, aber es ist schon interessant, dass es hier heißt, die anderen hätten *gesehen*, wie er prophezeite, woraufhin das geflügelte Wort „Ist Saul auch unter den Propheten?" die Runde machte. Später einmal lieferte er ohne jeden Zweifel sowohl den sichtbaren als auch hörbaren Beweis dafür, dass der Geist von ihm Besitz genommen hatte – nämlich indem er sich seiner Kleider entledigte und in der Gegenwart Samuels weissagte, woraufhin das besagte geflügelte Wort unter der Bevölkerung noch mehr Flügel bekam (1 Sam 19,23-24)!

Dasselbe Verhalten überkam auch drei Gruppen von Boten, die Saul losgeschickt hatte, um den geächteten David zu verhaften, sobald sie Samuel und seinen Propheten begegneten (1 Sam 19,18-21). Wie es scheint, war Prophezeien ansteckend!

David spielte im Laufe seines Lebens viele Rollen: Schafhirte, Soldat und Souverän, um nur ein paar zu nennen. Doch als sein Leben zu Ende ging, gab es eine Funktion, die in seinem Denken im Vordergrund stand: *„Der Geist des HERRN [Jahwe] hat durch mich geredet, und sein Wort war auf meiner Zunge"* (2 Sam 23,2; beachten Sie, dass Petrus am Pfingsttag sagte, der Patriarch David sei ein Prophet gewesen; Apg 2,29-30).

In eben diesen „letzten Worten" des größten Königs, den Israel je hatte, beschreibt sich David als *„den Mann, der vom Gott Jakobs gesalbt wurde, Israels Sänger von Liedern"* (2 Sam 31,1; wörtl. a. d. Engl.; der letzte Ausdruck könnte auch, wie in der englischen King James Bibel, „geliebter Sänger" oder „lieblicher Sänger" heißen). Diese Stelle eignet sich hervorragend, um auf den engen Zusammenhang zwischen Prophetie und Musik hinzuweisen.

Viele, viele Prophetien im Alten Testament sind in Form von Lyrik und nicht in Prosa verfasst (es ist recht nützlich, eine Bibel zu haben, die diese Unterscheidung durch ihr Layout hervorhebt). Natürlich ist es hebräische Lyrik – ein „Parallelismus", der in ein oder zwei Zeilen zweimal dasselbe auf unterschiedliche Weise aussagt, mit einem gewissen Rhythmus (am gängigsten sind erst vier, dann drei Worte oder Hebungen), aber praktisch ohne Reim. Es hilft, die Psalmen laut und „antiphonisch" zu lesen (d. h., dass die Zeilen von zwei Personen oder Gruppen im Wechsel gelesen werden), um diese poetischen Qualitäten zutage zu fördern.

Noch wichtiger ist allerdings, dass Lyrik die Sprache des Herzens ist, während Prosa auf den Kopf abzielt. Lyrik vermittelt mehr Gefühle als Gedanken und im

Falle der poetischen Prophetie kommuniziert sie die Gefühle Gottes (versuchen Sie einmal, Hosea 2 zu lesen, ungerührt und ohne ins Stocken zu geraten!).

Lyrik lässt sich natürlich auch leichter vertonen als Prosa, wodurch sich die transportierte Botschaft noch besser einprägt. Gott selbst ist musikalisch; er freut sich mit Gesang über sein Volk (Zef 3,17). So überrascht es nicht, dass die meisten Prophetien Davids in Liedform vorliegen, vor allem die, in denen es um seinen „messianischen" Nachfolger geht, zu dem er als seinem „Herrn" aufsah (Ps 110,1, der am häufigsten im NT zitierte Vers des AT).

David legte auch großen Wert darauf, dass die prophetische Gabe Kernstück der Anbetung der ganzen Nation war. Stets ernannte er „Seher" (die Prophetie in Form von Bildern oder Visionen empfingen) zu seinen Chorleitern. Asaph, Heman und Jedutun und 288 ihrer Verwandten waren musikalisch begabt und geschult zu dem Dienst, „*...mit Zithern und mit Harfen und mit Zimbeln [zu **weissagen**]*" (1 Chr 25,1).

Musik kann Prophetie sowohl anregen als auch kommunizieren. Elisa bat einen Saitenspieler zu spielen, bis der Geist über ihn kam (2 Kön 3,15). Diese komplexe Beziehung zwischen Musik und dem Geist setzt sich im Neuen Testament fort („*Werdet voller Geist, indem ihr zueinander in Psalmen und Lobliedern und geistlichen Liedern redet und dem Herrn mit eurem Herzen singt und spielt!*" Eph 5,18-19).

Doch kehren wir nun zu den Propheten als solchen zurück: Die meisten von ihnen schrieben ihre Gabe ganz konkret dem Geist zu. Micha fasst die Funktion der Propheten in Israel wie folgt zusammen: *„Ich hingegen, ich bin mit Kraft erfüllt durch den Geist des HERRN, und mit Recht und Stärke, um Jakob zu verkünden sein Verbrechen und Israel seine Sünde"* (Mi 3,8). Eine solche Botschaft erforderte Mut: Ihre Kühnheit war ebenfalls ein Werk des Geistes.

Einige Propheten, auf die der Geist kam, sind weniger bekannt, wie zum Beispiel Asarja (2 Chr 15,1) oder ein weiterer Micha (2 Chr 18,23). Andere waren einfach Priester, die prophezeiten, wie zum Beispiel der Levit Jahasiël (2 Chr 20,14) und Secharja, der Sohn eines Priesters (2 Chr 24,20).

Die drei Bekanntesten, die am längsten Dienst taten, waren Jesaja (*„Und nun hat der Herr, HERR, mich gesandt und seinen Geist verliehen"*, Jes 48,16), Jeremia und Hesekiel (der immer wieder in der Gegenwart des Herrn zu Boden sank, woraufhin ihn der Geist wieder aufrichtete – Hes 3,24; beachten Sie, dass er keine übernatürliche Kraft benötigte, um ihn zu Boden sinken zu lassen, sondern um ihn aufzurichten).

Was Sacharja, Prophet in der Zeit nach dem Exil, sagte, soll uns als Zusammenfassung dienen. Er erinnerte seine Zuhörer an die *„Worte* [aus der Zeit vor dem Exil]*, die der HERR der Heerscharen durch seinen Geist sandte durch die früheren Propheten"* (Sach 7,12). Das öffentliche Bekenntnisgebet, das Nehemia etwa zur selben Zeit stellvertretend für seine starrsinnige Nation sprach, schenkt einige bemerkenswerte Einblicke in die Funktion des Propheten: *„Und du hattest Geduld mit ihnen viele*

*Jahre und tratest als Zeuge gegen sie auf durch deinen Geist, durch das Wort deiner Propheten, aber sie hörten nicht hin. Da gabst du sie in die Hand der Völker der Länder"* (Neh 9,30).

Wen überrascht es, dass die Propheten nicht selten als Pessimisten abgetan wurden! Ihren Warnungen schenkte man im Großen und Ganzen kein Gehör; deshalb wurde die Betonung, dass ein Gericht bevorstehe, immer stärker. Falsche Propheten, die ihre „Prophetien" voneinander abkupferten (vgl. Jeremia, Kapitel 23), verbreiteten optimistische Zukunftsaussichten und machten sich über jene lustig, die von „Unheil und Verderben" redeten.

Doch dieser Eindruck ist irreführend. Die Propheten mögen Verzweiflung über etwas unmittelbar Bevorstehendes geäußert haben, aber nicht, ohne eine schlussendliche Hoffnung zu vermitteln. Sie glaubten an einen Gott, der seine Versprechen hält, seinen Bund niemals bricht und sein Volk nicht im Stich lässt. Nach der Vergeltung kam die Wiederherstellung. Der nächste Satz in Nehemias Gebet greift diesen Gedanken auf: *„Doch in deinen großen Erbarmungen hast du nicht ein Ende mit ihnen gemacht und sie nicht verlassen. Denn ein gnädiger und barmherziger Gott bist du!"* (Neh 9,31).

Die Essenz prophetischer Verheißungen für die Zukunft lautete: Gott wird in die Geschichte der Menschheit eingreifen und seine Herrschaft auf Erden wiedererrichten, die Bösen vernichten und die Gerechten rechtfertigen. Später verdichtete sich diese Erwartungshaltung in dem einfachen Begriff „das Reich Gottes", dessen Errichtung sich die Juden ersehnten – auf Erden wie im Himmel. Wir müssen nun untersuchen, welche Relevanz dieses Konzept für die Taufe im Geist hat.

## DAS REICH GOTTES

Es besteht ein elementarer Zusammenhang zwischen dem Geist und diesem „Reich" (ein Begriff, den man besser mit „Königsherrschaft" oder „Regentschaft" übersetzen sollte, weil es dabei mehr um die Herrschaft an sich als um den Herrschaftsbereich geht, mehr um Macht als um den physischen Raum). Wir haben bereits festgestellt, dass bei der Schöpfung der Geist die himmlischen Befehle auf Erden ausführte. Bei der Erlösung ist es genauso. Die Regentschaft Gottes wird überall dort demonstriert, wo der Geist aktiv ist.

Deshalb sprachen die Propheten von einer Zeit, in der der Geist mit größerer Macht kommen würde als je zuvor. Doch sein Wirken im Menschen würde sich erst auf einen „Brennpunkt" einengen, bevor es in die Breite gehen würde. Seine Kraft würde sich in einer Person konzentrieren, bevor sie an viele ausgeteilt werden sollte. Das Reich würde erst in einem vom Geist gesalbten Souverän kommen und dann durch vom Geist durchdrungene Untertanen.

**Ein vom Geist gesalbter Souverän:** Die Hoffnungen der Juden hatten sowohl eine menschliche als auch eine göttliche Dimension. Sie ersehnten sich die Wiederherstellung der Dynastie König Davids. Obwohl viele seine Regentschaft auf die Grenzen des Landes beschränkt sahen, hatten manche den prophetischen Charakter im Sinne universeller Souveränität über alle Nationen und bis an die Enden der Erde erfasst (was man besonders stark aus Jesaja 40-66 heraushört).

Der Geist sollte ihn für diese enorme Aufgabe qualifizieren. David war der einzige König, durch den der Geist dauerhaft wirkte (1 Sam 16,13; seine größte Angst war es, er könnte den Geist einmal verlieren; Ps 51,11); dasselbe würde auch für diesen „Sohn Davids" gelten. Drei Prophetien im Buch Jesaja beschreiben diese Salbung genauer.

*Jesaja 11,1-2:* Er wird als *„Spross aus dem Stumpf Isais"* bezeichnet, d. h. er würde dieselben Wurzeln haben wie der Baum, der gefällt worden war. *„Und auf ihm wird ruhen* [bleiben, wohnen, Wohnung nehmen] *der Geist des HERRN* [Jahwes], *der Geist der Weisheit und des Verstandes, der Geist des Rates und der Kraft, der Geist der Erkenntnis und Furcht des HERRN* [Jahwes]." All dies sind Qualifikationen, um ein Volk weise und gut zu regieren. Im nächsten Teil der Prophetie werden seine absolut gerechten Urteile beschrieben, insbesondere zugunsten jener, die sich selbst nicht verteidigen können.

*Jesaja 42,1-3*: Hier wird uns noch eingehender vor Augen geführt, dass der Geist ihn in die Lage versetzt, der ganzen Welt Gerechtigkeit zu bringen. Wie wir wissen, ist Gerechtigkeit die einzige Grundlage für dauerhaften Frieden. Er wird vor allem jenen gegenüber feinfühlig sein, die verletzt und unterdrückt worden sind, und seine Aufgabe mit Geduld und Ausdauer erfüllen (Mt 12,18-21 bezieht diese Bibelstelle auf Jesus, nachdem er *alle*

Kranken geheilt hatte, die man zu ihm gebracht hatte).

*Jesaja 61,1-3:* Im Mittelpunkt dieser Verheißung stehen sein Auftrag und dessen Resultate. Durch den Geist wird er den Armen und Traurigen die frohe Botschaft bringen, Freilassung für die Gefangenen und Eingekerkerten. Dieser „gesalbte" Befreier wird die „Gunst" Gottes proklamieren, eine Verheißung, die an das fünfzigste Jahr oder „Jubeljahr" erinnert (vgl. 3 Mose 25). Es ist bezeichnend, dass man Jesus in seiner Heimatstadt Nazareth die Jesaja-Rolle gab, aus der er seine allererste Predigt halten sollte – und dass er sie genau an dieser Stelle aufschlug (Lk 4,16-19, obwohl er ganz bewusst die Schlussworte *„und den Tag der Rache für unsern Gott"* wegließ).

Diese Salbung war umfassend, permanent und uneingeschränkt. In ihm vereinten sich die Funktionen Prophet, Priester und König. Alle Gaben und Segnungen des Geistes waren sein. Er war in vollkommener Weise fähig, zu tun, zu sein und zu sagen, was auch immer Gott wollte. So sah es aus, als sich der Geist in einem Menschen brennpunktartig konzentrierte.

Doch was für ein Reich kann ein guter König, ja ein vollkommener König schon haben, wenn seine Untertanen schlecht sind? Wie ein guter König zum Wohle seiner Untertanen lebt, braucht man gute Untertanen, die danach streben, den Willen des Königs zu tun. Umgekehrt gilt, dass es einem schlechten König nur um sich selbst geht, um seine eigene Macht, sein Wohlergehen, seinen Status und schlechten Untertanen um ihr eigenes Vergnügen, um ihre persönlichen Wünsche und Leidenschaften.

**Vom Geist durchdrungen Untertanen**: Wenn wir uns mit diesem Gesichtspunkt prophetischer Zukunftsverheißung beschäftigen, ist es nützlich, sich die in der Vergangenheit herrschenden Einschränkungen vor Augen zu führen.

Wenn der Geist auf jemanden kam, war dies immer eine bewusste Erfahrung, die von hör- und sichtbaren Beweisen begleitet wurde. Dabei geschah definitiv etwas. Allerdings war es weder an der Tagesordnung noch etwas Kontinuierliches.

Einerseits kamen nur verhältnismäßig wenige in den Genuss dieser Erfahrung – in zweitausend Jahren israelische Geschichte vielleicht insgesamt 150 Personen. Die Patriarchen, Richter, Könige und Propheten bildeten zusammengenommen keine große Schar. Die überwiegende Mehrheit blieb davon unberührt. Möglicherweise ist es bedeutsam, dass Frauen zwar weissagten, der Geist aber nur im Zusammenhang mit Männern erwähnt wird, vielleicht weil die Führung von Männern ausgeübt wurde. Obwohl durch die wenigen, die „gesalbt" waren, Millionen profitierten, wird an keiner Stelle erwähnt, dass der ganz normale durchschnittliche Israelit sich nach dieser Salbung gesehnt oder sie empfangen hätte. Dass ihre Führungspersonen in dieser Weise qualifiziert waren, reichte aus.

Andererseits war es auch für die Wenigen, die in den Genuss dieser Salbung kamen, nicht zwingend eine dauerhafte Erfahrung. Die göttliche Berührung erfolgte manchmal unregelmäßig und sporadisch oder war nur von kurzer Dauer, sie konnte sogar auch ganz entzogen werden. Simson ist das klassische Beispiel dafür (Ri 16,20). König Saul ist ein anderes Beispiel, auch wenn er immer noch

„weissagte", nachdem der Geist des Herrn (*ruach adonai*) gewichen war und sich ein böser Geist seiner bemächtigt hatte (1 Sam 18,10; wir erfahren nicht, ob die Worte, die er zu Davids Harfenspiel sang, göttlichen Ursprungs waren – möglicherweise nicht, da der Geist zu diesem Zeitpunkt schon von ihm gewichen war).

Über ein paar wenige Leute heißt es: „Der Geist *ist* in ihnen", was mehr als nur die Andeutung einer kontinuierlichen Beziehung darstellt. Dies war der Fall bei Josef (1 Mose 41,38), Mose (4 Mose 11,17), Josua (4 Mose 27,16), Samuel, Elia, Elisa und Daniel. Die meisten von ihnen, wenn nicht alle, könnte man als „Typen" bzw. Vorankündigungen Christi bezeichnen. Nur über einen einzigen Mann – David – wird ausdrücklich gesagt, dass er den Geist empfing und der Geist „von diesem Tag an" bei ihm blieb (1 Sam 16,13); mit seiner einzigartigen Kombination an geistlichen Gaben war er *der* Typus Christi schlechthin.

All dies sollte sich den Propheten zufolge radikal ändern, wenn das Reich Gottes käme. Moses Wunsch, das ganze Volk Gottes prophezeien zu sehen – als Zeichen dafür, dass *„der Herr seinen Geist auf sie gelegt hat"* (4 Mose 11,29) – und nicht nur die offiziell eingesetzten Leiter, die eifersüchtig über ihr Monopol wachten, wurde von etlichen Propheten aufgegriffen. Sie prophezeiten im Namen des Herrn, dass dies eines Tages geschehen würde.

*Joel* war der erste, der dies tat (vermutlich ist er auch der Bekannteste, weil er in der Pfingstpredigt des Petrus zitiert wird). Der Herr werde seinen Geist auf „alles Fleisch" ausgießen (Joel 3,1), nicht auf alle menschlichen

Wesen, sondern auf das ganze Volk Gottes und – wie er im weiteren Verlauf deutlich macht – auf alle Arten von Personen innerhalb dieses Volkes, ungeachtet ihres Alters, ihres Geschlechts oder ihrer gesellschaftlichen Schicht. Alte und Junge, Männer und Frauen, Herren und Sklaven werden in gleicher Weise diese Ausgießung empfangen (beachten Sie hier die „flüssige" Metapher, die später im Neuen Testament verwendet wird, um Taufe in Geist zu beschreiben). Dies werde augenblicklich zur Folge haben, dass sie alle *weissagen*, d. h. von Gott gegebene Worte aussprechen. Sie werden also sowohl Offenbarung empfangen als auch diese weitergeben, manchmal in Bildern, aber auch in Worten – Visionen, wenn sie wach sind (für aktive junge Menschen) und Träume, wenn sie schlafen (für gesetzte Ältere!). Dies werde in letzter Konsequenz zur Folge haben, dass viele den Namen des Herrn anrufen und gerettet werden. Joel mag der erste gewesen sein, der diese erstaunliche Möglichkeit voraussagte, aber er war nicht der letzte.

*Jesaja* kam als Nächster, mit weiteren Einzelheiten. Er betonte mit Nachdruck, dass dies nicht zu Lebzeiten seiner Zeitgenossen geschehen, sondern ihren „Nachkommen" und „Sprösslingen" widerfahren sollte (Jes 44,3-5). Statt peinlich berührt zu sein, würden sie sich ganz ohne Scham mit dem Herrn und seinem Volk identifizieren, voller Stolz zu beiden zu gehören, und kühn Zeugnis darüber ablegen (sowohl dieses als auch das vorangehende Kapitel unterstreichen ihre Berufung, „Zeugen" für Jahwe zu sein; 43,10.12; 44,8 – Verse, von denen die Sekte der Zeugen Jehovas ihren Namen ableitet). Bevor wir diese

Passage verlassen, sollten wir unbedingt hervorheben, dass auch hier wieder „*flüssige*" Metaphern für den Geist verwendet werden: „*Denn ich werde Wasser gießen auf das durstige und Bäche auf das trockene Land.*" Welche sprachlichen Auswirkungen die Ausgießung hat, wird in einer späteren Prophetie betont, die es wert ist, vollständig zitiert zu werden: „*Ich aber – dies ist mein Bund mit ihnen, spricht der HERR: Mein Geist, der auf dir ruht, und meine Worte, die ich in deinen Mund gelegt habe, werden nicht aus deinem Mund weichen noch aus dem Mund deiner Nachkommen, noch aus dem Mund der Nachkommen deiner Nachkommen, spricht der HERR, von nun an bis in Ewigkeit*" (Jes 59,21). Nachdem hier viermal der Mund erwähnt wird, bleibt kein Zweifel daran, dass der Geist vor allem auch gegeben wird, um Menschen in die Lage zu versetzen zu prophezeien, Worte auszusprechen, die ihnen Gott in den Mund legt. Beachten Sie auch, dass dies Teil eines „Bundes" zwischen Gott und seinem Volk ist.

*Jeremia* ist deshalb bemerkenswert, weil er einen „neuen Bund" zwischen Jahwe und Israel verheißt, in dem Gott die Sünden des Volkes vergeben und vergessen wird, was ihre Vergangenheit bereinigt. Gott wird zudem seine Gesetze in ihr Inneres, in ihren Sinn und in ihr Herz schreiben statt auf etwas Äußerliches wie eine Steintafel. Dieser Umstand sichert ihre Zukunft (Jer 31,31-34). An späterer Stelle wird dies noch näher ausgeführt: „*Ich werde ihnen Ungeteiltheit des Herzens und Handelns geben... so dass sie sich nie von mir abwenden werden*" (Jer 32,39-40; wörtl. a. d. Engl.). Freilich sagt uns

Jeremia, *was* dieser neue Bund bewirken wird, aber nicht *wie* es geschehen wird. Den Geist erwähnt er nicht ausdrücklich, obgleich das Wort „inspirieren" („einhauchen") stark in diese Richtung weist. Hören wir einem weiteren Propheten zu, so wird sehr deutlich, dass der Geist dies bewirken wird.

*Hesekiel* greift die innere Dimension des von Jeremia prophezeiten „neuen Bundes" auf: „*Und ich werde ihnen ein [ungeteiltes] Herz geben und werde einen neuen Geist in ihr Inneres geben, und ich werde das steinerne Herz aus ihrem Fleisch entfernen und ihnen ein fleischernes Herz geben* [d. h. weich und empfänglich statt hart und unbeugsam], *damit sie in meinen Ordnungen leben und meine Rechtsbestimmungen bewahren und sie befolgen*" (Hes 11,19-20). Die Formulierung „ein neuer Geist" ist mehrdeutig; es könnte der menschliche oder der göttliche Geist gemeint sein – in diesem Kontext vermutlich ersterer. Doch in späteren Aussagen über eben diese Umgestaltung lässt Hesekiel nicht den geringsten Zweifel daran, dass sie auf das Kommen des Geistes zurückzuführen ist: „*Und ich werde euch ein neues Herz geben und einen neuen Geist in euer Inneres geben ... Und ich werde meinen Geist in euer Inneres geben; und ich werde machen, dass ihr in meinen Ordnungen lebt ...*" (Hes 36,26-27). Die Anwesenheit des göttlichen Geistes wird den menschlichen Geist verändern. Noch später hört sich Hesekiel an wie Joel, wenn er sagt:

„*Und ich werde mein Angesicht nicht mehr vor ihnen verbergen, wenn ich meinen Geist über das Haus Israel ausgegossen habe, spricht der Herr, HERR*" (Hes 39,29;

wieder der „flüssige" Geist). Sowohl Jeremia als auch Hesekiel betonen die moralische Erneuerung, die diese Ausgießung bewirken wird, den innerlichen stillen Gehorsam und weniger das äußerliche gesprochene Zeugnis. Doch die beiden stehen nicht im Gegensatz zueinander, geschweige denn im Widerstreit miteinander. Beides ist Auswirkung der Salbung. Kraft und Reinheit gehören zusammen. Das eine ohne das andere ist wirkungslos. Die Welt muss die mächtigen Werke Gottes sehen und hören. Lippen und Leben müssen ein stimmiges Zeugnis geben. Der Mensch neigt von Natur aus dazu, mehr die Kraft zu begehren als die Reinheit, doch der Geist möchte beides verleihen und zwar zusammen.

Es ist an der Zeit, die verschiedenen Aspekte dieses Kapitels zusammenzuführen. Ich bezweifle, dass irgendein Leser nun sagen wird, es sei eine Zeitverschwendung gewesen, das Alte Testament zu studieren, um Taufe im Geist zu verstehen. Ja, eine Kenntnis dieses jüdischen Hintergrunds ist – wie bei fast allem im Neuen Testament – von wesentlicher Bedeutung. Einige abschließende Bemerkungen sind angebracht.

Wir haben kaum ein Wort über andere „Geister" verloren, die bei einem Menschen Verhaltensweisen auslösen und seinen Charakter beeinflussen können. Menschliche Wesen können von bösen und unreinen Geistern „besessen" sein. Die Geister des Ehebruchs, der Eifersucht, der Täuschung, der Angst, der Verwirrung und der Depression waren den Juden bekannt. Sie werden insbesondere mit Medien, Spiritismus und okkulten Praktiken in Verbindung gebracht. Charakteristisch für all jene, die davon betroffen sind, ist, dass weder sie selbst noch andere ihr Verhalten kontrollieren können. Sie werden von bösen Geistern regelrecht überwältigt.

Doch sie alle unterstehen – wie Satan selbst (vgl. Hiob 1) – nach wie vor der allumfassenden Souveränität Gottes. Ohne Gottes Erlaubnis können sie niemandem Schaden zufügen. Er kann sie zu disziplinarischen Zwecken gebrauchen und tut dies auch, beispielsweise indem er falschen Propheten, die er nicht berufen hat, Lügengeister schickt, damit sie im Denken der Feinde seines Volkes Verwirrung stiften.

Gottes eigener Geist ist das genaue Gegenteil. Obwohl er stark ist, wird er mit seiner Kraft nie jemanden überwältigen. Vielmehr ist Kooperation erforderlich. Der Geist kann durch den unkooperativen Willen eines Menschen betrübt werden (Jes 63,10). Menschen haben die Freiheit, sich zu „widersetzen", indem sie die angebotene Hilfe und Führung ablehnen. Dass er sich zurückzieht, ist eine sehr reale Möglichkeit.

Es dient der Sache, an dieser Stelle auch die Apokryphen zu erwähnen, jene Sammlung von Büchern, die die vierhundert Jahre israelischer Geschichte zwischen dem letzten Propheten Maleachi und den in Matthäus, dem ersten Buch des Neuen Testaments, überlieferten Ereignissen abdeckt. Diese Schriften sollten nicht Teil der Bibel sein und das aus gutem Grund. Der Geist war zu jener Zeit unter ihnen nicht direkt aktiv. Es gab keine Botschaften von Gott, kein „so spricht der Herr", keine Propheten und keine Prophetien. Auch Wunder kamen nicht vor. Die Anführer Israels, sei es im religiösen oder politischen Bereich, waren auf ihre eigenen Fähigkeiten und Ressourcen angewiesen. Gelegentlich, zum Beispiel unter den Makkabäern, waren ihre Unabhängigkeitsbestrebungen erfolgreich, jedoch immer nur für kurze Zeit.

Sie konnten nur hoffen, ersehnen und beten, dass das Reich Gottes kommen und das Blatt wenden würde. Dann würde der Geist ausgegossen werden – nicht nur auf die Führung, sondern auf die ganze Nation. Wie stark sie dann als Volk sein würden! Nur wenige dachten darüber nach, welche Reinheit das von ihnen gleichzeitig erforderte.

Es sollte eine lange Wartezeit werden. Doch die Hoffnung wurde hochgehalten und von Generation zu Generation weitergegeben. Wann würde das Reich Gottes hereinbrechen? Wann würde der „König der Juden" geboren werden? (Sie wussten wo: in Bethlehem, der Stadt Davids). Wann würde der Geist ausgegossen? Und in welcher Beziehung würden diese drei Hoffnungen zueinanderstehen? Sie lernten, vierhundert Jahre lang mit diesen unbeantworteten Fragen zu leben.

Dann wurde in einem Kontext göttlicher Wunder und Botschaften ein kleiner Junge geboren. Er blieb dreißig Jahre lang verborgen, als Flüchtling in Ägypten und als Zimmermann in Nazareth, bis er in der Öffentlichkeit auftrat – doch erst nachdem sein Cousin Johannes, der die Ernährungsweise und Kleidung Elias annahm (und damit die letzte Jahrhunderte alte Prophetie aus Maleachi 3,23 erfüllte), seine unmittelbar bevorstehende Ankunft angekündigt und die Menschen als Vorbereitung darauf zu moralischer und geistlicher Reinigung angehalten hatte. Das Hauptaugenmerk lag auf Reinheit und nicht auf Kraft, wobei das eine die notwendige Voraussetzung für das andere ist.

Johannes ist die Brücke zwischen dem Alten und dem Neuen. In einer sehr realen Art und Weise war er der letzte Prophet des Alten Testaments (Mt 11,11). Nachdem die Nation so lange darauf gewartet hatte, etwas von Gott zu hören, ist es wirklich kein Wunder, dass sie in Scharen kamen, um ihn zu hören. Verwunderlich war jedoch, dass er ihnen sagte, sie seien nicht bereit, nicht rein genug für das, was folgen würde – und seine Methode, an diesem Zustand etwas zu ändern, war noch viel verwunderlicher. Schließlich tauchte er sie in einem schlammigen Fluss unter.

Doch er war der Wegbereiter der neuen Ära, die nun anbrechen sollte, des verheißenen neuen Bundes, des nahen Königreichs, das für sie schon fast greifbar war. Der, der den Geist ausgießen, sie in die Flut eintauchen würde, war bereits unter ihnen.

# 3

# Endgültige Erfüllung

„Das Neue im Alten verhüllt, das Alte im Neuen enthüllt." Dieses Klischee fasst die Beziehung zwischen den beiden Testamenten, die miteinander unsere Bibel ausmachen, recht gut zusammen.

Wir haben bereits gesehen, wie viele Andeutungen und Hinweise auf „Taufe im Geist" sich in den jüdischen Schriften finden lassen, auch wenn der Begriff an sich nicht auftaucht. Doch ohne diesen Hintergrund hätten Johannes' Zuhörer überhaupt nichts damit anfangen können. Vielleicht haben sie die volle Tragweite nicht verstanden, aber sie konnten sich wohl recht gut vorstellen, was diese Taufe zu ihren Gunsten bewirken würde.

Die christlichen Schriften formulieren explizit, was bereits implizit in den jüdischen vorhanden war. Sowohl der Begriff als auch dessen Bedeutung werden in den apostolischen Schriften klar und deutlich dargelegt. Doch bevor wir uns damit befassen, müssen wir ein oder zwei Grundregeln vorgeben.

Die Wichtigste ist, unsere Betrachtungen nicht auf die Verse und Passagen zu beschränken, die den exakten Wortlaut „Taufe in Geist" bzw. „in Geist taufen" enthalten, von denen es insgesamt sieben gibt – vier in den Evangelien

(Mt 3,11; Mk 1,8; Lk 3,16; Joh 1,33; all diese Stellen sind natürlich unterschiedliche Berichte ein und desselben Geschehens, nämlich dessen, was Johannes predigte), zwei in der Apostelgeschichte (1,5 aus dem Munde Jesu und 11,16 aus dem Munde des Petrus) und eine in den Briefen (1 Kor 12,13 von Paulus). Eine Untersuchung dieser wenigen Texte wäre recht kurz und ziemlich überschaubar. Doch unsere Aufgabe ist nicht ganz so einfach.

Das hat folgenden Grund: Wenn man das Neue Testament sorgfältig liest, wird deutlich, dass es eine nicht unerhebliche Anzahl an Synonymen für „getauft" verwendet, während es ein und dasselbe Geschehen beschreibt. Die Evangelien verwenden „kommen", „bekleiden", „Gabe" und „Verheißung". Die Apostelgeschichte verwendet „fallen auf", „kommen auf", „ausgießen auf", „Gabe", „Verheißung" und „erfüllt". Die Briefe verwenden „gegeben", „versiegelt", „gesalbt" und „Anzahlung" bzw. „Angeld" bzw. „Unterpfand".

Es gibt jedoch ein Synonym, das in den Evangelien, in der Apostelgeschichte und in den Briefen genutzt wird, dessen Bedeutung man nicht nachdrücklich genug hervorheben kann: das Wort „empfangen". „In Geist getauft werden" ist dasselbe wie „den Geist empfangen". „Den Geist empfangen" ist dasselbe wie „in Geist getauft werden".

Diese Gleichung hat weitreichende und massive theologische Auswirkungen. Jeder Versuch, eine Lehre der Geistestaufe zu entwickeln, muss an diesem Ausgangspunkt beginnen. An dieser Stelle sei ein kurzer Vorgriff auf spätere Ausführungen in diesem

Buch erlaubt: Die Tatsache, dass „getauft" nicht mit „empfangen" gleichgesetzt wurde, hat zu den Differenzen, ja Spaltungen zwischen „Pfingstlern" und „Evangelikalen" geführt, ohne die man Bücher wie dieses nie hätte schreiben müssen (die beiden folgenden Kapitel werden dies näher erläutern).

Unsere Untersuchung des relevanten neutestamentlichen Materials muss also Passagen berücksichtigen, in denen all diese Synonyme vorkommen und dabei besonderes Augenmerk auf das Wort „empfangen" legen.

Es gibt noch eine weitere Richtschnur, die sich nachhaltig auf unsere Schlussfolgerungen auswirken wird:

Es hat sich eingebürgert, die relevanten Passagen nach Autoren unterteilt zu analysieren und den Beitrag jedes einzelnen Autors als separate Einheit zu betrachten. Was sagt Lukas dazu? Was sagt Paulus dazu? Oder Johannes? Mit diesem Ansatz gewinnt man aus einem Testament eine Reihe von verschiedenen „Theologien" – die Lukanische, die Paulinische oder die Johanneische. In unserem Fall müsste man genauer von „Pneumatologien" sprechen (die Bezeichnung für jenen Zweig der Theologie, der sich mit dem „Geist" befasst, auf Griechisch *pneuma*).

Dieser Ansatz kann hilfreich sein. Biblische Autoren waren nicht nur „Textverarbeitungsmaschinen". Göttliche Offenbarung kam durch ihre verschiedenen Temperamente und Erfahrungen zum Vorschein, was ihnen eine Vielfalt von Ansätzen und Einsichten bescherte. Ihre Beiträge zeichnen sich nicht durch Gleichförmigkeit aus, doch in aller Verschiedenheit lässt sich eine Einheitlichkeit erkennen.

Diese Methode verschiedener Pneumatologien wirkt sich allerdings schädlich aus, wenn sie im Extrem praktiziert und dazu verwendet wird, Differenzen statt Diversität nachzuweisen, Widerspruch statt Komplementarität. Dabei führt man Autoren gegeneinander ins Feld, anstatt sie nebeneinander zu stellen. Die Unterschiede werden übersteigert, bis sich eine Kluft zwischen ihnen auftut. Zweifellos sollte man ihnen gestatten, für sich selbst zu sprechen, ohne den einen in das Vokabular und die Denkweise des anderen hineinzupressen. Doch wenn man sie in einer Gegenüberstellung polarisiert, statt sie miteinander zu vergleichen, erzeugt man imaginäre Konflikte mit unzulänglichem Beweismaterial.

Die Gefahr besteht also darin, dass man Leute, die die Bibel studieren, vor eine Entscheidung stellt, die die Schrift selbst gar nicht verlangt. „Wessen Theologie glaubst du nun? Nach welcher lebst du? Nach der des Paulus? Oder Johannes?" „Nein, nur Jesus gilt!" (Die letzte Antwort ist nach 1. Korinther 1,12-13 genauso schlecht wie die anderen!) Diese Form von Parteinahme ist dem Neuen Testament zutiefst fremd. Sie erzeugt einen „Kanon im Kanon". Das aus dem Lateinischen und Griechischen abgeleitete Wort „Kanon" bedeutet „Maßstab". Auf die Schrift übertragen bedeutet es, dass sie nur *in ihrer Gesamtheit* den Maßstab oder Standard für die Bemessung und Beurteilung aller Glaubens- und Verhaltensfragen bildet. Stellt man einen Teil dem anderen als Widerpart gegenüber, insbesondere wenn man sich eines Teils bedient, um einen anderen zu neutralisieren oder zu verneinen, ist dies ein unzulässiger

## ENDGÜLTIGE ERFÜLLUNG

Gebrauch des gesamten „Kanons der Schrift".

Doch leider ist dieser Missbrauch bei dem uns vorliegenden Thema sehr offensichtlich! Lukas und Paulus hat man so behandelt, obwohl sie Reisegefährten in ein und demselben Missionsteam waren. So wie manche Gelehrte daherreden, müssen die beiden die meiste Zeit damit zugebracht haben, sich darüber zu streiten, wie, wann und warum man den Heiligen Geist empfängt! Man sagt uns, für Lukas sei es eine nachträgliche, spektakuläre Krafterfahrung für die Mission gewesen, während es für Paulus ein Element gewesen sei, das am Anfang der Errettung stand, dessen sich der Empfangende unter Umständen gar nicht bewusst war. „Pfingstler" halten sich lieber an die erste, „Evangelikale" an die zweite Deutung.

Eine noch subtilere Form dieser falschen Zweiteilung entsteht, wenn man einen Gegensatz zwischen ihren Schriften herstellt: Auf der einen Seite stehen jene, die ihre gesamte Lehre auf die Apostelgeschichte und das Lukasevangelium als Überlieferungen des tatsächlichen Wirkens des Geistes gründen; auf der anderen Seite stehen jene, die sagen, eine Lehre könne man nicht auf der Grundlage der „berichtenden" Teile der Schrift entwickeln (was ja der Großteil der Bibel ist!), sondern nur aus den „didaktischen" (d.h. lehrenden) Teilen wie den Briefen ableiten. Und wieder stehen wir vor einem „entweder ... oder". Warum kann es nicht „sowohl ... als auch" sein? Nur wenn man die berichtenden Schriften des Lukas und die didaktischen Schriften des Paulus gleichermaßen ernst nimmt und als eigenständig betrachtet, wächst die Wahrscheinlichkeit, dass man eine echte Einheit aus pfingstlichen und evangelikalen Einsichten erkennt. Beide Seiten legen die Teile der Schrift aus, die ihre Lehre stützen, und versuchen, die anderen wegzuerklären. Für Vieles trägt das Vorurteil die Verantwortung!

In diesem Buch geht es mir mehr um die Synthese als um die Analyse, mehr darum, die verschiedenen Erkenntnisse zusammenzubringen als sie auseinander - zudividieren. Von unserem Ausgangspunkt aus – der Annahme, dass der Heilige Geist selbst alle Autoren und alle Schriften des Neuen Testaments inspirierte – werden wir versuchen, das *ganze* Bild der Taufe im Geist zu zeichnen, zusammengesetzt aus allen zur Verfügung stehenden Fakten und ungeachtet dessen, wer von Gott dazu gebraucht wurde, einen Teil davon zu kommunizieren.

Es ist allerdings ein gewisses Maß an Analyse notwendig, um die einzelnen Teile ins rechte Licht zu rücken. Der Wald besteht aus Bäumen, und man muss beides sehen. Manche sehen den Wald vor lauter Bäumen nicht, doch andere sehen die Bäume vor lauter Wald nicht! Man muss erst die Bäume klassifizieren, um die Art des Waldes beschreiben zu können.

Wie sollen wir nun das neutestamentliche Material kategorisieren, wenn nicht nach Autoren? Ich werde mich einer einfacheren und, wie ich meine, nützlicheren Klassifizierung bedienen und einer Chronologie folgen: vorher, während und nachher. Das hat den zusätzlichen Vorteil, dass wir dabei auch der „Gattung" (der Art oder dem Stil der Literatur) folgen können. Lassen Sie mich erklären, was ich damit meine.

## ENDGÜLTIGE ERFÜLLUNG

Alle Hinweise in den Evangelien stehen in der Zukunftsform als etwas, das nach der Zeit, die sie abdecken, *geschehen wird*. Die Apostelgeschichte spricht von etwas, das *gerade geschieht*; sie wird „vor Ort" geschrieben. Die Briefe blicken auf etwas zurück, das *geschehen ist* (*„In einem Geist sind wir ... getauft worden"*). Beachten Sie, dass das verbleibende Buch – die Offenbarung – keine relevanten Fundstellen enthält. Wenn man das Material in dieser Weise kategorisiert, kommt eine entscheidende Tatsache zum Tragen: Die Verweisstellen in den Evangelien, die nach vorne blicken, und jene in den Briefen, die zurückblicken, enthalten keinerlei Beschreibung, geschweige denn eine Definition dessen, was „Taufe in Geist" eigentlich *ist*. Die Evangelien interessiert nur, *wann* es geschehen wird, die Briefe *warum* es geschehen ist und allein die Apostelgeschichte sagt uns, *wie* es geschieht. Die Wahrheit ist, dass wir ohne die Apostelgeschichte gar nicht wüssten, was „Taufe in Geist" ist. In den Evangelien wird sie lediglich antizipiert, in den Briefen wird sie als gegeben angenommen, doch artikuliert (durch überlieferte und aufgezeichnete konkrete Erfahrungen mit ihr) wird sie in der Apostelgeschichte. Der Ausblick der Evangelien und der Rückblick der Briefe ist kein Ersatz für den Einblick der Apostelgeschichte. Jetzt wird auch deutlich, warum einigen so viel daran gelegen ist, die Apostelgeschichte aus dieser Betrachtung auszublenden. Dadurch bekommt nämlich jeder die Freiheit, seine eigene Meinung darüber kundzutun, was zu so einer Taufe dazugehört, und insbesondere auch die Freiheit zu leugnen, dass eine klar identifizierbare Erfahrung ein wesentliches Element dieser Taufe ist. Die Beweggründe, die dahinterstecken, sind in aller Regel pragmatischer Art und werden später noch eingehend beleuchtet (Kapitel 7).

Die verschiedenen Schwerpunkte der Autoren und die unterschiedlichen Blickwinkel der Evangelien, der Apostelgeschichte und der Briefe müssen ausnahmslos berücksichtigt und integriert und miteinander in Einklang gebracht werden, wenn man ein ausgewogenes und biblisches Verständnis dieses Themas bekommen will. Mit dieser Richtschnur im Hinterkopf sind wir nun bereit, „Taufe in Geist" (und ihre Synonyme) im Neuen Testament zu studieren. Dabei beginnen wir mit den Passagen in den Evangelien, die eine Vorausschau auf das Ereignis liefern.

## DIE EVANGELIEN – VORHER

„Taufe in Geist" wird in allen vier Evangelien erwähnt. Zugegeben, alle vier Referenzen beziehen sich auf dasselbe Ereignis – das Wirken des Johannes am Jordan – und dennoch ist diese Wiederholung ausgesprochen bedeutsam. Warum sollte diesem einen einzigen Statement aus der Predigt des Johannes ein so hoher Stellenwert eingeräumt werden (Markus 1,7 lässt den Schluss zu, dass dieses Element permanent in seinen Predigten auftauchte)? Diese Betonung verdient noch größere Wertschätzung, wenn man sich zum Vergleich ansieht, was sonst noch in allen vier Evangelien erscheint und, sogar noch mehr, was nicht.

Im Grunde ist es recht wenig, was Matthäus, Markus,

Lukas und Johannes gemeinsam haben. Tod, Begräbnis und Auferstehung Jesu werden von allen vier Autoren im Detail geschildert. Doch das ist, wie Paulus später lehren sollte (1 Kor 15,3-4), das elementare Herzstück des Evangeliums. Auch dass man darauf mit Glauben reagieren müsse, wird von allen vieren nachdrücklich betont. Doch im Übrigen haben sie nur bemerkenswert wenig gemeinsam.

Die Empfängnis und Geburt Jesu, sein Exil und seine Kindheit, seine Taufe und Versuchung, das Bekenntnis des Petrus und die darauffolgende Verklärung, das letzte Abendmahl und das Leiden in Gethsemane – nichts von alledem findet sich gleichermaßen in allen vier Evangelien. Das gilt auch für seine Wunder (mit einer Ausnahme: der Speisung der Fünftausend) und seine Lehre, ja sogar für die Gleichnisse, für die er so bekannt war. Der Anspruch, den er mit seinem berühmten „Ich bin" erhebt, wird nur in einem der Evangelien erwähnt.

Doch alle vier Evangelien beginnen mit der Schilderung, dass Johannes Menschen in Wasser zu taufen pflegte und heben diese eine Verheißung hervor, dass der, der nach ihm kommen sollte, stark genug sein werde, um in Geist zu taufen. Das kann kein Zufall sein.

Diese Wiederholung wirkt umso beeindruckender, wenn man sich vor Augen führt, an welche Leserschaft sich die Autoren der Evangelien wenden. Markus und Lukas wurden für Ungläubige geschrieben (Lukas nur für eine Einzelperson). Matthäus wurde für „junge" Gläubige geschrieben, vor allem mit jüdischem Hintergrund (die fünf Lehrblöcke über den Lebensstil, die Mission, das

Wachstum, die Gemeinschaft und die Zukunft des Reiches richten sich ausnahmslos an solche, die bereits Söhne und Untertanen sind). Johannes wurde für „Altgläubige" geschrieben, mit dem Ziel, ihnen einzuschärfen, auch weiterhin zu glauben, dass Jesus ganz Mensch und ganz Gott war, und auf diese Weise weiterhin ewiges Leben zu haben (in 3,16 und 20,31 stehen beide Verben in der Verlaufsform der Gegenwart). Doch alle müssen etwas über die Wasser- und Geistestaufe erfahren, bzw. daran erinnert werden.

Auch die Datierung der Evangelien ist von Bedeutung. Die meisten, wenn nicht alle, wurden vermutlich nach der Apostelgeschichte verfasst und auf jeden Fall nach den darin überlieferten Ereignissen. Wenn, wie uns einige glauben lassen wollen, Pfingsten die alleinige und einzige Erfüllung der Voraussage von Johannes dem Täufer gewesen sei, warum sollten die Autoren der Evangelien es dann so sehr betonen, ohne dieses Faktum zu erklären? Schließlich könnten auf diese Weise ihre Leser ganz leicht annehmen, die Verheißung habe kontinuierliche Gültigkeit!

Man kann nur zu der Schlussfolgerung gelangen, dass alle vier Evangelien der Wasser- und Geistestaufe eine derartige Vorrangstellung einräumen, weil damit die Jüngerschaft eines jeden, der auf das Evangelium vom Tod, vom Begräbnis und von der Auferstehung Jesu reagiert, tatsächlich beginnt. Das ist für den Betreffenden der Beginn des Evangeliums in existentieller Hinsicht, so wie es damals, als Johannes den Weg bereitete, in historischer Hinsicht war.

Es ist deshalb ausgesprochen sonderbar, dass heutzutage so viele Evangelisten ein „Evangelium" predigen, in dem weder von Wasser- noch von Geistestaufe die Rede ist. Sie zögern nicht, „Buße" zu predigen oder die Notwendigkeit, „wiedergeboren" zu werden, auch wenn man keins von beiden in allen vier Evangelien findet. Aber sie schrecken davor zurück, die eindringliche Bekräftigung des Johannes zu predigen, die da lautet: „Er wird euch in heiligem Geist taufen."

Aber wir greifen voraus (eine wirklich schlechte Angewohnheit von Predigern!). Wir müssen uns als Nächstes die Evangelien zu Gemüte führen und zwar getrennt, weil doch leichte Unterschiede zwischen Johannes und den Synoptikern bestehen (dieses Wort bedeutet „zusammenschauen" und bezeichnet Matthäus, Markus und Lukas, weil sie inhaltlich sehr ähnlich sind).

**Synoptiker:** Als Erstes müssen wir den Satz an sich in seine Teile zergliedern und anschließend seinen unmittelbaren, aber auch seinen breiteren Kontext betrachten. Obgleich es weder eine Beschreibung noch eine Definition gibt, können wir nichtsdestotrotz eine Menge aus dem Satz *„Er wird euch in Heiligem Geist taufen"* lernen (Mt 3,11; Mk 1,8; Lk 3,16).

Am besten man beginnt mit dem Verb. Es heißt immer „taufen" und es wird nie das Hauptwort „Taufe" verwendet, obwohl dies eine direkte Verbindung mit Wasser herstellt (Mk 7,4; Hebr 6,2; 9,10; in dt. Bibelausgaben erscheint hier meist das Wort „Waschungen"; Anm. d. Übers.). Daraus kann man zweierlei schließen. Erstens: Verben sind dynamischer als Hauptwörter. Sie beschreiben eine Aktion und keinen Gegenstand, ein Ereignis und kein Ding. Man vergleiche nur die Formulierung „Hast du die Taufe empfangen?" mit „Bist du getauft worden?" und schon sieht man den Unterschied. Zweitens: Ein Verb braucht ein Subjekt und lenkt deshalb die Aufmerksamkeit auf die Person, die etwas tut (in diesem Fall „er"), was man vom Hauptwort nicht sagen kann. Es ist bedauerlich, dass bei vielen Diskussionen, die in unserer heutigen Zeit geführt werden, das Hauptwort das Verb ersetzt hat. Auch ich gebrauche es mittlerweile. Der Titel meines Buchs klingt recht schwerfällig, weil ich die Aufmerksamkeit sowohl auf das Verb als auch auf das Subjekt lenken wollte.

Die Bedeutung des Verbs wurde bereits an früherer Stelle kurz umrissen. Das griechische Wort *baptizo* wird im Englischen im Grunde gar nicht übersetzt, sondern einfach nur englisch ausgesprochen und geschrieben („baptize"), wodurch der eigentliche Sinngehalt nicht klar zutage tritt. Es ist die Intensivform von „eintauchen" (*bapto*) und beschrieb, wie man einen Eimer in einen Brunnen taucht oder einen Becher in eine Schale mit Wein, wie man Wolle oder Stoff zum Färben in ein Becken mit Farbe taucht, ja sogar, wie ein Schiff im Meer versinkt (wir denken bei einem „getauften" Schiff eher an eines, das zum ersten Mal in See sticht, so wie auch Babys ins Leben hineinbefördert werden). Mit anderen Worten: Es bedeutet, etwas Festes in etwas Flüssiges hineintauchen, bis es ganz bedeckt ist (die Begriffe „einweichen" oder „tränken" drücken dasselbe aus).

Es kann auch für Händewaschen oder Geschirrspülen verwendet werden (vgl. Lk 11,38), doch das liegt daran, dass beide ebenfalls völlig mit Wasser bedeckt werden, auch wenn es nur darüber gegossen wird. Es kann unter keinen Umständen verwendet werden, wenn Wasser über etwas gesprengt oder geträufelt wird. Dass Johannes der Eintaucher die Leute untertauchte und nicht Wasser über sie goss, bestätigt der Ort, auf den seine Wahl fiel, „... *weil dort viel Wasser war*" (Joh 3,23). Jesus selbst „*stieg sogleich aus dem Wasser herauf*" (Mt 3,16). Man kennt kuriose alte Gemälde, in denen Johannes dargestellt wird, wie er die untere Hälfte des Körpers eintaucht und die obere Hälfte mit Wasser besprengt, was den späteren Übergang zu einer radikal anderen Methode andeuten könnte! Doch nur wenige Bibelkundler würden für den biblischen Gebrauch des Wortes irgendeine andere Bedeutung als „untertauchen in" oder „vollständig bedecken mit" ins Feld führen. Dass es genauso gemeint ist, wenn es auf „Geist" angewendet wird, muss nicht eigens erwähnt werden, zumal Johannes ja in ein und demselben Satz den Vergleich mit „Wasser" zieht. Der Unterschied besteht im Medium, nicht im Vorgang.

Es müssen noch zwei weitere Eigenschaften des Verbs aufgezeigt werden. Es steht in der Zukunftsform: „wird taufen". Es geschah zum damaligen Zeitpunkt noch nicht; ja, es konnte noch gar nicht geschehen. Es sollten noch drei Jahre vergehen, bis es begann. Wir haben es schon erwähnt: Nirgendwo in den Evangelien wird berichtet, dass jemand in Geist getauft wurde (Joh 20,22 könnte eine mögliche, aber sehr vage Ausnahme sein; siehe unten). Und das Verb steht im Aktiv („wird euch taufen"), nicht im Passiv („ihr werdet getauft werden"; diese Form erscheint allerdings in der Apostelgeschichte und in den Briefen). Wieder richtet Johannes unser Augenmerk auf den, der aktiv ist, und nicht auf die Aktivität an sich, auf die Person und nicht auf das Untertauchen, auf den, der diese Taufe geben wird, und nicht auf die vielen, die sie empfangen werden.

Als Johannes anfing, dies zu sagen, hatte er natürlich noch keine Ahnung, *wer* das Subjekt („er") wäre, sondern nur, *was* er wäre – der kommende König, der Messias, der das Reich Gottes zurück auf die Erde bringen sollte und dem Johannes den Weg bereitete. Die synoptischen Evangelien geben eine verlässliche Überlieferung seiner Predigt wieder, bevor er überhaupt imstande war, diese Personenbeschreibung mit einem Namen zu verbinden – ein Hinweis auf ihre historische Exaktheit. Er kannte ihn lediglich als „den Einen", der größere Kraft haben und weit größerer Ehre wert sein würde.

Das zum Verb gehörige Objekt ist „euch" und richtet sich an alle, die Johannes zuhörten. Sie würden in den Genuss einer zweiten Taufe kommen, wenn auch nicht durch seine Hand. Es handelt sich hierbei um eine Verheißung, die sowohl kollektiver (*„euch alle"*) als auch individueller („jeden einzelnen von *euch*") Natur ist. Sie gilt uneingeschränkt (nicht nur für „hundert zwanzig von euch"!). Sie richtete sich an jeden, der zu Johannes kam, um nach einem Sündenbekenntnis seine Taufe der Buße und Vergebung zu empfangen (beachten Sie, dass Kinder unter zwölf hier ausgenommen waren, von Babys ganz zu schweigen). Sie alle brauchten sie und sie alle würden sie empfangen können. Diese Verheißung galt der allgemeinen Öffentlichkeit und nicht nur ein paar wenigen Auserwählten.

Präpositionen sind wichtig. Auf das Wort „taufen" folgt stets ein „in" (griech.: *en*), das sich auf das Medium bezieht, in das ein Gegenstand oder eine Person eingetaucht wird (auf die Präposition folgt ein Hauptwort im Dativ, in diesem Kontext „Wasser", *hydati*, und „Geist", *pneumati*). Wiederum wird die eigentliche Bedeutung in englischen und deutschen Bibelausgaben verschleiert, die die Präposition häufig mit ihrer weniger geläufigen Bedeutung „mit" oder „durch" übersetzen und damit Anfragen im Hinblick auf moderne „Taufmethoden" effektiv unterdrücken. Ohne jeden Zweifel ist „in" das angemessene Wort, das im Zusammenhang mit der Wassertaufe des Johannes verwendet werden muss, und seine eigene Analogie verlangt dasselbe für die Geistestaufe.

Was ist nun das Medium in letztgenanntem Fall? Auch hier führen uns Bibelübersetzer manchmal in die Irre – indem sie den bestimmten Artikel („der" bzw. „dem") einfügen, der im Griechischen nicht dasteht. Dieser Zusatz ändert den Sinn von Johannes' Statement grundlegend. Um zu begreifen, in welcher Hinsicht, müssen wir zu unseren alttestamentlichen Betrachtungen zurückkehren.

Wir haben bereits festgestellt, dass das Adjektiv „heilig" nur sehr selten für den Geist Gottes verwendet wurde – genauer gesagt nur dreimal und in diesen drei

Fällen, um den Gegensatz zum sündhaften Geist im Menschen aufzuzeigen (Ps 51,11; Jes 63,10-11). Selbst in diesen Fällen wird kein bestimmter Artikel verwendet: Es heißt nur „dein heiliger Geist" oder „sein heiliger Geist", aber nie „*der* Heilige Geist". Das ist deshalb so wichtig, weil es zeigt, *dass man damals noch nicht verstanden hatte, dass der Geist sowohl eine Person als auch eine Kraft ist.* „Der Geist Gottes" war Gottes eigener Atem, seine unsichtbare Kraft und keine bestimmte Person innerhalb der Dreieinigkeit, wie die spätere Offenbarung deutlich machen sollte. Der Begriff stand für ein göttliches Attribut und göttliche Taten, aber eher unpersönlicher als persönlicher Natur. Der „Geist" war eher „etwas" als „jemand", eher ein „Es" als ein „Er".

Christen, die durch Jesus in den Genuss der umfassenderen Offenbarung gekommen sind, stellen sich „den Heiligen Geist" als Person vor. Sie sehen in dieser Bezeichnung einen Titel, ja sogar einen Namen, und verwenden ausnahmslos den bestimmten Artikel, um dies deutlich zu machen. Aber es ist zu bezweifeln, ob Johannes dasselbe Verständnis hatte. Er predigte lange bevor Jesus klarstellte, dass der Geist eine andere göttliche Person wie er selbst sei.

Hätte er Englisch gesprochen, hätte er das Wort „Geist", *spirit*, großgeschrieben (also „*Spirit*"), um zu zeigen, dass er den göttlichen und nicht den menschlichen Geist meint. Doch das Wort „heilig", *holy*, hätte er klein geschrieben, weil er darin ein beschreibendes Adjektiv sah und keinen Eigennamen (der im Englischen und Deutschen stets großgeschrieben wird; Anm. d. Übers.).

Deshalb sollte das Zitat auf Deutsch mit „*Er wird euch in heiligem Geist taufen*" und in englischen Bibeln mit „*he will baptize you in holy Spirit*" wiedergegeben werden.

Damit wird das Wort „heilig" viel stärker betont und das ganze Statement in seinen angemessenen Kontext gesetzt. Vergessen Sie nicht, dass Johannes den Leuten helfen konnte, Vergebung für ihre Vergangenheit zu bekommen, aber nicht, ihre Zukunft frei von Sünde zu halten. Er konnte dafür sorgen, dass sie rein wurden, aber nicht dafür, dass sie auch rein blieben. Vor diesem Hintergrund ergibt sein Versprechen noch viel mehr Sinn: „Er wird euch in *heiligem* Geist taufen", womit genau das abgedeckt werden würde, was Johannes nicht vollbringen konnte. (Wir könnten diesen Satz wie folgt rückübersetzen: „... wird euch in heilige Kraft einweichen" oder gar: „in Kraft, um heilig zu sein".)

Wenn Christen in ihrer Bibel „*der* Heilige Geist" lesen, dann denken sie mehr an die Person als an seine Heiligkeit. Dadurch entsteht die Möglichkeit, die Reinheit von der Kraft zu trennen und „Taufe in Geist" einzig und allein im Hinblick auf den Dienst an anderen Menschen zu sehen und nicht auf unsere eigene Heiligung zu beziehen. Vor allem in der pfingstlichen Lehre ist, wie wir in Kapitel 5 noch sehen werden, ein Hang zu diesem Missverständnis auszumachen. Taufe in Geist ist natürlich beides. Reinheit und Kraft sind zwei Seiten derselben Medaille. Mal richtet sich die Aufmerksamkeit auf die eine, mal auf die andere. Aber es kann nicht der geringste Zweifel daran bestehen, dass Johannes den Schwerpunkt auf die moralische Reinigung legte. Dies bestätigt der in Matthäus überlieferte faszinierende Zusatz „... und mit Feuer" (Mt 3,11). Es gibt mindestens drei Interpretationen, was mit dieser „feurigen Taufe" gemeint ist. Erstens: In Predigten ist es gang und gäbe, dieses Feuer als *Eifer* oder Enthusiasmus zu deuten. Man sagt, die Geistestaufe mache die Leute „feurig für den Herrn". Man weist dabei auf die „Feuerzungen" hin, die die Häupter derer berührten, die an Pfingsten zugegen waren (Apg 2,3), und auf ihren evangelistischen Eifer, den sie anschließend an den Tag legten. In einer Ableitung wird dieser Begriff auch auf Zeiten der Erweckung angewandt (in denen man manchmal tatsächlich echte Flammen auf den Dächern von Kirchen und Gemeindehäusern sehen kann). Auch wenn sich dies rhetorisch recht eindrucksvoll darstellen lässt, ist zu bezweifeln, ob es tatsächlich die ursprüngliche Bedeutung war.

Zweitens: Man sieht in diesem „Feuer" ein Mittel der *Reinigung*, das alles läutert, was nicht ganz rein ist, in dem es (wie bei der Gold- und Silberherstellung) die Schlacke heraus brennt. Taufe in „heiligem Geist und Feuer" hätte damit eine positive und eine negative Folge: Sie würde entfernen, was nicht „heilig" ist, aber auch mit dem erfüllen, was heilig ist. Darin steckt sicher ein Körnchen Wahrheit, aber es gibt eine noch viel wahrscheinlichere Interpretation.

Drittens: „Feuer" ist ein Symbol für *Strafe*, für Gericht, für Zerstörung. Gott ist sowohl im Alten als auch im Neuen Testament ein „verzehrendes Feuer" (5 Mose 4,24; Hebr 12,29). Er gebraucht Feuer, nicht so sehr um die Gerechten zu läutern, sondern um die

## ENDGÜLTIGE ERFÜLLUNG

Ungerechten zu vernichten. In Maleachis Prophetie finden wir die Warnung, dass wir an „dem Tag" wieder *„... den Unterschied sehen [werden] zwischen dem Gerechten und dem Ungerechten, zwischen dem, der Gott dient, und dem, der ihm nicht dient"* (Mal 3,18). Im hebräischen Urtext beginnt nach diesem Vers nicht (wie in manchen Bibeln) Kapitel 4, sondern der Prophet fährt unmittelbar fort mit dem Satz: *„Denn siehe, der Tag kommt, der wie ein Ofen brennt. Da werden alle Frechen und alle, die gottlos handeln, Strohstoppeln sein. Und der kommende Tag wird sie verbrennen ..., so dass er ihnen weder Wurzel noch Zweig übrig lässt ... Denn sie werden [Asche] sein unter euren Fußsohlen an dem Tag ..."* (V.19-21). Dann fügt er noch hinzu: *„Siehe, ich sende euch den Propheten Elia, bevor der Tag des HERRN kommt, der große und furchtbare"* (V.23).

Es kann kein Zufall sein, dass so viel von dieser Prophetie in Johannes widerhallte, insbesondere die großen Feuer, die am Ende jeder Erntezeit im Freien angezündet wurden. In unserer Bibel müssen wir nur zwei oder dreimal umblättern, um zu seiner Botschaft zu gelangen: *„... er wird euch mit ... Feuer taufen; seine Worfschaufel ist in seiner Hand, und er wird seine Tenne durch und durch reinigen und seinen Weizen in die Scheune sammeln, die Spreu aber wird er mit unauslöschlichem Feuer verbrennen"* (Mt 3,11-12); den letzten Satz griff später Jesus selbst auf, um die Hölle zu beschreiben. Beachten Sie die Trennung zwischen dem nützlichen Weizen und der nutzlosen Spreu, bevor das Feuer entzündet wird.

Es scheint klar zu sein, dass Johannes sich hier auf einen Täufer, aber auf zwei sehr unterschiedliche Taufen bezieht, für zwei verschiedene Gruppen von Menschen, je nachdem, wie bereit sie für „diesen Tag" waren. Jene, die ihr Leben bereinigt hatten, so gut sie es konnten, würden in heiligem Geist getauft werden; jene, die das nicht getan hatten, würden in zerstörerischem Feuer getauft werden. Eine solche Botschaft unterstrich mit allergrößtem Nachdruck, wie dringend und wichtig Buße und Taufe sind. Es überrascht nicht, dass so viele reagierten. Nur die, die sich selbst für rein genug hielten, reagierten nicht: *„Und das ganze Volk, das zuhörte, und die Zöllner haben Gott Recht gegeben, indem sie sich mit der Taufe des Johannes taufen ließen; die Pharisäer aber und die Gesetzesgelehrten haben den Ratschluss Gottes für sich selbst wirkungslos gemacht, indem sie sich nicht von ihm taufen ließen"* (Lk 7,29-30).

Doch die Taufe „in Feuer" hat sich nie materialisiert; die Gottlosen wurden *nicht* verbrannt. Die Pharisäer und Schriftgelehrten verharrten in ihrer Scheinheiligkeit. Die Sadduzäer setzten ihr korrumpiertes Priestertum fort. Die Römer hielten an ihrer grausamen Besatzung fest. Es kam kein Feuer des Gerichts herab. Viel später ließ Johannes – der inzwischen im Gefängnis saß, weil er Herodes' unmoralische und rechtswidrige Heirat öffentliche angeprangert hatte – besorgt bei Jesus nachfragen: *„Bist du der Kommende, oder sollen wir auf einen anderen warten?"* (Lk 7,20) Zusätzlich zu seinem Leiden trug er noch die schwere Last, dass er befürchtete, jemand anderen für Jesus gehalten und so die Bevölkerung in die Irre geführt zu haben. Hatte er den Falschen als Messias bezeichnet – was ein wirklich schwerwiegender Irrtum gewesen wäre? Die Antwort Jesu, in der er einige Prophetien des Jesaja zitierte (Jes 29,18-19; 35,5-6; 61,1-2), dürfte die Zweifel des Johannes nicht zur Gänze ausgeräumt haben. Es geschah viel Gutes, aber gegen die Schlechten wurde nichts unternommen! Wo blieb die Taufe in Feuer? Und wo blieb übrigens auch die Taufe in heiligem Geist? Warum erfüllte Jesus die Prophetie des Johannes nicht?

Die Lösung dieses Dilemmas findet man einmal mehr im Alten Testament und in der unvollständigen Offenbarung, die die Propheten bekommen hatten. Sie hatten viele Einzelheiten über den kommenden „Tag des Herrn" erhalten und man muss ihnen nachsehen, dass sie vielleicht zu dem Schluss gekommen waren, dass all das zumindest dicht aufeinanderfolgend geschehen würde, wenn auch nicht im engeren Sinne binnen 24 Stunden. Sie, die mit ihrem teleskopischen Blick die zukünftigen „Gipfel" der Geschichte sahen, konnten nicht verstehen, dass „Täler" langer Zeiträume zwischen diesen Gipfeln liegen könnten, dass „der Tag" Gottes in Phasen ablaufen und sein Reich auf Erden stufenweise errichtet werden sollte. Vor allem wurde ihnen nicht gesagt, dass dies nicht durch ein einmaliges, sondern ein *zweimaliges Kommen* des Königs und Messias bewerkstelligt werden würde. Er sollte zum ersten Mal kommen, um Erlösung zu bewirken, und erst später, um Vergeltung zu üben – zunächst, um jenen Heiligung zu bringen, die sie empfangen wollten, und später, um mit denen ins Gericht zu gehen, die sie abgelehnt hatten.

Christen, die zwischen dem ersten und dem zweiten Kommen Jesu leben, verstehen dies sehr gut, doch für Johannes und die Juden seiner Zeit wäre das ein völlig neues und radikales Konzept gewesen. Das erklärt sowohl die Enttäuschung des Johannes über Jesus als auch die Enttäuschung der Juden über ihn, die dazu führte, dass er für das Aufstellen falscher Behauptungen hingerichtet wurde. Sie erkannten nicht, dass sie es, wie die ganze Welt, nötig hatten, von ihren Sünden befreit zu werden. Sie erfassten auch nicht, dass sich sein erstes Kommen darauf beschränken würde, die Verlorenen zu suchen und zu retten. Vor allem konnten sie nicht erkennen, dass sein Tod das Mittel ihrer Errettung sein würde, obwohl Jesaja vorausgesagt hatte, dass der mit Geist gesalbte Gottesknecht für ihre Übertretungen durchbohrt, für ihre Missetaten zerschlagen und ihrer aller Sünde tragen würde (Jes 53,5-6).

Die Taufe mit Feuer wird am Tag des Gerichts kommen, aber auf Jesus selbst ist sie bereits gekommen, die einzige Person, die sie nicht verdient hatte, und auf niemanden sonst. Wie bedeutsam seine vor Pein widerhallenden Worte jetzt klingen: *„Ich bin gekommen, **Feuer** auf die Erde zu werfen, und wie wünschte ich, es wäre schon angezündet! Ich habe aber eine **Taufe**, womit ich getauft werden muss, und wie bin ich bedrängt, bis sie vollbracht ist!"* (Lk 12,49-50). Mit diesen Worten scheint er eine Verbindung zwischen dem Anfang und dem Ende seines öffentlichen Wirkens anzudeuten, so als ob das eine das andere erforderte und seine erste Taufe unweigerlich zur zweiten hinführen würde. Wir müssen jetzt zur ersten zurückkehren.

Das Wirken des Johannes erreichte seinen Höhepunkt, als er seinen Cousin Jesus taufte. Das ist ein wesentlicher Teil des breiteren Kontexts der Aussage des Johannes, die die beiden Taufen in Wasser und Geist verbindet. Diese beiden Elemente waren auch in der Erfahrung Jesu, die später zu einem Muster für den „Einstieg" in den christlichen Glauben werden sollte, eng miteinander verknüpft.[1]

Es ist bekannt, dass Johannes seinen Cousin nur sehr, sehr widerwillig taufte, weil er meinte, es sollte eigentlich andersherum geschehen (wodurch, nebenbei bemerkt, offenkundig wurde, dass er selbst nicht getauft war!). Die Gründe, die ihn zögern ließen, sind leicht nachvollziehbar. Jesus führte bereits ein reines und heiliges Leben. Hatte Johannes dies aus menschlicher oder göttlicher Quelle erfahren? Wie dem auch sei – Jesus bestand darauf, wie alle anderen behandelt zu werden, und nannte als Grund: *„Denn so gebührt es uns, alle Gerechtigkeit zu erfüllen"* (Mt 3,15). Es ist immer richtig, zu tun, was recht ist und Gottes Geboten zu gehorchen. Da es die einzige Person tat, die es nicht brauchte, sind alle Entschuldigungen jener entkräftet, die sich weigern, es ihr gleichzutun.

Genauso wenig wie Jesus in Wasser getauft werden musste, hatte er es auch nicht nötig in *heiligem* Geist

---

[1]. Der Autor führt hier den Terminus „initiation" ein. Da der Begriff „Initiation" im Deutschen anders besetzt ist, wird auf Formulierungen wie „Einstieg" oder „Start in den christlichen Glauben" zurückgegriffen. In Kapitel 6 (siehe dort) wird allerdings, dem Englischen folgend, das Kunstwort „Initiationskomplex" verwendet (Anm. d. Übers).

getauft zu werden. Dennoch kam der Geist in einer Form auf ihn herab, die für ihn selbst wie auch für andere sichtbar war: eine „Taube" (vgl. hierzu den brütenden, schwebenden Geist in 1. Mose 1,2). Es ist wichtig, festzuhalten, dass dies nicht geschah, während er getauft wurde, sondern *nachdem* er aus dem Wasser wieder herausgestiegen war und *betete* (Mt 3,16; Lk 3,21-22). Diese Abfolge finden wir in der Apostelgeschichte wieder und man könnte sie als die „Norm" für Jünger Jesu bezeichnen.

Wenn dieser Empfang „des Geistes" beschrieben wird, ändert sich die Sprache, was sehr bezeichnend ist. Jetzt wird der bestimmte Artikel verwendet, auch wenn zu bezweifeln ist, ob dies bereits ein Verständnis vom Geist als Person andeutet. Das ist wiederum der Sprachgebrauch des Alten Testaments: *der* Geist Gottes (vgl. Mt 3,16) als Objekt, das man beobachtet, und weniger als Person, der man begegnet, wahrgenommen als Vogel und nicht so sehr als Wesen. Noch wichtiger ist, dass das Wort „heilig" nicht verwendet wird und es auch nicht heißt, Jesus, sei „in Heiliges untergetaucht". Er brauchte nicht mehr Reinheit, als er ohnehin schon hatte. Doch „der Geist" deutet auf eine Ausstattung mit übernatürlichen Fähigkeiten hin. Er war durch und durch Mensch und so brauchte sogar der Sohn Gottes diese Ausstattung, um seine Mission zu erfüllen – sowohl um die Botschaft zu verkündigen (um „*der* Prophet" zu sein), als auch um Wunder zu wirken. Jahre später bezog sich Petrus auf dieses Ereignis mit den Worten: *„Jesus von Nazareth, wie Gott ihn mit Heiligem Geist* [inzwischen der Name einer Person des dreieinigen Gottes] *und mit Kraft gesalbt hat, der umherging und wohltat und alle heilte, die von dem Teufel überwältigt waren, denn Gott war mit ihm*" (Apg 10,38). Matthäus bestätigt, dass Jesus durch die Kraft des Geistes Dämonen austrieb (Mt 12,28). Dies zu leugnen war eine Gotteslästerung, für die es keine Vergebung gibt (Mt 12,32).

Jesus bekam auch Weisung vom Geist, der ihn in die Wüste hinausführte, wo er allein war (Mt 4,1; Lk 4,1; in Mk 1,12 steht „trieb") und anschließend aus dieser Zeit der Einsamkeit wieder zu den Menschenmengen in Galiläa zurückkehrte.

Diese „Salbung" qualifizierte Jesus für zwei Titel: *Mashiach* auf Hebräisch und *Christus* auf Griechisch. Obgleich beide Begriffe auf den Empfang des Geistes hindeuten, haben sie doch ihren Zusammenhang mit dem Geist eher verloren – wie es später auch bei dem Wort „Christ" der Fall war (im Englisch ebenso bei „*christening*", was „Kindertaufe" bedeutet).

Es bleibt noch ein Vers in den synoptischen Evangelien, den es zu studieren gilt: „*Wenn nun ihr, die ihr böse seid, euren Kindern gute Gaben zu geben wisst, wie viel mehr wird der Vater, der vom Himmel gibt, heiligen Geist geben denen, die ihn [weiterhin] bitten!*" (Lk 11,13) Vor „heiligen Geist" steht kein bestimmter Artikel; es ist derselbe Satz wie der des Johannes. Natürlich wird hier nicht „taufen" verwendet, sondern „geben", gewissermaßen das andere Ende des Empfangens. Das Verb „bitten" steht in der Verlaufsform der Gegenwart und sollte, wie in obigem Zitat mit eckigen Klammern angedeutet, auch dementsprechend übersetzt werden; dieses Prinzip wird lang und breit im vorangehenden Gleichnis erläutert, in dem ein Mann um Mitternacht so lange „weiterhin" bzw. kontinuierlich an die Haustür seines Nachbarn klopft, bis dieser aufsteht und ihm gibt, worum er ihn bittet.

Jesus ermutigt zu derart beharrlichem Gebet mit der Verheißung: *„So sage ich euch: Bittet weiterhin und es wird euch gegeben werden; sucht weiterhin und ihr werdet finden; klopft weiterhin an und die Tür wird euch geöffnet werden!"* (Lk 11,9; wörtl. a. d. Engl.)

Wir müssen uns fragen, wem dieser Rat gilt. Zweifellos nicht den Ungläubigen (wir werden im Johannesevangelium lesen, dass die Welt den Geist nicht „empfangen" kann). Doch wenn Gläubige automatisch den Geist empfangen würden, sobald sie gläubig werden, bräuchten sie um diese „Gabe" ja nicht zu bitten. Und tatsächlich werden wir in der Apostelgeschichte sehen, dass an Jesus glauben und den Geist empfangen zwei verschiedene Dinge sind. Es ist das Recht jedes Gläubigen, dass ihm der Geist gegeben wird. Er kommt als Gebetserhörung, so wie er auch auf Jesus und später noch auf viele andere kam (z. B. Apg 8,15). Die Gabe bekommen die, die darum bitten und ausharren, bis der Geist gegeben und empfangen wird.

Am Ende seiner ersten Schrift stellt Dr. Lukas eine Verbindung zu seiner zweiten her, indem er aus den letzten Geboten und Verheißungen Jesu zitiert. Die Jünger sollen seine „Zeugen" sein und die Botschaft der Buße und Vergebung in alle Nationen tragen. Doch für diese

Aufgabe müssen sie zuerst zugerüstet werden. Also sagt er zu ihnen: *„Ihr aber, bleibt in der Stadt [Jerusalem], bis ihr bekleidet werdet mit Kraft aus der Höhe!"* (Lk 24,47-49) Seine zweite Schrift macht klar, dass sich das auf Taufe in Geist bezieht (Apg 1,4-5). Während für Johannes als Auswirkung die Reinheit der Empfangenden selbst im Vordergrund stand, rückt Jesus nun die Kraft für andere in den Mittelpunkt. Das liegt daran, dass es im Kontext jetzt um die universale Mission geht, auf die er sie vorbereitete. Beachten Sie, dass ihnen die „Kraft" immer noch nicht zur Verfügung steht. Sie würden noch knapp zwei Monate darauf „warten" müssen. Das liegt daran, dass die Kraft „aus der Höhe" kommen würde, Jesus jedoch noch nicht dort war, und er der Täufer in Geist war. Erst nachdem er in den Himmel zurückgekehrt war, konnte er sie in die Kraft (den Geist) Gottes „kleiden" (sie damit bedecken, sie darin einhüllen). Ohne diesen Vorgang wären ihr Zeugnis schwach und ihre Evangelisation wenig effektiv geblieben.

Der Zusatz zum Markusevangelium (16,9-20), der das „verlorengegangene Textende" ersetzt, konzentriert sich ebenfalls auf übernatürliche Kraft, um Dämonen auszutreiben, in neuen Sprachen zu reden, ohne Gefahr Schlangen aufzuheben, Giftiges zu trinken und die Kranken zu heilen. Solche „Zeichen" begleiteten und bestätigten später die Predigt der Apostel.

Damit sind wir am Ende unserer Betrachtung des relevanten Materials in den synoptischen Evangelien angelangt und können uns nun dem Johannesevangelium zuwenden, wo wir viel mehr über den Heiligen Geist finden werden.

# JESUS TAUFT IN EINEM HEILIGEN GEIST

**Johannes:** Das Johannesevangelium wurde später verfasst als die anderen und enthält weitaus mehr Material über den Heiligen Geist, wobei es vor allem seine Person betont und nicht so sehr seine Reinheit oder Kraft. Wir müssen uns mit den Kapiteln 1, 3, 4, 7, 14, 15, 16 und 20 befassen.

*Kapitel 1*: Das Kapitel beginnt mit einem einzigartigen Prolog (V.1-18), der die Ewigkeit, die Persönlichkeit, die Gottheit und das Menschsein des „Wortes" proklamiert (griech. *logos*, was so viel bedeutet wie „der Urgrund", die „-ologie" in jedem Zweig der Wissenschaft). Das „Wort" war der Name, den Johannes wählte, um den präexistenten Sohn Gottes zu bezeichnen, bevor dieser Mensch wurde und den Namen „Jesus" bekam. Dann beginnt der Apostel Johannes, wie die anderen Autoren der Evangelien auch, seinen Bericht des Wirkens Jesu mit Johannes dem Täufer und stellt ebenfalls wieder Wasser- und Geistestaufe in den Mittelpunkt. Es gibt allerdings einige fast unmerkliche, aber nicht unerhebliche Abweichungen von den Synoptikern.

So überrascht es, dass die Wassertaufe Jesu gar nicht erwähnt wird. Dennoch ist dieses Evangelium das einzige, das uns sagt, dass Jesus, oder vielmehr seine Jünger, die Taufpraxis des Johannes beibehielten. Eine Zeitlang taten am Jordan beide dasselbe, nur wenige Kilometer voneinander entfernt. Allerdings wurden die Nachfolger Jesu immer zahlreicher und die des Johannes immer weniger, obwohl Jesus bald darauf woanders hinzog, als die Leute anfingen, die Situation als Rivalität zu deuten (3,22-4,3).

Dass Jesus den Geist empfing („wie eine Taube aus dem Himmel"), ist überliefert. Johannes hatte von Gott die Offenbarung bekommen, dass, wenn er viele Menschen taufen würde, einem von ihnen der Geist in sichtbarer Weise gegeben werden würde; dadurch würde die Person identifiziert werden, der er den Weg bereitete. Dafür zu sorgen, dass die Menschen reingewaschen wurden, war also nicht der einzige Grund, warum Johannes taufte. Er hatte einen Hintergedanken! Er selbst wollte wissen (und er wollte, dass es auch alle anderen wussten), wer „der Kommende", der Messias war. Demnach kannte er, als er seinen Dienst begann, den Namen der Person, über die er predigte, nicht. *„Und ich kannte ihn nicht; aber damit er Israel offenbar werde, deswegen bin ich gekommen, mit Wasser zu taufen"* (1,31).

Es heißt nicht, er sei überrascht gewesen, als sich herausstellte, dass es sein eigener Cousin Jesus war. Hatte ihm seine Mutter Elisabeth erzählt, auf welch wunderbare Weise sie und Maria empfangen hatten – die Empfängnis einer alten Frau und die einer Jungfrau im Abstand von nur sechs Monaten? Eins ist gewiss: Johannes war voll im Bilde darüber, dass Jesus einen makellosen Leumund hatte (Mt 3,14).

Doch der Hauptunterschied zum Synoptiker-Bericht über das Herabkommen des Geistes auf Jesus besteht darin, dass hier nicht im Vordergrund steht, was er für sich selbst empfing, sondern was er an andere weitergeben würde. Oder, wie Johannes es formuliert: *„Der mich gesandt hat, in Wasser zu taufen* [d. h. Gott], *sagte zu* *mir: ‚Der Mann, auf den du den Geist herabkommen und bleiben siehst, der ist es, der in heiligem Geist taufen wird'"* (Joh 1,33; wörtl. a. d. Engl.). Hierzu sind einige Anmerkungen vonnöten. Beachten Sie, dass hier (wie bei den Synoptikern) der bestimmte Artikel steht und das Adjektiv „heilig" fehlt, als beschrieben wird, wie Jesus den Geist empfing. Als Nächstes gilt es festzuhalten, dass die Formulierung „in heiligem Geist taufen" auf Gott selbst zurückgeht und nicht auf Johannes und dass er es war, der seinen Sohn „Täufer" nannte. Es ist wirklich außerordentlich seltsam, dass sich anscheinend so viele Christen weigern, diesen Sprachgebrauch zu übernehmen, der von Gott selbst stammt.

Vor allem enthält diese Passage die erstaunliche Behauptung, dass dieselbe übernatürliche Kraft, die Jesus dazu befähigte, seine Botschaften zu verkündigen und seine Wunder zu wirken, durch ihn noch vielen anderen zur Verfügung gestellt werden würde. Er empfing diese Kraft, um sie weiterzugeben. Und genau deshalb konnte er später versprechen: *„Wahrlich, wahrlich, ich sage euch: Wer an mich glaubt, der wird auch die Werke tun, die ich tue, und wird größere als diese tun, weil ich zum Vater gehe"* (Joh 14,12); beachten Sie den hier erwähnten Zusammenhang mit seiner Himmelfahrt, auf den Petrus später noch näher eingehen wird (Apg 2,33).

*Kapitel 3:* Der Leser wundert sich vielleicht, warum diese Passage, in der es schwerpunktmäßig um „Wiedergeburt" (um die „neue Geburt" bzw. „von neuem geboren zu werden") geht, im Rahmen einer Betrachtung über Taufe

## ENDGÜLTIGE ERFÜLLUNG

in Geist erscheint. Der Grund dafür ist recht einfach. Viele Prediger und Lehrer erklären, aus dem Geist geboren zu werden und im Geist getauft zu werden geschehe gleichzeitig, ja die Begriffe seien Synonyme für ein und dasselbe. Haben sie Recht damit, diese beiden Dinge einander gleichzusetzen? Wenn ja, warum verwenden sie dann den einen der beiden Begriffe so bereitwillig („geboren aus") und den anderen so widerwillig („getauft in")? Hier stellen sich ein paar grundlegende Fragen.

Wir müssen uns vergegenwärtigen, dass dieses Kapitel von einem privaten Gespräch zwischen Jesus und einem jüdischen Theologen berichtet. „Wiedergeburts-Terminologie" spielte in der öffentlichen Predigt Jesu wie auch bei der späteren Evangelisation der Apostel keine Rolle (so sollte es heutzutage auch bei uns sein; das Johannesevangelium richtet sich nämlich, wie die wenigen anderen neutestamentlichen Verweise auf die neue Geburt bzw. Wiedergeburt, an Gläubige). Wir müssen auch berücksichtigen, dass Nikodemus ein Pharisäer war und sich als solcher geweigert hätte, sich von Johannes taufen zu lassen (Lk 7,30). Seine erste Bemerkung („*Rabbi, wir wissen, dass du ein Lehrer bist, von Gott gekommen, denn niemand kann diese Zeichen tun, die du tust, es sei denn Gott mit ihm*"; Joh 3,2) könnte ein verklausulierter, aber doch recht gehässiger Vergleich mit Johannes sein, der „*nie ein Wunderzeichen wirkte*" (10,41; wörtl. a. d. Engl.).

Fast alle Bibelkundler sehen in Kapitel 3, Vers 5 eine Vertiefung und Erklärung des Begriffs „von neuem geboren" aus Vers 3. Der Kern des Problems liegt in der Auslegung der Formulierung „aus Wasser und Geist geboren" oder, wie es im griechischen Urtext heißt, „aus Wasser und Geist *heraus* geboren" (die Präposition lautet *ek*, was „aus... heraus" bedeutet, und es steht kein bestimmter Artikel). Worauf bezieht sich „Wasser" und wie hängt das mit „Geist" zusammen?

Viele neigen dazu, das Wort „Wasser" komplett unter den Tisch fallen zu lassen und einzig und allein den „Geist" zu betonen; doch wenn man sie drängt, ihre Sicht der Dinge zu erläutern, bekommt man eine Reihe unterschiedlicher Meinungen zu hören.

1. „Wasser" verweise rückbezüglich auf die natürliche physische Geburt, vor der ja „Wasser" hervorkommt, d. h. die Fruchtblase platzt, in der der Fötus im Mutterleib schwamm. Man weist darauf hin, dass Nikodemus kurz vorher, in Vers 4, ja auch vom Mutterleib gesprochen hat. Doch damit wären die Worte Jesu ziemlich überflüssig – ein Mensch müsse physisch geboren werden, bevor er geistlich geboren werden könne! Ein „Mensch" ist per Definition bereits geboren worden und vor der Geburt ist er in diesem Sinne kein „Mensch". Diese Sichtweise wirkt wie der klägliche Versuch, „Wasser" als etwas abzutun, das für die Diskussion irrelevant sei, so als spiele es bei der Wiedergeburt keine wirklich wichtige Rolle.

2. Andere verstehen „Wasser" nicht wörtlich, sondern metaphorisch. Man sieht darin ein Symbol, entweder für „das Wort" (alles vom gesprochenen Evangelium bis hin zur geschriebenen Bibel) oder für „den Geist".

Doch die Bibel verwendet „Wasser" nicht als Synonym für „Wort" (häufig wird als Argument dafür Epheser 5,26 genannt, doch bei sorgfältiger Betrachtung kommt man zu einem anderen Ergebnis; es geht nicht um „das Wasser des Wortes"). Wenn es eine Metapher für „Geist" wäre, hätte sich Jesus wieder eine Tautologie (eine unnötige Wiederholung) zuschulden kommen lassen: „... muss aus Geist und Geist geboren werden". An anderen Stellen der Evangelien wird der Geist als „Wasser" beschrieben, allerdings mit einem Adjektiv, das der näheren Bestimmung dient (wie z. B. „lebendig"). „Wasser" an sich bedeutet, wie überall sonst in diesen Eingangskapiteln, „Wasser" (1,31.33; 2,7.9; 3,23; 4,7).

3. Katholiken und auch viele Protestanten sehen in „Wasser" eine Bezugnahme auf das Sakrament der Taufe, bei dem echtes Wasser einen geistlichen Zweck erfüllt und ein geistliches Resultat erzeugt. Diese „Sakramentalisten" fassen dann „Wasser und Geist" zu einer Glaubensüberzeugung zusammen, die man als „Taufwiedergeburt" bezeichnet. Dabei wird die Wiedergeburt mit der Taufe gleichgesetzt, wobei sich „Wasser und Geist" in dem einen Ereignis vereinen. Demnach wurde ein Mensch „wiedergeboren", als er getauft wurde, auch wenn er dabei noch ein Baby war (das anglikanische Gebetsbuch spiegelt diese Sichtweise in ihren Liturgien für Kindertaufe und Konfirmation wider).

Müssen wir uns nun für eine der drei Interpretationen entscheiden? Steckt in jeder von ihnen ein Körnchen

## JESUS TAUFT IN EINEM HEILIGEN GEIST

Wahrheit? Könnten sie teils Recht, teils Unrecht haben? Hat jede von ihnen einen Teil der Wahrheit erkannt, aber nicht die ganze Wahrheit? Zweifellos ist ein nicht unbeträchtliches Maß an disziplinierter gedanklicher Offenheit nötig, um einen ganz neuen Ansatz zu wagen, frei von der Lehre, die wir empfangen haben, und von den Traditionen, mit denen wir aufgewachsen sind. Sehen wir uns noch einmal an, was Jesus gesagt hat und versuchen wir dabei, ein ganz neues Verständnis zu erlangen, das sowohl dem Text als auch dem Inhalt gerecht wird.

Die Formulierung „aus Wasser und Geist heraus" ist der Schlüssel. Daran besteht kein Zweifel. Die beiden Elemente unterscheiden sich voneinander und hängen doch eng miteinander zusammen, wobei jedes seinen Teil dazu beiträgt, die Geburt herbeizuführen. Die Präposition „aus ... heraus" weist darauf hin, dass man erst in beides eingetaucht wird und dann aus diesem Zustand wieder herauskommt. Dieser Sprachgebrauch passt zu beiden Formen der Taufe – nicht zuletzt, weil in beiden Fällen der bestimmte Artikel fehlt.

Deshalb halte ich es für richtig, „Wasser" als Verweis auf die Wassertaufe zu verstehen. Das passt auch sehr gut in dieses Gespräch Jesu mit Nikodemus hinein. Die Pharisäer lehnten die Taufe des Johannes ab. Und seine erste Bemerkung schmeichelte Jesus, war aber gleichzeitig wohl eine Herabwürdigung des Johannes (beachten Sie die nachdrückliche Wortwahl „*du* bist von Gott ... Gott ist mit *dir*, weil *du* Wunder tust ..."). Jesus reagierte immer sehr scharf, wenn jemand versuchte, einen Keil zwischen ihn und Johannes zu treiben (Joh

## ENDGÜLTIGE ERFÜLLUNG

4,3), und bekräftigte, dass beide dieselbe Autorität und dasselbe Mandat hatten (Mk 11,27-30). Bei dieser Gelegenheit sprach er über die „Taufe des Johannes" mit den obersten Priestern, den Lehrern des Gesetzes (von denen Nikodemus einer war; 3,10) und den Ältesten, die sich samt und sonders geweigert hatten, sich taufen zu lassen. Es ist deshalb verständlich, dass Jesus diesen Punkt ansprach, nicht zuletzt, weil Nikodemus nicht mit Jesus gesehen werden, geschweige denn, seine Sünden in aller Öffentlichkeit vor Johannes bekennen wollte.

Aber ich kann nicht glauben, dass Taufe an sich schon die Wiedergeburt herbeiführen kann, vor allem, wenn Buße und Glaube fehlen, wie es ja bei Babys zwangsläufig der Fall ist. Das wäre eher Magie als ein Wunder und würde nur irrationalem Aberglauben Auftrieb geben. Doch auch bei einem bußfertigen gläubigen Kandidaten ist die Wassertaufe nicht genug.

Dass bei Wasser und Geist dieselbe Präposition („aus ... heraus") steht, weist klar darauf hin, dass zwischen beiden eine Analogie besteht. Wenn „Wasser" Wassertaufe bedeutet, dann wäre es nur natürlich, davon auszugehen, dass „Geist" die Geistestaufe meint. In seinen anschließenden Bemerkungen lässt Jesus konsequent den bestimmten Artikel weg: „... *Geist gebiert Geist ... so ist es mit jedem, der aus Geist geboren ist ...*" (3,6-8; wörtl. a. d. Engl.). Das passt zu der Vorstellung, dass „Geist" das Medium und nicht die Wirkkraft der Wiedergeburt ist und steht im offensichtlichen Gegensatz zu der Art, wie Jesus später über „*den* Geist" als eine Person sprach (in Kapitel 14-16).

## JESUS TAUFT IN EINEM HEILIGEN GEIST

Sakramentalisten haben also Recht, wenn sie in der Wassertaufe ein unerlässliches Element der Wiedergeburt sehen; aber sie liegen falsch, wenn sie meinen, sie sei dasselbe wie die Geistestaufe. Evangelikale haben Recht, wenn sie die Geistestaufe mit der Wiedergeburt gleichsetzen; aber sie haben Unrecht, wenn sie sie von der Praxis der Wassertaufe und der Predigt der Geistestaufe trennen. Der Grund für dieses Schweigen wird im weiteren Verlauf dieses Buchs deutlich werden; an dieser Stelle sei nur so viel gesagt: Es handelt sich hauptsächlich um eine Weigerung, die aus der Feder des Lukas stammende Beschreibung der Geistestaufe in der Apostelgeschichte als konkrete und wahrnehmbare Erfahrung zu akzeptieren, während weder Paulus noch Johannes irgendeinen konkreten Inhalt dieser Erfahrung nennen und dadurch viel Raum für unterschiedliche Definitionen lassen.

Falls der Leser mit meiner Schlussfolgerung über diese Passage nicht einverstanden ist, hoffe ich doch, dass er dies nicht zum Anlass nehmen wird, auch den Rest meiner Abhandlung zu verwerfen. Ich hätte diesen Abschnitt weglassen können und es hätte der Grundausrichtung des Buchs keinen Abbruch getan, weil sie nicht darauf beruht. Doch um der Ehrlichkeit willen sah ich mich gezwungen, auch diesen Teil mit aufzunehmen, vor allem wegen der sakramentalen und evangelikalen Interpretationen, von denen ich keine befriedigend finde, die aber beide dazu neigen, die Proklamation Jesu als Täufer in heiligem Geist zu unterdrücken.

Am Ende dieses Kapitels wird uns gesagt, dass Gott

Jesus „*den Geist ohne Maß*" gibt (Verlaufsform der Gegenwart; 3,34; wörtl. a. d. Engl.). Deshalb konnte er auch *alle* Gaben, Tugenden und Frucht des Geistes an den Tag legen.

*Kapitel 4:* Die Geschichte von der Samariterin am Brunnen ist so bekannt, dass man sie nicht noch einmal erzählen muss. Nicht jedem Leser fällt auf, dass Jesus das Wasser, um das er bat, nie bekam; aber auch sie erhielt das „lebendige Wasser" nicht, um das sie bat! Keiner war frustriert; jeder wurde auf eine andere Weise zufriedengestellt.

Was Jesus hier anbietet, muss man auspacken: „*Wer aber von dem Wasser trinken wird, das ich ihm geben werde, den wird nicht dürsten in Ewigkeit*" (4,14). Die Zeitformen der beiden Verben sind von Bedeutung. „Geben" steht in der Zukunftsform, weil Jesus zu dem Zeitpunkt, als er das sagte, kein „lebendiges Wasser" geben konnte (siehe unten bzgl. 7,39). „Trinken" steht im Aorist, im Griechischen eine einzige Handlung. Nur einmal trinken wird ausreichen, um alle zukünftigen Bedürfnisse zu stillen, da dabei im Trinkenden „eine Quelle des Wassers" geöffnet wird, „das ins ewige Leben quillt". Die äußere Quelle der Erquickung wird zu einer inneren (und ewigen) Ressource werden. Dieses einmalige Trinken wird auch von Paulus erwähnt, wenn er Taufe in Geist beschreibt (1 Kor 12,13).

Natürlich wird in diesem Kapitel „lebendiges Wasser" nicht mit dem Geist gleichgesetzt; dies geschieht erst in dem nächsten Kapitel, das wir uns nun ansehen werden.

*Kapitel 7*: Am „letzten, dem großen Tag des Festes" (des Laubhüttenfests) pflegte der Hohepriester den Hügel hinab zum Teich Siloah zu gehen, um mit einem Krug Wasser zu schöpfen, das er dann, wieder zurück im Tempel, begleitet von Gebeten für Regen, auf den Altar ausgoss. Nach der jährlichen, etwa sechs Monate dauernden Trockenzeit wurde der „Frühregen" im Herbst dringend gebraucht, um sowohl den Boden für die Saat des darauffolgenden Jahres vorzubereiten als auch die Zisternen mit Trinkwasser aufzufüllen.

Inmitten dieser Zeremonie rief Jesus der versammelten Menschenmenge eine Einladung entgegen: *„Wenn jemand dürstet, so komme er zu mir und trinke! Wer an mich glaubt, wie die Schrift gesagt hat, aus seinem Leibe werden Ströme lebendigen Wassers fließen"* (7,37-38). Es war genau dasselbe, was er zuvor schon der Samariterin am Brunnen angeboten hatte. Man kann nicht genau sagen, auf welche alttestamentlichen Prophetien er sich hier bezieht (es gibt dazu zahlreiche Vorschläge; Jesaja 58,11 ist durchaus denkbar). Es steht allerdings außer Zweifel, dass die Quelle, aus der Ströme lebendigen Wassers fließen würden, der innewohnende Geist ist; diesbezüglich schafft die Erklärung, die Johannes selbst gibt, absolute Klarheit: *„Damit meinte er den Geist, den jene, die an ihn glaubten, später empfangen sollten. Bis dahin war [der] Geist noch nicht [gegeben worden], da Jesus noch nicht verherrlicht worden war"* (V. 39; wörtl. a. d. Engl.; die Worte in Klammern stehen nicht im Urtext, sondern sind von Übersetzern eingefügt worden).

Hier haben wir eine sehr ungewöhnliche Konstruktion,

die wörtlich mit „Geist war noch nicht" zu übersetzen ist. Die Bedeutung ist klar; im Englischen wie im Deutschen braucht man noch einen zusätzlichen Begriff wie „verfügbar" oder üblicherweise „gegeben worden". Dasselbe wiederholt sich in Apostelgeschichte 19,2, wo es heißt: *„Wir haben nicht einmal gehört, dass heiliger Geist ist"* (wörtl. a. d. Engl.). Das bedeutet nicht, dass sie noch nie etwas vom Geist gehört hatten, denn sie waren Jünger von Johannes dem Täufer, der ständig über den Geist lehrte – wiederum muss auch hier etwas wie „verfügbar" oder „gegeben worden" eingesetzt werden, damit der Sinn deutlich wird.

Beachten Sie, dass bei den ersten Jüngern zwischen „an Jesus glauben" und „den Geist empfangen" eine beträchtliche Zeitspanne lag. Wichtig ist nicht, ob diese beiden Dinge weit auseinander oder kurz aufeinanderfolgend geschehen; wichtig ist, dass es zwei ganz verschiedene Dinge sind, wie ein Blick in die Apostelgeschichte noch deutlich machen wird. Diese lange Verzögerung hatte ihren Grund: Das „lebendige Wasser" des Geistes konnte man erst trinken, nachdem Jesus „verherrlicht" worden war. Dieses Wort bezieht sich auf seine Kreuzigung, Auferstehung und Himmelfahrt und nichts weniger! Es darf nicht auf eins der drei Ereignisse beschränkt werden; es meint alle drei zusammen. Die Synoptiker, dieses Evangelium und die Apostelgeschichte sind sich darin einig, dass Jesus erst in den Himmel zurückkehren musste, bevor er den verheißenen Geist ausgießen konnte (Apg 2,33).

Zuletzt gilt zu beachten, dass hier „empfangen"

verwendet wird und nicht „getauft", obwohl es sich eindeutig auf dasselbe Ereignis bezieht. Die beiden Worte sind Synonyme.

*Kapitel 14-16:* Diese Kapitel werden wir gemeinsam betrachten, bilden sie doch eine Rede Jesu, die er am letzten Abend vor seinem Tod seinen elf Jüngern hielt. Im Verlauf dieser Kapitel tauchen immer wieder Hinweise auf den Geist auf.

Charakteristisch ist, dass jetzt vom Geist ganz konkret als Person und nicht mehr nur als Kraft gesprochen wird, von einem „er" und nicht von einem „es". Und auch nicht von einer „sie"! Derzeit laufen Bestrebungen, im dreieinigen Gott etwas Weibliches ausfindig zu machen, wobei eben eine Variante so aussieht, dass man glaubt, der Geist sei weiblich. Es stimmt, dass vor dieser tiefergehenden Offenbarung für den Geist Gottes im Urtext Worte verwendet werden, die von ihrem grammatikalischen Geschlecht her weiblich sind (was sowohl bei menschlichen, als auch göttlichen Eigenschaften oder Organen der Fall sein kann; „Brust" in Offenbarung 1,13 ist beispielsweise ein Femininum, was jedoch nicht bedeutet, dass Jesus jetzt weibliche Körperformen hätte, auch wenn einige feministische Theologinnen das behaupten).

Doch die umfassende und endgültige Offenbarung, dass der Geist eine Person ist, wird ausschließlich mit Worten dargestellt, die männlich sind. Ja, die ganze Bibel spricht von allen drei Personen der Dreieinigkeit konsequent als „er" oder „ihm". Gott ist König, nicht

Königin; Vater, nicht Mutter; Ehemann, nicht Ehefrau. Seinen Geist müssen wir uns vom selben Geschlecht vorstellen (weitere Lehre zu diesem Thema finden Sie in meinem Buch *Führung ist Männersache*, Anchor Recordings Ltd, 2019). Ich erwähne diesen Punkt hier nur, weil die Verwirrung über den Heiligen Geist selbst immer mehr zunimmt.

Wie es sich für eine Person gehört, wird jetzt der bestimmte Artikel verwendet: „*der* Geist", fast ein Name. Titel werden verwendet: „der Geist der Wahrheit" und vor allem „der Beistand" bzw. „der Tröster". Der letztgenannte Begriff ist in unserem heutigen Sprachgebrauch zu weich (man könnte dabei an etwas so „Tröstliches" wie eine Wärmflasche oder eine Schmusedecke denken). „Verteidiger" oder „Ratgeber" wäre besser, auch wenn sie vielleicht zu stark eingeschränkte Bereiche abdecken. Das griechische Wort lautet *parakletos*, eine Zusammensetzung aus „an der Seite" und „rufen", also jemand, der gerufen wird, um in einer Krise an unserer Seite zu stehen. Eine wirklich tröstliche Aussicht!

Jesus nennt ihn einen „anderen" Beistand. Es gibt zwei griechische Wörter, die hier hätten verwendet werden können; das eine bedeutet „ein anderer, der nicht von gleicher Art ist wie dieser"; das andere bedeutet „ein anderer von gleicher Art". Letzteres wird hier verwendet. Der Geist wird genauso sein wie Jesus. Er wird dieselbe Unterstützung und Ermutigung geben. Er wird auch lehren und die Dinge erklären, die sie bereits gehört haben und neue Einsichten schenken, bis er sie „in die ganze Wahrheit" geführt hat (16,13). Er wird „*die Welt*" überführen *von Sünde und von Gerechtigkeit und von Gericht*" (16,8).

Doch das alles sagt uns, was er tun wird, *nachdem* er gekommen ist. Unser unmittelbares Interesse richtet sich aber auf den Anfang seines Wirkens. Haben diese Kapitel etwas dazu zu sagen?

Ein Statement ist besonders relevant: „*[Die Welt kann] den Geist der Wahrheit... nicht empfangen, weil sie ihn nicht sieht noch ihn kennt*" (Joh 14,17a). Der Geist kann Ungläubigen schlicht und einfach nicht gegeben werden. Sie haben weder die Wahrnehmung noch die Erfahrung, die sie in die Lage versetzen würde, eine innige Beziehung mit ihm aufzubauen. Es muss erst ein gewisses Verständnis da sein, bevor es zu einer Begegnung kommen kann. Diese kategorische Äußerung Jesu ist ein gesundes Gegengewicht zur momentan kursierenden Vorstellung, man finde den Heiligen Geist eher in der Welt als in der Gemeinde. Es steckt jedoch ein winziges Körnchen Wahrheit darin. Viele Leute, die Gottesdienste besuchen, haben keinerlei Erfahrung mit dem Geist und die, die schon welche haben, werden ihn noch mehr erfahren, indem sie in die Welt gehen und nicht in der Gemeinde sitzen bleiben. Aber es bleibt unumstößlich, dass der Geist nicht in Ungläubigen wohnt.

Der Vers fährt fort: „*Aber ihr kennt ihn, denn er lebt mit euch und wird in euch sein*" (Joh 14,17b; wörtl. a. d. Engl.). Einige Bibelkundler haben Probleme mit den Präpositionen, die – und das lässt sich nicht leugnen – eine ziemlich radikale Veränderung in der Beziehung andeuten. In einigen späteren Handschriften wird der letzte Teil umgeändert in „*und ist in euch*", was darauf hinausläuft, dass beide Satzteile dasselbe bedeuten: „Er ist mit euch und er ist in euch." Geht man jedoch nach dem allgemein akzeptierten textkritischen Prinzip vor, dass der schwierigeren Version der Vorzug zu geben ist (weil es viel wahrscheinlicher ist, dass ein Text im Lauf der Zeit um der Akzeptanz willen einfacher statt schwieriger gemacht wird), bleibe ich bei der zuerst zitierten Version. Bei den Aposteln sollte eine derartige Veränderung geschehen. Doch eine Veränderung welcher Art?

Jesus sagt hier, sie hätten bereits Bekanntschaft mit dem Geist gemacht, vermutlich sowohl mit seiner Gegenwart als auch mit seiner Kraft. Er hatte bereits „mit ihnen" (d. h. an ihrer Seite) gelebt und zwar in der Person Jesu selbst, der voll des Geistes war. Sie hatten die Botschaften gehört und die Wunder gesehen, alles Dinge, die im Geist gewirkt worden waren. Drei Jahre lang hatten sie mit dem Geist, der in ihrem Meisten wohnte, zusammen gegessen, an seiner Seite geschlafen, mit ihm geredet und waren mit ihm durchs Land gezogen. Ist das alles, was „mit euch" gemeint ist? Es ist sicherlich ausreichend. Doch Jesus hatte sie zu zweit ausgesandt, weg aus seiner unmittelbaren Gegenwart, um sein Wirken an vielen Orten zu multiplizieren, indem sie das Reich Gottes demonstrierten und dann verkündigten, Kranke heilten und Dämonen austrieben. Jesus konnte dies nur durch die Kraft des Geistes tun (Mt 12,28). Wie hätten die Jünger dasselbe tun können, wenn nicht der Geist „mit ihnen" gewesen wäre, auch wenn es ihnen gar nicht bewusst war? Einer übernatürlichen Kraft waren sie sich sehr wohl bewusst: *„Herr, auch die Dämonen sind uns* *untertan in deinem Namen*" (Lk 10,17; beachten Sie, dass sie dies „Jesus" zuschrieben, während er selbst es dem Geist zuschrieb).

Wie sollte nun die zukünftige Beziehung aussehen? Jesus scheint hier zu sagen, dass der Geist immer noch *außerhalb* von ihnen war, wenn auch neben ihnen bzw. an ihrer Seite. Doch in Zukunft würde er *in* ihnen sein. Aus der unbewussten Beziehung würde eine vollkommen bewusste Beziehung werden. Sie würden ihn in größerem Umfang kennen, ungehindert über ihn reden, eine so persönliche Beziehung zu ihm haben wie zu Jesus und sich an ihn wenden, um Unterstützung und Führung zu erhalten. Nichts davon geschah bereits – doch es würde so sein, nachdem er ihr „innewohnender" Geist geworden war.

Es gibt kaum Meinungsverschiedenheiten darüber, wann diese Veränderung eintreten würde. Pfingsten ist der offensichtliche Zeitpunkt, und nach Pfingsten wird dem Namen Jesu und dem Heiligen Geist dieselbe Bedeutung beigemessen (beide werden in den ersten Kapiteln der Apostelgeschichte etwas vierzig Mal erwähnt). Der Geist lebte „in" ihnen, nachdem sie „in heiligem Geist getauft" worden waren. Das ist der Zeitpunkt, an dem sie ihn „empfingen" (siehe unten bzgl. 20,22).

Ein letzter Kommentar zu diesem Vers ist unerlässlich. Die Jünger waren in einer einzigartigen Situation, da sie an Jesus geglaubt hatten, bevor er gestorben, auferstanden und in den Himmel aufgefahren war. Sie befanden sich deshalb in einer Art „Übergangsstadium" und mussten erst noch auf das warten, was später ohne Verzögerung zur Verfügung stand. Diese zwei Phasen ihrer Beziehung mit dem Geist können nicht als Modell bzw. Muster für die spätere Erfahrung eines Christen herangezogen werden, so als müsste jeder Gläubige dieselben beiden Phasen des „Mit-ihnen-" und des „In-ihnen-Seins" durchlaufen. Dennoch konnte etwas Vergleichbares, auch noch nach Pfingsten, ja bis in unsere heutige Zeit vorkommen, wie wir an Beispielen aus der Apostelgeschichte sehen werden.

Eine andere Erwähnung des Geistes verdient Beachtung: *„Er wird nicht aus sich selbst reden, sondern was er hören wird, wird er reden, und das Kommende wird er euch verkündigen. Er wird mich verherrlichen, denn von dem Meinen wird er nehmen und euch verkündigen"* (16,13-14). Vielfach hat man diese Passage als Begründung dafür verwendet, nicht über den Heiligen Geist zu reden. Wer dies behauptet, scheint zu glauben, dass der Heilige Geist Jesus die gesamte Aufmerksamkeit zukommen lassen wollte. Er sei irgendwie scheu und zurückgezogen und ziehe es vor, im Hintergrund zu bleiben. Man spricht auch gerne davon, dass man Jesus „annehmen" müsse (was die Apostel nach Pfingsten beim Evangelisieren nie taten), fühlt sich jedoch nicht wohl dabei, andere aufzufordern, „den Geist zu empfangen"[2]. Ich habe das Gefühl, dass diese Einstellung eher eine Entschuldigung ist, um einen Mangel an persönlicher Vertrautheit mit dem Geist zu kaschieren. Nur Wenige reden gern über etwas, was sie nicht kennen. Genau genommen bezieht Jesus

---

2. Der Autor bezieht sich hier und an mehreren anderen Stellen auf die landläufige englische Formulierung in „Bekehrungsaufrufen": „Receive Jesus", die nicht in der Bibel erscheint (was auch für die deutsche Entsprechung „Jesus annehmen" gilt; die neutestamentliche Formulierung „Jesus aufnehmen" war historisch-räumlich gemeint; u. a. Lk 9,48). Sehr wohl biblisch ist hingegen die Wendung „to receive the Spirit" („den Geist empfangen") (Anm. d. Übers).

alle Äußerungen, die er hier über den Geist macht, an anderer Stelle auf sich selbst: Er sagte nur das, was er von seinem Vater hörte, und seine Freude bestand darin, den Vater zu verherrlichen. Diesem Gedankengang folgend, sollten wir auch Jesus keine besondere Aufmerksamkeit oder Vorrangstellung einräumen, sondern alles Gott zukommen lassen! Im Licht des Neuen Testaments betrachtet, ist dies ganz offensichtlich absurd.

*Kapitel 20:* Wir kommen nun zu einem der beiden Verse, die für den Aufbau einer Lehre über die Geistestaufe von entscheidender Bedeutung sind (20,22; der andere ist 1. Kor 12,13). Es ist keine Übertreibung zu sagen, dass die Deutung beider Texte bis auf den heutigen Tag die weitreichendsten Konsequenzen für die Predigt und Praxis des Evangeliums hat. Die Kluft zwischen „Pfingstlern" und „Evangelikalen" wird weiter bestehen, bis man ein gemeinsames Verständnis dieser Passagen erworben hat.

Der Text schildert den Abend des ersten „Ostersonntags". Der auferstandene Jesus begegnet seinen Jüngern im Obergemach, also dort, wo sie vielleicht wenige Tage zuvor das letzte Abendmahl zu sich genommen hatten. Schon jetzt beauftragt Jesus sie zu einer weltweiten Mission: *„Wie der Vater mich ausgesandt hat, sende ich auch euch"* (20,21; das Verb „senden" heißt im Griechischen *apostello*; ein „Apostel" ist also schlicht und einfach jemand, der von einem anderem an einen bestimmten Ort gesandt wird, um etwas Spezifisches zu tun). Genauso wie bei Lukas steht Vergebung im

Mittelpunkt dieser Mission, auch wenn hier noch von der zusätzlichen Autorität, Sünden zu behalten und Sünden zu vergeben, die Rede ist (vermutlich in Fällen, in denen keine echte Buße stattfindet).

Inmitten von alledem sagt und tut Jesus etwas ganz und gar Einzigartiges: *„Und als er dies gesagt hatte, hauchte er sie an und spricht zu ihnen: Empfangt heiligen Geist!"* (20,22; wiederum fehlt der bestimmte Artikel).

Warum ist dieser eine Vers so alles entscheidend – und so umstritten? Weil ohne ihn alles viel einfacher und unkomplizierter wäre! Dann würden sich nämlich alle vorigen Verheißungen, dass man den Geist empfangen werde, auf den Pfingsttag beziehen. Doch hier haben wir ein Ereignis, das zeitlich sieben Wochen früher liegt und, dem Anschein nach, jene Verheißungen erfüllt – zumindest sehen das einige so. Es geht hier um viel mehr als nur um die Klärung der zeitlichen Abfolge der Ereignisse.

Ganze Theologien über „Bekehrung" sind auf diesem einen Vers aufgebaut worden. Mit der Begründung, die Jünger hätten, sieben Wochen bevor sie „getauft" wurden, „empfangen", verwendet man ihn, um zu leugnen, dass „empfangen" und „getauft werden" gleichzeitig erfolgen und Synonyme sind. Mit der Begründung, die Jünger hätten den Geist am Abend des Ostersonntags „empfangen" und dann noch einmal am Morgen des Pfingstsonntags, gebraucht man diesen Vers, um zu lehren, dass jeder Christ den Geist *zweimal* empfangen müsse – einmal „zur Errettung" und anschließend „für den Dienst".

Einige Lehrer der Pfingstbewegung gehen noch einen Schritt weiter: Sie sagen, dies sei nicht nur der

## JESUS TAUFT IN EINEM HEILIGEN GEIST

Empfang des Geistes, sondern auch die Wiedergeburt der Jünger gewesen, der Augenblick, in dem sie „von neuem geboren" wurden – und untermauern damit die These, Taufe in Geist sei ein „zweiter Segen" für all jene, die bereits einige Zeit zuvor ihre Wiedergeburt erlebt haben (der v.a. im englischen Sprachraum gebräuchliche Fachbegriff für diese Lehre lautet *subsequence*, „Aufeinanderfolge" – eine ihrer beiden grundlegenden und charakteristischen Lehren; die andere heißt *evidence*, „Beweis", und besagt, die Zungenrede sei der einzig akzeptable Beweis).

Dazu gibt es eine extreme Gegenposition: Liberale Bibellehrer nennen dies gern das „Johanneische Pfingsten" und behaupten, Johannes habe dieses Ereignis ein paar Wochen zurückdatiert, damit er es in sein Evangelium aufnehmen konnte. Es sei „dichterische Freiheit", dieses Geschehen auf den Tag der Auferstehung zu legen; gleichzeitig sei es die Methode von Johannes, die Ausgießung des Geistes mit dem auferstandenen Herrn in Verbindung zu bringen. Doch damit bezichtigt man Johannes der historischen Ungenauigkeit, ja sogar einer bewussten Unaufrichtigkeit, um eine eigene These zu beweisen. Das ist keine akzeptable Lösung dieses scheinbaren Widerspruchs.

Das Dilemma lässt sich in einer ganz einfachen Frage auf den Punkt bringen: Haben die Jünger am Ostersonntag „heiligen Geist empfangen" oder nicht? Es gibt viele Gründe, daran zu zweifeln, und es sollen nun einige genannt werden:

1. Es wird nirgendwo gesagt, dass dies der Fall

gewesen sei. Es ist eine Schlussfolgerung, die ihre Berechtigung haben mag oder auch nicht. Über die Jünger wird überhaupt nichts ausgesagt und es sind keine „Auswirkungen" überliefert. Als Konsequenz haben sie zudem nichts Besonderes getan.

2. Es waren nur zehn Jünger zugegen. Thomas fehlte. Wann empfing er den Geist? Und was ist mit den restlichen 120 Jüngern, die an Pfingsten „im Geist getauft" wurden? Wann „empfingen" sie?

3. Als Petrus später davon sprach, dass sie den Geist empfangen hätten, datierte er dieses Ereignis auf Pfingsten und nicht auf den Ostersonntag.

4. Jesus hauchte sie an, *bevor* er ihnen sagte, dass sie empfangen sollten (tatsächlich steht in den besten Texten nicht, er habe sie *„angehaucht"*, sondern einfach nur „er hauchte", obwohl das hier verwendete ungewöhnliche Verb wörtlich „er blies auf" bedeutet). Hätte er durch diesen Akt den Geist in sie „hineingehaucht" (so wie Gott in 1. Mose 2,7 in den Staub vom Erdboden hineinhauchte, um aus Adam eine „lebendige Seele" zu machen), wäre es ziemlich überflüssig gewesen, dann auch noch dazuzusagen: „Empfangt!" Er hätte vielmehr so etwas Ähnliches wie: „Nun habt ihr empfangen ..." sagen sollen. Der Indikativ wäre viel angemessener gewesen als der Imperativ! Sie taten auch nichts Konkretes, um dieser Anweisung Folge zu leisten. Was hätte Jesus diesbezüglich von ihnen erwartet?

5. Der Geist konnte noch gar nicht gegeben worden sein,

da Jesus noch nicht vollständig „verherrlicht" worden war. Er war noch nicht in den Himmel aufgefahren und zu seinem Vater zurückgekehrt. Er hatte klar gesagt, dass der Geist erst kommen konnte, wenn er gegangen war (16,7).

6. Nirgendwo sonst im Neuen Testament wird berichtet, dass jemand in dieser Weise am Ostersonntag den Geist „empfangen" hätte. Wenn sie ihn tatsächlich damals schon „empfingen", wäre dies eine sehr wichtige Erfahrung für sie gewesen, unabhängig davon, ob wir noch hinzufügen, sie seien in diesem Augenblick wiedergeboren worden oder nicht (auch wenn es dadurch noch bedeutsamer gewesen wären). Die anderen drei Evangelien schweigen sich darüber aus. Und das wäre der einzige Vers in allen vier Evangelien, der das „Empfangen" nicht in einem Zeitraum jenseits dessen ansiedeln würde, der von ihren Aufzeichnungen abgedeckt wird.

7. Petrus sagt in seiner Pfingstpredigt ausdrücklich, dass Jesus erst dann den verheißenen Geist empfing, um ihn auf andere auszugießen, „... *nachdem er ... durch die Rechte Gottes erhöht worden ist*" (Apg 2,33).

Wir könnten noch weitere Gründe nennen, doch das dürfte reichen, um fortfahren zu können!

Was bleibt uns nun? Nichts mehr und nichts weniger als das, was explizit ausgesagt wird: An diesem ersten Tag der Woche gab ihnen der auferstandene Jesus ein Zeichen und einen Auftrag. Das ist alles. Alles andere ist eine so genannte *eis*egesis (d. h. etwas in den Text hineinlesen, was nicht dasteht) und keine *ex*egesis (d. h. aus dem Text herauslesen, was dasteht).

Das Zeichen und den Auftrag sieht man somit als Vorbereitung auf das einige Wochen später folgende Pfingsten, gewissermaßen als Generalprobe für dieses alles entscheidende Ereignis. Woher konnten sie wissen, dass sie zu einem bestimmten Zeitpunkt den Geist „empfangen" sollten? Sie würden hören, wie Jesus vom Himmel her blies, ein Brausen wie von einem gewaltigen Wind. Dann sollten sie „empfangen", indem sie sich dem auslieferten, was auch immer der Geist ihnen zu tun oder zu sagen auftrüge.

Dieser „proleptische", d. h. die Zukunft vorwegnehmende Akt Jesu geschah genau dort, wo der vorhergehende auch stattgefunden hatte – als er Brot brach, bevor sein Leib gebrochen wurde, und den Jüngern Wein zu trinken gab, bevor sein Blut vergossen wurde. Jesus war ein ausgezeichneter Lehrer, der seine Jünger ständig auf das vorbereitete, was vor ihnen lag. Sein Tun und Reden an jenem Sonntag passten genau zu seiner Weitsicht und seiner Methode. Sein Vorgehen stellte bis in alle Ewigkeit sicher, dass Pfingsten direkt auf ihn selbst und seinen Dienst als Täufer in heiligem Geist zurückzuführen war. Etwas anderes in Johannes 20,22 hineinzulesen beruht zweifellos auf einem theologischen Vorurteil, das nach einer Rechtfertigung sucht. Doch angenommen, meine Darstellung hat Sie nicht überzeugt: Dann würde ich einfach nur darauf hinweisen, dass auch andere Interpretationen nach wie vor zwei Dinge nicht beweisen, die oft dogmatisch als gültige Schlussfolgerungen bezeichnet werden.

Erstens: Selbst wenn diese Jünger tatsächlich bei dieser Gelegenheit den Geist „empfingen", beweist das ganz sicher nicht, dass dies gleichzeitig ihre „Wiedergeburt" war, der Tag, an dem sie „von neuem geboren" wurden. Sie hatten ja bereits an den Namen Jesu geglaubt (in 1,12; das reichte aus, um in der Übergangsphase vor Pfingsten „aus Gott geboren" zu werden; beachten Sie, dass „aufnahmen" Vergangenheit ist und sich auf die Zeit bezieht, in der Jesus zu seinem eigenen jüdischen Volk kam, von denen ihn einige im Fleisch „aufnahmen", während andere ihn ablehnten). Sie waren „ganz rein", bevor Jesus starb (13,10).

Zweitens: Selbst wenn diese Jünger den Geist zweimal „empfingen" (was alles andere als erwiesen ist), gibt es nicht den geringsten Hinweis darauf, dass dies ein Präzedenzfall für irgendjemand anderen war. Nirgendwo sonst im Neuen Testament findet man auch nur die Spur einer solchen Doppelerfahrung. Die späteren Jünger empfingen den Geist einmal – ein für alle Mal. Sie tranken einmal und genossen dann die Ströme lebendigen Wassers aus der Quelle in ihrem Inneren. Weder wurden sie ermutigt, sich nach einem „zweiten" markanten Einschnitt in Form eines Segens auszustrecken, noch wurde ihnen dies zuteil. Sobald sie den Geist empfangen hatten, mussten sie nur mehr im Geist wandeln, sich weiterhin vom Geist erfüllen lassen, seine Gaben praktizieren und seine Frucht an den Tag legen. Aber wir greifen vor – auf die Briefe. Vorher müssen wir uns mit der Apostelgeschichte beschäftigen.

Noch ein abschließendes Wort zu diesem entscheidenden Vers: Keine wichtige Lehre sollte auf nur einem einzigen Vers aufgebaut werden, vor allem, wenn sie auf dem beruht, was in diesem Vers in Wirklichkeit gar nicht ausgesagt, sondern vielmehr durch Schlussfolgerungen abgeleitet wird. Das ist für den Bau, der darauf errichtet wird, ein viel zu schwaches Fundament.

## DIE APOSTELGESCHICHTE – WÄHREND

Ohne die Apostelgeschichte könnten wir wohl herausfinden, *warum* Menschen in Geist getauft werden müssen und auch, *wer* dabei gibt und wer empfängt. Aber wir hätten gar keine oder nur eine schwache Vorstellung davon, *wie* oder *wann* es stattfinden würde. Das liegt daran, dass die einzige verfügbare Beschreibung in diesem einen Buch des Neuen Testaments zu finden ist. Der Autor, Dr. Lukas, gebraucht selbst diese spezielle Formulierung nicht, zitiert sie jedoch zweimal aus dem Munde anderer – Jesus und Petrus (1,5; 11,16). Doch beide Male stehen die Worte in direktem Zusammenhang mit Ereignissen, die er schildert. Und beide stehen, wie die Hinweise in den Evangelien, in der Zukunftsform, d. h. sie sind ein Ausblick auf etwas Kommendes. Jesus gebrauchte die Formulierung nur „wenige Tage", bevor es zum ersten Mal geschah, und Petrus – von dem der exakte Wortlaut überliefert ist – wandte sie auf etwas an, das bereits geschehen war. Die Apostelgeschichte blickt demnach sowohl voraus als auch zurück, doch der Großteil dieses Buchs betrachtet hauptsächlich das, was zu jener Zeit, also „in der Gegenwart", geschah. Es wurde, wie jemand einmal treffend bemerkte, „vor Ort geschrieben". Es ist, direkt oder indirekt, ein Augenzeugenbericht dessen, was in den ersten Jahrzehnten des Gemeindelebens geschah, Taufen in Wasser und in heiligem Geist inbegriffen.

Der gute Doktor Lukas machte sich größte Mühe, so genau wie möglich zu sein und einen verlässlichen Bericht zu präsentieren, der auf sorgsamer Recherche beruhte (vgl. das Vorwort zu seinem ersten Werk, Lk 1,1-4). Vielleicht schrieb er seine Zusammenfassung für den Richter oder Verteidiger (worauf die Anrede „hochedler Theophilus" hindeuten könnte, Lk 1,3) jenes Prozesses in Rom, bei dem es um das Leben des Paulus ging. Das würde viele charakteristische Merkmale erklären, wie z. B. seinen vollständigen Bericht über die früheren Verfahren gegen Jesus und Paulus, in denen beide dreimal für unschuldig befunden wurden, sowie die erstaunlich detaillierte Schilderung des letzten Schiffbruchs des Paulus (es gab noch andere), bei dem er alle Menschen an Bord des Schiffes, einschließlich seiner Bewacher, rettete und selbst dabei nicht an Flucht dachte.

Diese meine Vorrede ist dazu gedacht, Kritiker der Apostelgeschichte zum Schweigen zu bringen, die ihre Meinung dadurch untermauern, dass sie die Integrität des Lukas in Frage stellen, ja sogar behaupten, er habe seinen Bericht mit seinen eigenen Vorlieben oder gar Vorurteilen „gefärbt", indem er das „Aufsehen erregende" und „abnormale" Wirken des Geistes überbetonte. In aller Regel gelingt es ihnen nicht, diese Unterstellung zu beweisen. Was könnte eine solche Übertreibung schon bewirken, insbesondere bei einem Kreuzverhör vor Gericht? Und Ärzte stehen normalerweise nicht im Ruf, zu dick aufzutragen oder rasch der Leichtgläubigkeit zu verfallen!

Wir haben bereits festgestellt, dass jene, die gerne ihre eigene Definition der Geistestaufe vertreten, dazu neigen, die Apostelgeschichte außer Acht zu lassen und dafür üblicherweise eines von zwei Argumenten ins Feld führen. Das eine lautet: „Die Apostelgeschichte ist nicht didaktisch", d. h. sie sei nur als Bericht gedacht – von erheblichem Interesse, aber zur Unterweisung ungeeignet. Das andere lautet: „Lukas war kein Theologe", kein anerkannter Lehrer der Gemeinde. Keiner der beiden Einwände kann einer genaueren Überprüfung standhalten (siehe die an früherer Stelle vorgebrachte kritische Betrachtung). Und keiner hält uns davon ab, in der Apostelgeschichte die Wahrheit zu entdecken, sowohl in geistlicher als auch in historischer Hinsicht.

Es ist allerdings wahr, dass die in der Apostelgeschichte berichteten Fälle von Geistestaufe sowohl „normale" als auch „abnormale" Merkmale aufweisen und zwischen beiden sauber unterschieden werden muss. So wäre es beispielsweise naiv zu behaupten, dass man nur dann authentisch in heiligem Geist getauft worden sei, wenn man dabei ein Brausen wie von einem gewaltigen Wind gehört habe (obgleich ich weiß, dass so etwas vorkommt, ist mir noch nie jemand begegnet, der darauf bestanden hätte, dass dies ein unerlässlicher Beweis sei). Und damit kommen wir zum allerersten Ereignis.

**Pfingsten:** Eine der letzten Anweisungen, die Jesus gab, bevor er in den Himmel zurückkehrte, lautete, seine Jünger sollten in Jerusalem warten, bis sie „*mit Kraft aus der Höhe bekleidet werden*" (Lk 24,49; Apg 1,4). Dies würde sehr bald nach seinem Weggang geschehen: „*Denn Johannes taufte mit Wasser, ihr aber werdet [in heiligem] Geist getauft werden nach diesen wenigen Tagen*" (Apg 1,5). Beachten Sie, wie sehr diese Formulierung der des Johannes ähnelt. Die wichtigste Veränderung erfolgte im zweiten Verb, vom Aktiv zum Passiv, von „er wird euch taufen" zu „ihr werdet getauft werden". Warum hat Jesus nicht gesagt: „Ich werde euch taufen"? Vielleicht wollte er ihre Erwartungshaltung mehr auf das richten, was für sie getan werden würde, als darauf, wer es tun würde, was sie ja bereits wussten.

Als Nächstes betonte Jesus, dass sie, wenn all das geschähe, *Kraft* empfangen würden – und hier ändert sich der Schwerpunkt, da es Johannes ja vornehmlich um *Reinheit* ging, wenngleich es falsch wäre zu meinen, das eine würde das andere ausschließen. Es ändert sich lediglich die Betonung im Hinblick auf den Kontext, „Zeugen bis an das Ende der Erde" zu werden (1,8).

Die Formulierung „nach diesen wenigen Tagen" muss ihnen auch gesagt haben, wann es geschehen würde, denn damit wäre eines der drei großen alljährlichen Feste gemeint – Pfingsten –, wenn die Juden Gott dafür danken, dass er fünfzig Tage, nachdem das „Passahlamm" in Ägypten geopfert worden war, am Sinai das Gesetz gab. Wie treffend, dass der Geist an diesem Fest gegeben werden sollte, nicht um das Gesetz zu ersetzen, sondern um es in ihre Herzen zu schreiben. Es gibt noch eine weitere faszinierende Parallele: Als das Gesetz gegeben wurde, kamen dreitausend um (2 Mose 32,28); als der Geist ausgegossen wurde, fand dieselbe Anzahl Errettung (Apg 2,41). Wie Paulus später schreiben sollte: *„Der Buchstabe tötet, der Geist aber macht lebendig"* (2 Kor 3,6).

Wo geschah es? Mit ziemlicher Sicherheit im Tempel, in der Halle Salomos, wo heute die Al-Aksa-Moschee steht. Es musste ein Ort sein, an dem Tausende Platz finden konnten, da die Menschenmenge zu den Jüngern kam; die einzige Bewegung der Jünger bestand darin, dass Zwölf der Einhundertzwanzig aufstanden. Neun Uhr morgens war die Zeit des öffentlichen Gebets.

Was geschah? Ein Geräusch „wie" von einem Wind brauste in dem riesigen Gebäude um ihre Köpfe. Wieder hauchte Jesus sie an, diesmal vom Himmel herab (zufällig tost gerade ein heftiger Sturm rund um meine Hütte im Garten, in der ich diese Zeilen schreibe). Flammen „wie" Feuer ließen sich auf jedem einzelnen Haupt nieder (brannten sie nach unten und nicht nach oben, so dass die Spitzen der Flammen ihre Köpfe berührten oder loderten einzelne Flammen von jedem einzelnen Kopf nach oben? Wir wissen es nicht, doch es heißt, die Bischofsmützen würden Letzteres symbolisieren). Diese Phänomene wurden von den (mit offenen Augen, wie es in der Bibel üblich war) im Gebet vereinten Jüngern gehört und gesehen. Allerdings bemerkte die Menschenmenge ringsum weder das eine noch das andere. Auch wiederholten sich die Phänomene bei späteren Gelegenheiten nicht mehr. Es scheint deshalb richtig, davon auszugehen, dass es abnormale übernatürliche Zeichen waren, die auf eine einzigartige Situation hindeuteten, nämlich die allererste Geistestaufe.

Diese objektiven äußerlichen Vorkommnisse führten zu einer subjektiven innerlichen Erfahrung: „*Und sie wurden alle mit heiligem Geist erfüllt und fingen an in anderen Sprachen zu reden, wie der Geist ihnen gab auszusprechen*" (Apg 2,4; warum verwenden manche Übersetzer das Wort „Zungen", das doch unweigerlich den Schluss nahe legt, es sei ein bedeutungsloses Gebrabbel gewesen? Das griechische Wort *glossolalia* bezieht sich auf eine richtige Sprache mit Syntax und Grammatik). Dieser eine Vers beschreibt, was mit ihnen geschah – im Unterschied zu dem, was zuvor in ihrem Umfeld passiert war.

Wir halten zunächst einmal fest, dass „erfüllt mit" ein Synonym für „getauft in" darstellt (vgl. 1,5 mit 2,4), auch wenn es das einzige Synonym ist, das offensichtlich auch für spätere Erfahrungen des Geistes bei denselben Menschen verwendet werden kann (z. B. 4,31 und Eph 5,18). Alle anderen Synonyme werden nur einmalig beim Beginn des Glaubenslebens genutzt.

Der Geist kam von außen, ging aber direkt in sie hinein. Sie wurden aufgefüllt; alles andere in ihnen rückte bewusst in den Hintergrund. Sie wurden bis zum Überfließen gefüllt! Wie manifestierte sich dieses Überfließen?

Es ist ausgesprochen wichtig, dass hier keine *emotionalen* Zustände geschildert werden, weder intensive Gefühle der Begeisterung und des Überschwangs noch ruhigere Empfindungen wie Freude oder Friede. Ja, die einzigen Emotionen, die hier erwähnt werden, sind die der Menschenmenge ringsum – Erstaunen und Abscheu!

Es ist auch von keiner *körperlichen* Reaktion die Rede, sei es zu Boden fallen (wo sie schon saßen), Sich-Schütteln oder Auf- und Niederspringen etc. Selbst wenn etwas Derartiges geschehen wäre (obwohl es nicht den geringsten Hinweis dafür gibt), war das nicht der Grund, warum Skeptiker sie der Trunkenheit bezichtigten (es war vielmehr der Lärm, den sie machten, und die Tatsache, dass sie alle redeten und keiner zuhörte!)

Die einzige überlieferte Folge ihres Erfüllt-Werdens mit heiligem Geist ist *verbaler* Natur – inspirierte Rede, die einige Gelehrte „prophetische Charismen" nennen. Sie wurden bis zum Überfließen erfüllt und es floss durch ihren Mund über. Was herauskam, war ganz eindeutig übernatürlich. Ungebildete Galiläer von „da oben im Norden" sprachen fließend eine Vielzahl von Sprachen, die sie im Rahmen ihrer einfachen Schulbildung unmöglich aufgeschnappt oder erlernt haben konnten.

Nebenbei bemerkt lohnt es sich, darauf hinzuweisen, dass diese Aktivität eine echte Kooperation war. „Sie" waren es, die anfingen zu reden, nicht der Heilige Geist. Sein Part bestand darin, es ihnen „auszusprechen zu geben", d. h. er sagte ihnen, was sie sagen sollten, indem er ihre Zunge und Lippen so bewegte, dass sie die richtigen Laute hervorbrachten; aber sie waren dafür verantwortlich, die Sprachorgane in ihrem Kehlkopf zu aktivieren. Wer noch nie „in Zungen geredet" hat, tut sich vielleicht ein wenig schwer, dies zu verstehen, aber es ist und bleibt eine Tatsache, dass keine Worte herauskommen, solange man nicht zu reden anfängt (wer schweigend mit offenem Mund wartet und erwartet, dass der Geist zu reden anfängt, wird enttäuscht werden). Es ist mit allen übernatürlichen Gaben dasselbe: Der Geist gibt die Fähigkeit, aber nicht die eigentliche Durchführung. Das ist unsere Verantwortung und stets derselbe Akt des Glaubens wie damals, als Petrus aus dem Boot stieg, nachdem Jesus ihm gesagt hatte, auch er könne auf dem Wasser gehen; er konnte es nur, als er es tat, obwohl sein Glaube recht rasch nachließ, als er seinen Blick von Jesus ab- und der Situation zuwandte.

In den Augen des Petrus fiel dieses Phänomen in die allgemeine Kategorie des „Prophezeiens" und er sah darin die Erfüllung der von ihm zitierten Voraussage des Joel. Jetzt waren sie alle, wie damals König Saul, „unter den Propheten". Pfingsten markiert den offiziellen Beginn des prophetischen Redens aller Gläubigen! Dieser Aspekt des großen Ereignisses sollte sich wiederholen, selbst wenn dies bei Wind und Feuer nicht der Fall war.

Wir erfahren nicht, ob es sich bei den Dreitausend wiederholte, die etwas später an jenem Tag in Wasser getauft wurden, doch angesichts des Sprachgebrauchs des Petrus war dies durchaus im Bereich des Möglichen, ja sogar höchstwahrscheinlich. In seiner Predigt hatte er gesagt: „*Nachdem er* [Jesus] *nun durch die Rechte Gottes erhöht worden ist und die* **Verheißung** *des Heiligen Geistes* [wörtl.: „die Verheißung der Geist der heilige", eine Trinität bestimmter Artikel!] *vom Vater empfangen hat, hat er dieses ausgegossen, was ihr* **seht und hört**"

(2,33; Hervorhebungen von mir). Als man an seinen Zuhörern eine Herzensveränderung feststellen konnte, riet er ihnen: *"Tut Buße, und jeder von euch lasse sich taufen auf den Namen Jesu Christi zur Vergebung eurer Sünden! Und* **ihr** *werdet die Gabe des Heiligen Geistes empfangen. Denn* **euch** *gilt die* **Verheißung** *und euren Kindern* [griech. *teknon*, "Nachkomme", im Gegensatz zu *teknion*, was "Kleinkind", "Baby" oder "Säugling" bedeutet] *und allen, die in der Ferne sind, so viele der Herr, unser Gott, hinzurufen wird"* (2,38-39).

Wir beginnen unsere Kommentare zu diesen ganz entscheidenden Versen mit der Anmerkung, dass sich „Verheißung" und „Gabe" auf den Geist beziehen, nicht auf Errettung oder Vergebung, und noch viel weniger, wie manche behaupten, auf den neuen Bund. Sie beziehen sich auf Taufe in Geist, nicht auf Taufe in Wasser. Vor allem ist die Verheißung weder zeitlich (vgl. „Nachkommen") noch räumlich („die in der Ferne sind") begrenzt. Sie wird nur dadurch begrenzt, wer von Gott hinzu gerufen wird und darauf reagiert (2,21.39).

Nun zur wahrscheinlichen Schlussfolgerung: Petrus sagte der Menschenmenge, was sie an ihm und seinen Begleitern gesehen hätten, sei die Erfüllung einer „Verheißung", auf die auch *sie* Anspruch hätten – wenn sie Buße täten und sich taufen ließen. Es wäre ihnen unmöglich gewesen, nicht anzunehmen, dass das, was sie bereits an anderen gesehen hatten, auch ihre eigene Erfahrung werden könnte. Stellen Sie sich ihre Reaktion vor, wenn sie nur nass aus der Taufe herausgekommen wären – sonst nichts! Sie wären sehr enttäuscht gewesen, wenn nicht sogar desillusioniert. Nehmen wir an, Petrus hätte es wie viele moderne Prediger gemacht und folgende Erklärung abgegeben: „Was ihr gesehen und gehört habt, war ganz speziell nur für uns; ihr müsst den Geist im Glauben annehmen, indem ihr glaubt, dass ihr empfangen habt, auch wenn nichts geschah." Das hätte möglicherweise einen Aufruhr gegeben! „Ihr habt gesagt, wir könnten das auch haben, was ihr habt; ihr habt uns reingelegt." Eine Mogelpackung, die unter das Verbraucherschutzgesetz fiele? Die Vorstellung, sie hätten dieselbe Gabe und Verheißung empfangen, ohne auch nur annähernd dasselbe Resultat, grenzt ans Lächerliche. Sie hätten nur mit Zweifeln anstatt Gewissheit nach Hause gehen können (vergessen Sie nicht, dass sie damals noch nicht einmal die neutestamentlichen Schriften hatten, auf die sie ihr Vertrauen hätten setzen können).

Eigentlich brauchen wir gar keine Mutmaßungen oder Spekulationen dieser Art, auch wenn sie uns helfen, deutlich zu machen, wie fernab der Realität einige Lehren sind, die heutzutage verbreitet werden. Später finden wir in der Apostelgeschichte einen viel klareren Hinweis darauf, dass diese Dreitausend *tatsächlich* eine „Pfingsterfahrung" machten (siehe unten).

Bevor wir diese entscheidende Passage und die darin beschriebenen Ereignisse wieder verlassen, müssen wir noch anmerken, dass bereits eine Reihe anderer Synonyme für „in Geist *getauft*" verwendet wird. Wir erwähnten bereits „erfüllt". Im selben Kontext finden wir noch andere Verben: „ausgegossen" (2,33) und „kommen auf" (1,8, wörtlich „fallen auf", ein klarer

Verweis auf Kapitel 2). In späteren Berichten über eben dieses Ereignis erscheinen die Begriffe „empfangen" (10,47) und „geben" (15,8). Von nun an werden wir all diese Worte – und noch einige andere, die man anderswo findet – als „pfingstliche Terminologie" bezeichnen. Dazu rechnen wir auch die Hauptwörter „Gabe" und „Verheißung". Das hilft, viele Bezugnahmen auf Taufe in Geist zu erkennen, insbesondere in den Briefen, auch wenn der Begriff an sich nicht verwendet wird.

Es wurde schon oft behauptet, dieser ganze „Pfingsttag" sei einzigartig, ein historisches Ereignis, das sich nie wiederholen sollte. Man könne ihn Jahr für Jahr als Geburtstag der Gemeinde feiern, aber wir dürften nicht erwarten, dasselbe zu erleben, was sie damals erlebten, oder auch nur einen Teil davon. Es mag ein spektakuläres Schauspiel gewesen sein, als die Gemeinde „abhob", doch sobald sie sich in ihrer Umlaufbahn befand, konnte sie auch ohne ein Feuerwerk dieser Art Kurs halten. Befürworter dieses Szenarios müssen natürlich leugnen, dass selbst die Dreitausend, die noch am selben Tag getauft wurden, in irgendeiner Weise Anteil an dem hatten, was die Ersterfahrung ausgemacht hatte. Doch sie müssen wegerklären oder zumindest erklären, warum die Apostelgeschichte noch mindestens drei weitere ähnliche Ereignisse schildert.

**Nach Pfingsten:** Wir werden jede dieser Begebenheiten separat betrachten und sie uns dann zusammen ansehen. Diese zweigleisige Annäherung kann uns zu unerwarteten Einsichten verhelfen.

*Kapitel 8:* Das erste nachpfingstliche „Pfingsten" ereignete sich infolge der Predigt des Philippus, eines „Diakons" voll Geist (6,3) unter dem „Mischvolk" der Samariter in einer Stadt unweit des Brunnens, wo Jesus der Frau begegnet war (Joh 4). Jetzt sollten sie dieses „lebendige Wasser" trinken, das er ihr versprochen hatte, allerdings erst nach einigen Schwierigkeiten und Verzögerungen. Philippus hatte in der Kraft des Geistes das Evangelium in Wort und Tat verkündet und demonstriert. Sie hatten von ganzem Herzen auf das, was sie gehört und gesehen hatten, reagiert. Sie taten Buße über ihre Sünden, glaubten der frohen Botschaft vom Reich Gottes und dem Namen Jesu Christi und wurden ordnungsgemäß in Wasser getauft. *Aber* „heiligen Geist" empfingen sie *nicht* (8,15-16). Das wirft eine Reihe von Fragen auf. Bedauerlicherweise konzentriert sich ein Großteil der Diskussion dabei auf die falschen!

Eine sehr beliebte Debatte, bei der vor allem unser eigenes Befinden und Wohlergehen im Vordergrund stehen, dreht sich um die Frage, in welchem Zustand sie sich in dieser Phase befanden. Waren sie „errettet" oder nicht? Konnte man sie als „Christen" bezeichnen oder nicht? Noch einfacher formuliert: Wären sie „in den Himmel" gekommen, wenn sie gestorben wären? Später werde ich aufzeigen, dass dies tendenziöse Fragen sind, die jede Diskussion in eine bestimmte Richtung drängen, noch bevor sie so richtig begonnen hat. Vor allem das Wort „Christ" stiftet viel Verwirrung, weil es derzeit in vielerlei Weise definiert wird und in keiner wichtigen Passage des Neuen Testaments erscheint. Sogar

„errettet" ist irreführend (vgl. Kapitel 7, wo ich näher darauf eingehe). Was wir über diese getauften Gläubigen sagen können, ist, dass ihnen ihre Sünden vergeben worden sind (auf der Grundlage von Apg 2,38a). Das hätte ihnen ihr ewiges Schicksal gesichert, wenn sie alle in einer plötzlichen Katastrophe umgekommen wären. Doch der springende Punkt ist nicht die Frage, was mit ihnen geschehen wäre, wenn sie urplötzlich gestorben wären, sondern was mit ihnen geschehen wäre, wenn sie weitergelebt hätten, aber ohne den heiligen Geist. Wem solche Diskussionen Freude bereiten, der täte gut daran, dem Beispiel der Apostel Petrus und Johannes zu folgen: Für sie war die Situation nicht Anlass zur Diskussion, sondern zu entschlossenem Handeln. Schnellstmöglich musste etwas gegen diesen Mangel unternommen werden. Es ist mehr eine Frage des Lebens als des Todes, ein praktisches und weniger ein theologisches „Problem".

Bibelkundler und Gelehrte, sogar die besten unter ihnen, konzentrieren sich auf eine rein hypothetische Frage: *Warum* war ihnen als getauften Gläubigen der Heilige Geist *nicht* gegeben worden? Was die Antwort auf diese Frage anbelangt, ist ein klarer Konsens festzustellen: Gott oder Christus hätten die Gabe bewusst hinausgezögert, damit sie sie (buchstäblich) aus der Hand von Repräsentanten der jüdischen Gemeinschaft zu Jerusalem empfingen, wodurch die Einheit der Gemeinde gewahrt und die Gründung zweier „nationaler Denominationen", einer jüdischen und einer samaritanischen, verhindert wurde. Alles sehr interessant, aber reine Spekulation, obwohl es eine durchaus plausible

Theorie ist. Doch man findet in der Schrift nicht einmal den Hauch einer Andeutung, auf den diese Gedanken aufgebaut werden könnten. Wie dem auch sei: Philippus war Jude und hatte in Jerusalem eine verantwortungsvolle Position gehabt. Darauf hinzuweisen, er sei kein „Apostel" gewesen und mehr aus Jerusalem „zerstreut" als „ausgesandt" worden (8,4), scheint ziemlich irrelevant zu sein, da selbst Paulus den Geist durch die Hand eines ganz normalen Gläubigen empfing (Hananias; vgl. 9,17). Dieses Argument wird meist von denen vorgetragen, die glauben, eine „Konfirmation" müsse durch die Hand eines Bischofs in „apostolischer Nachfolge" geschehen.

Die mit Abstand wichtigste – und von den meisten komplett ignorierte – Frage lautet: *Woher wusste* man überhaupt, dass die Samariter den Geist *nicht* empfangen hatten? Sie hatten die Voraussetzungen erfüllt, an Gott und Jesus geglaubt und waren getauft worden. Es herrschte sogar „große Freude in jener Stadt". Die meisten modernen Beobachter hätten gesagt: „Wie kann man nur auf den Gedanken kommen, sie hätten nicht empfangen?!" Doch Philippus, Petrus und Johannes *wussten*, dass es so war. Warum? Es gibt nur eine mögliche Antwort: Bis dahin *hatte jeder, der neu zum Glauben gekommen war, den Geist in einer unverwechselbaren Art und Weise, vergleichbar mit dem ursprünglichen Pfingstereignis, empfangen*. Bei den Samaritern war dies zum ersten Mal *nicht* geschehen. Es war deshalb ein „abnormales" Ereignis – nicht aufgrund dessen, was später geschah, sondern aufgrund dessen, was *noch nicht* geschehen war (10,45 ist die genaue Umkehrung davon). Mit anderen

Worten: Seit Pfingsten, ab den Dreitausend, hatten alle neu dazugekommenen Gläubigen kontinuierlich und ausnahmslos die Erfahrung gemacht, in „pfingstlicher" Weise, den Geist zu empfangen. Die Samariter waren die erste Ausnahme von der Regel.

Die Lösung war Gebet. Jesus empfing den Geist infolge von Gebet (Lk 3,21-22) und hatte zu beharrlichem Gebet für diese „Gabe" ermutigt (Lk 11,13). Die Jünger hatten vor Pfingsten gebetet (Apg 1,14). Es war naheliegend, das zu tun. Doch in diesem Fall haben wir das erste, wenn auch nicht letzte Beispiel dafür, dass Menschen im Gebet „die Hände aufgelegt werden", damit der Geist auf sie komme (bzw. falle; 8,16). Hat dies eine göttliche oder eine menschliche Dimension? Ist es einfach nur so, dass sich die Betenden mehr mit denen, für die sie beten, identifizieren und damit deren Wunsch verstärken? Oder erwarten sie, als der Kanal gebraucht zu werden, der die Erhörung des Gebets transportiert? Wir müssen uns nicht notwendigerweise für eins von beiden entscheiden. Es könnte beides sein. Andere Schriftstellen favorisieren diese Doppelantwort, legen jedoch wahrscheinlich mehr Gewicht auf Letzteres (so legte z. B. Jesus selbst Kranken die Hände auf, damit sie geheilt würden). Es muss jedoch unterstrichen werden, dass die Hände Kanal und nicht Quelle des Geistes sind. Dass der Geist von einer Person, die empfangen hat, an eine andere weitergegeben wird, die nicht empfangen hat, ist nicht der Fall. Damit würde sich ein Mensch die einzigartige Funktion Jesu als Täufer im Geist unrechtmäßigerweise aneignen. Der Geist würde dann nicht von ihm aus der

Höhe ausgegossen werden. Der Geist würde mehr zu jemandem „durchsickern" als auf jemanden „fallen". Es gibt keine Hinweise darauf, dass Jesus diese Fähigkeit, den Geist an andere auszuteilen, delegiert hätte, so als hätte er gesagt: „Ich habe euch den Geist gegeben; jetzt geht hin und gebt anderen den Geist." Er hat uns beauftragt, andere in Wasser zu taufen, aber nicht in Geist. Ich persönlich kenne Fälle, in denen jemand durch Handauflegung betender Freunde „empfangen" hat, die selbst nicht empfangen haben (war nicht auch die Taufe des Johannes wirksam, obwohl er selbst nicht getauft worden war?). Es ist wichtig, sich zu vergegenwärtigen, dass wir den Geist als Gabe von Jesus empfangen. Es gibt Beispiele dafür, dass andere den Geist empfingen, ohne dass ihnen Hände aufgelegt wurden (10,44 ist das nächste Ereignis in der Apostelgeschichte), obwohl es so aussieht, als habe sich die Praxis der Handauflegung im Weiteren sehr wohl eingebürgert (19,6 und Hebr 6,2).

Die exakte Beschreibung der Folgen des Handelns der Apostel lässt den Schluss zu, dass die Samariter – im Gegensatz zum Pfingstereignis – einer nach dem anderen den Geist empfingen, während die Apostel in der Versammlung von Person zu Person gingen, und nicht gleichzeitig als Gruppe. Doch als jeder einzelne „empfing", muss so ziemlich dasselbe geschehen sein, da es für jeden Beobachter offenkundig war.

Ein Beobachter, der „*... sah, dass durch das Auflegen der Hände der Apostel der Geist gegeben wurde*" (8,18), war der Zauberer Simon, ein unbußfertiger getaufter Gläubiger, der fälschlicherweise annahm,

## ENDGÜLTIGE ERFÜLLUNG

Petrus und Johannes seien nur Kanäle der „Gabe". Als professioneller Zauberer hatte er einen Ruf zu verlieren und bot den Aposteln an, ihnen das Geschäftsgeheimnis der Weitergabe einer solchen Erfahrung abzukaufen. Damit würde er, wie sie, zu einem Gebenden und nicht nur zu einem Empfangenden. Der harsche Tadel des Petrus muss ihn zutiefst erschüttert haben:

„*Zur Hölle mit dir und deinem Geld!*" (8,20 in freier Übertragung). Ohne echte Buße können nicht einmal der Glaube an Jesus und die Wassertaufe Vergebung bewirken (8,22) – ein Gesichtspunkt, den sich alle Evangelisten und ihre Bekehrten zu Herzen nehmen sollten. Wir dürfen außerdem davon ausgehen, dass Simon den Geist nicht empfangen hätte, wenn die Apostel zu ihm gekommen wären, bevor er mit seiner Forderung herausplatzte.

Wenn es ein Fazit dieser Episode gibt, besteht es darin, dass „an Jesus glauben" und „den Geist empfangen" zwei verschiedene Dinge sind, ungeachtet dessen, ob sie nun zeitlich dicht aufeinander folgen oder weit auseinander liegen. Dieser Unterschied verschwimmt, wenn Suchende aufgefordert werden, „Jesus zu empfangen" bzw. „anzunehmen" oder „aufzunehmen", eine Einladung, die die Apostel nie aussprachen, nachdem der Himmel ihn bei seiner Himmelfahrt wieder „aufgenommen" hatte. Ihr Appell lautete, gegenüber Gott im Himmel Buße zu tun, an Jesus zu seiner Rechten zu glauben und den Geist zu empfangen, der gesandt wurde, um seinen Platz auf Erden einzunehmen. Mehr darüber später!

Bevor wir dieses Kapitel verlassen, sollten wir noch auf ein oder zwei interessante Punkte eingehen, die man verschiedenen Lesarten der Geschichte vom Kämmerer aus Ägypten in unterschiedlichen Handschriften entnehmen kann (8,26-40). So berichtet ein Text, Philippus habe, bevor er ihn taufte, darauf bestanden, dass jener ein Glaubensbekenntnis ablege und kundtue, dass er von ganzem Herzen glaube, dass „*Jesus Christus der Sohn Gottes ist*" (8,37; dieser Vers erscheint meist als Fußnote). In einem anderen Manuskript (dem so genannten „westlichen Text") findet sich eine abweichende Version von Vers 39: „Der Heilige Geist fiel auf den Kämmerer und ein Engel des Herrn holte Philippus dort weg." Dieser spätere Zusatz mag auf das Ereignis selbst zurückgehen, aber selbst wenn das nicht der Fall ist, drückt er doch aus, dass man davon ausging, dass normalerweise auf die Wassertaufe die Geistestaufe folgte. Doch es kann auch Ausnahmen geben.

*Kapitel 9:* Kaum jemand dürfte anzuweifeln, dass Paulus über seine Sünde Buße tat und an Jesus glaubte, dort, auf der Straße nach Damaskus, irgendwo auf den „Golanhöhen", wie man sie heute nennt, am Fuße des Bergs Hermon, wo Petrus, Jakobus und Johannes einen atemberaubenden Blick auf die Herrlichkeit des Herrn hatten werfen dürfen. Dennoch waren sie nicht blind geworden. Sie hatten einen „verklärten" Christus gesehen, Paulus hingegen wurde mit dem in den Himmel aufgefahrenen Christus konfrontiert, dessen Gebet: „*Und nun verherrliche du, Vater, mich bei dir selbst mit der Herrlichkeit, die ich bei dir hatte, ehe die Welt war!*" (Joh 17,5) jetzt vollständig erhört worden war.

Aber Paulus musste noch drei Tage warten, bis er in

Wasser und durch die Hand des Hananias in Geist getauft werden konnte, der nicht mehr war als „ein Jünger" (9,10-19). Zeitgleich wurde er von seiner Blindheit geheilt.

Es sind nur wenige Einzelheiten seiner Taufe in Geist überliefert. Die eigentliche Formulierung lautet „erfüllt von Geist heiligem", aber wir haben ja bereits festgestellt, dass das Verb „erfüllt" synonym für „getauft" verwendet wird (1,5 und 2,4). Es wird keine resultierende Manifestation erwähnt, auch wenn einige eine Schlussfolgerung aus der später von Paulus aufgestellten Behauptung ziehen, er „rede mehr in Sprachen" (privat, nicht öffentlich) als alle Korinther zusammengenommen (1 Kor 14,18; „alle" bedeutet mehr als „beliebig viele" von ihnen). Später erklärte er zudem, er wäre „in einem Geist getauft" worden wie sie (1 Kor 12,13; vgl. nächster Abschnitt).

Lukas erwähnt nicht in jedem Fall alle Aspekte der „Bekehrung". Solche Wiederholungen wären ermüdend. Manchmal lässt er die Buße weg, manchmal den Glauben, manchmal die Wassertaufe und manchmal den Empfang des Geistes. Wir sollten in diese Weglassungen nichts allzu Bedeutsames hineinlesen. Er hebt lediglich jene Aspekte hervor, die das Ereignis bedeutsam machten (wie die enorm große Zahl von Taufen an Pfingsten). Ein umfassendes Bild seines Verständnisses, wie Jüngerschaft beginnt, muss aus einer Zusammenschau all seiner Berichte aufgebaut werden. Alle vier genannten Dimensionen erscheinen in seinem Bericht über die evangelistischen Methoden des Paulus (19,1-7; siehe unten).

*Kapitel 10:* Kornelius war ein römischer Zenturio, der zweite Nichtjude, der den Geist empfing (falls der Kämmerer der erste war). Beide waren gottesfürchtig; sie glaubten an den Gott Israels und verehrten ihn, obgleich sie nicht „konvertiert" waren, um beschnittene Proselyten zu werden. Kornelius war bekannt für seine Gebete zu Gott und seine Geschenke an die Armen, ein „frommer" Mann, der durch den Besuch eines Engels mit dem Apostel Petrus in Kontakt gekommen war. Durch Petrus fand er das Licht des Evangeliums von Jesus von Nazareth, den *„Gott mit Heiligem Geist und mit Kraft gesalbt hat"* (10,38).

Petrus war durch eine Vision, die er während einer Siesta auf einem Hausdach in Joppe gehabt hatte, von seinem jüdischen Vorurteil, kein nichtjüdisches Haus besuchen zu dürfen, geheilt worden. Er war mit etlichen „Gläubigen aus der Beschneidung" von dort nach Cäsarea gekommen. Und *„während Petrus noch diese Worte redete"*, d. h. vor Kornelius und seinem Haus predigte, *„fiel der Heilige Geist auf alle, die das Wort hörten"* (10,44). Das geschah spontan (also ohne Handauflegung) und gleichzeitig (alle auf einmal, wie zu Pfingsten).

Wie wurde Petrus diese erstaunliche Unterbrechung bewusst? Woran erkannte er, dass sie „den Heiligen Geist empfangen" hatten? Erneut wird weder von einer emotionalen Reaktion noch von einer körperlichen Aktion berichtet. Der einzige überlieferte Beweis ist, wie zu Pfingsten, verbaler Natur: *„Sie hörten sie in* [anderen] *Sprachen reden und Gott erheben"* (10,46). Tat jeder von ihnen beides? Oder war „in Sprachen reden" und „Gott erheben" ein und dasselbe? Vermutlich müssen beide Fragen mit „Nein!" beantwortet werden. Es wird nicht gesagt, dass man die Sprachen erkannt hätte, so dass man hätte wissen können, ob sie nun Lobpreis oder Gebet oder etwas anderes ausdrückten. Wäre es Lobpreis gewesen, hätte man das vermutlich mit den Worten „sie priesen Gott in Zungen" überliefert. Natürlich konnten sie nicht in einer anderen Sprache reden und gleichzeitig Gott in ihrer eigenen Sprache preisen. Die einfachste Erklärung wäre, dass einige in Zungen redeten, während andere in Lobpreis ausbrachen.

Die erste Überraschung war, dass die Nichtjuden ihr eigenes Pfingsten hatten. Petrus hatte gesagt, die verheißene Gabe des Geistes sei für alle, *„die in der Ferne sind"* (2,39). Offenbar war ihm die volle Tragweite und Wirkung seiner eigenen Worte nicht bewusst gewesen (womit er nicht der Einzige wäre, dem so etwas passierte, wenn er in der Kraft des Geistes predigte). Vielleicht hatte er an Juden gedacht, die über die damals bekannte Welt verstreut lebten (in der „Diaspora"). Jetzt kamen seine Worte mit einer ganz neuen Dynamik zu ihm zurück.

Und es gab noch eine Überraschung. Sie waren noch nicht getauft! Trotzdem empfingen sie den Geist, gewissermaßen im Voraus. Der Bericht sagt auch nichts davon, dass sie Buße getan oder geglaubt hätten, obwohl dies später noch erwähnt wird (11,18; 15,9). Es ist das erste – und letzte – Mal, dass eine solche Reihenfolge in der Apostelgeschichte überliefert wird. In Petrus' Augen war das so abnormal, dass sein allererster Gedanke war, dass man sie rasch in Wasser untertauchen müsste, um die Situation einigermaßen zu normalisieren! Zweifellos dachte er nicht (wie es heutzutage einige tun), Taufe in Geist ersetze Taufe in Wasser oder mache sie überflüssig. Allerdings nahm Petrus die eigentliche Taufe nicht selbst vor, sondern überließ sie seinen Freunden aus Joppe. Vielleicht wollte er, dass sich die Täuflinge mehr an die Taufe als an den Täufer erinnerten (was auch das Motiv von Jesus und Paulus gewesen sein könnte, die ebenfalls davon Abstand nahmen; Joh 4,2; 1 Kor 1,14). Es stellt sich die Frage, warum der Herr seinen Geist so rasch auf sie „ausgoss" (beachten Sie dieses „pfingstliche Synonym" in Vers 45 von Kapitel 10), was ja im auffälligen Gegensatz zur Verzögerung bei den Samaritern steht. Auch hier kann man nur eine spekulative Antwort geben, aber es ist sehr wahrscheinlich, dass Petrus sie nie getauft hätte, wenn er sich nicht sicher gewesen wäre, dass sie dafür überhaupt in Frage kamen. Er hatte seinen jüdischen Widerwillen bereits überwunden, indem er sie aufsuchte und ansprach, und das war vielleicht das Äußerste, zu dem er bereit war, wenn Gott nicht in dieser Art und Weise eingegriffen hätte.

Dass sie den Geist empfingen, war der eine absolute Beweis, der Petrus davon überzeugte, dass Gott sie tatsächlich akzeptiert hatte und er, Petrus, sie ebenfalls akzeptieren musste. Genau das war das Argument, das er bei drei verschiedenen Gelegenheiten ins Feld führte, um seine Pioniertat zu rechtfertigen. Wie er diese Rechtfertigung formuliert, ist von nicht unerheblicher Bedeutung.

Erstens: Zu den Brüdern aus Joppe sagte er: „*[Sie haben] den Heiligen Geist empfangen ...**wie auch wir***"

(10,47). Es gibt keinen Grund anzunehmen, dass diese Leute aus Joppe am Pfingsttag unter den 120 gewesen waren. Vermutlich hatten sie sich erst später bekehrt. Aber sie hatten zweifellos dieselbe Erfahrung gemacht wie diese Römer.

Zweitens: Gegenüber einer Gruppe von „Gläubigen aus der Beschneidung" in Jerusalem bringt er zweimal dieselbe Begründung vor: *„Während ich aber zu reden begann* [10,34-43 war nur die Einführung zu seiner Predigt!], *fiel der Heilige Geist auf sie,* **so wie auch auf uns im Anfang** [man geht allgemein davon aus, dass sich diese Formulierung auf den eigentlichen Pfingsttag bezieht; das unbestimmte „im Anfang" könnte aber auch allgemein und nicht spezifisch gemeint sein, etwa im Sinne von „als wir anfingen"] ... *Wenn nun Gott ihnen* **die gleiche Gabe gegeben hat wie auch uns**, *die wir an den Herrn Jesus Christus geglaubt haben, wer war ich, dass ich hätte Gott wehren können?"* (11,15.17). Zwischen diesen beiden Rechtfertigungen liegt noch eine weitere wichtige Aussage: *„Ich gedachte aber an das Wort des Herrn, wie er sagte: Johannes taufte zwar mit Wasser, ihr aber werdet [in] heiligem Geist getauft werden"* (V.16; hier zitiert er die Worte des auferstandenen Christus aus Kapitel 1, Vers 5). Petrus erkannte, dass die Erfahrung, die Kornelius und sein Haus gemacht hatten, genauso sehr Erfüllung jener Verheißung war wie seine eigene. Sie waren, so wie am Pfingsttag, „in heiligem Geist getauft" worden.

Drittens: Petrus schilderte sein Erlebnis in Cäsarea auch vor dem so genannten „Jerusalemer Konzil", zu dem die Apostel und Ältesten, gemeinsam mit der ganzen Gemeinde, zusammenkamen, um zu erörtern, ob Nichtjuden zu Juden (und beschnitten) werden müssten, um wahre Jünger des jüdischen Messias Jesus Christus zu sein: *"Und Gott, der Herzenskenner, gab ihnen Zeugnis, indem er ihnen den Heiligen Geist gab* **wie auch uns**; *und er machte keinen Unterschied zwischen uns und ihnen ..."* (15,8-9). Wieder stellt Petrus einen allgemeinen Zusammenhang mit all seinen Zuhörern her; er beschränkt es nicht auf „einige von uns" oder „jene von uns, die am Pfingsttag dabei waren".

All das bekräftigt unsere zuvor gezogene Schlussfolgerung, dass ein „pfingstlicher" Empfang des Geistes in der Urgemeinde allgemeingültiger Standard war. Wenn es abnormal verlief, dann im Hinblick auf den Zeitpunkt oder die Reihenfolge, aber nicht auf die Erfahrung an sich. Zudem finden wir bestätigt, dass „getauft in" und „empfangen" austauschbar sind.

Noch ein abschließender Kommentar: „Haus" ist nicht dasselbe wie „Familie", sondern noch umfassender; es schließt alle mit ein, die auf demselben Anwesen leben, insbesondere Sklaven (man würde im heutigen Deutsch vom „Personal" sprechen). Die Familie des Kornelius könnte auch in Rom gewesen sein, während er „in Übersee" stationiert war; vielleicht war er auch gar nicht verheiratet. Sicher ist jedenfalls, dass es, als Petrus ihn besuchte, in seinem „Haus" keine Babys oder Kleinkinder gab. Alle waren alt genug, um die Botschaft zu verstehen (10,33) und darauf zu reagieren. Sie alle taten Buße (11,18) und glaubten (15,9). Der Geist fiel auf *„alle, die das Wort hörten"* (10,44) und sie wurden alle getauft. Derlei Qualifikationen findet man auch in anderen Fällen, wo von einem ganzen „Haus" die Rede ist (z. B. in 16,32-34; das „ganze Haus" des Kerkermeisters von Philippi hörte das Wort, glaubte, ließ sich taufen und wurde mit Freude erfüllt).

*Kapitel 19:* Die Verbindung zwischen Lukas und Paulus, die so oft als Kontrahenten dargestellt werden, ist sicher nicht der uninteressanteste Aspekt der Geschehnisse in Ephesus. Hier beschreibt Lukas den evangelistischen Ansatz des Paulus und zwar absolut vorbehaltlos. Sie reisten oft zusammen (was man normalerweise an der Verwendung des Wörtchens „wir" erkennt), hier allerdings nicht.

Es ist eine Tragödie, dass die Bücher der Bibel in Kapitel zerteilt worden sind, wobei nicht selten geschieden wurde, was Gott zusammengefügt hatte. Bei Kapitel 18 und 19 ist dies der Fall. Die „Jünger", denen Paulus begegnete (19,1), waren offensichtlich von Apollos unterwiesen worden (18,24-28). Dieser Alexandriner kannte „die Schriften" (d. h. das Alte Testament) so gut, dass er beweisen konnte, dass Jesus der erwartete Messias, der Christus war. Voller Begeisterung gab er die Fakten über Jesus ganz exakt weiter – vermutlich sein Leben, seinen Tod, sein Begräbnis, seine Auferstehung, möglicherweise auch seine Himmelfahrt. Doch seine Erkenntnis und Erfahrung hatten Grenzen. Dem Anschein nach war er nicht über die objektiven Tatsachen hinaus und bei der subjektiven Notwendigkeit angekommen, persönlich an

## JESUS TAUFT IN EINEM HEILIGEN GEIST

Jesus zu glauben und sich in seinen Namen hinein taufen zu lassen (er wusste von der Taufe, doch nur so, wie Johannes sie am Jordan praktiziert hatte, im Kontext von Buße und Vergebung). Anscheinend war er nicht im Geist getauft, obwohl er sicher von Johannes davon gehört haben musste. Glücklicherweise ergänzten Priscilla und Aquila bei sich zu Hause seine geistliche Ausbildung und es war weise von ihnen, ihn woandershin auszusenden, wo er nun seinen Dienst in neuer Tiefe wahrnehmen konnte (es beunruhigt nämlich jede Gemeinde, wenn der Pastor offensichtlich zu neuen und radikalen Anschauungen „wechselt", die er zuvor nicht gelehrt hat).

Vor diesem Hintergrund wird deutlich, warum die „Jünger" in Ephesus Paulus vor ein Rätsel stellten. Anfänglich ging er davon aus, dass sie echte Gläubige seien. Schließlich kannten sie den Namen „Jesus" und konnten von ihm reden, wobei sie durchaus bewandert waren, vor allem in den hebräischen Prophetien, die einen Zukunftsblick auf ihn gewährten. Es war ein verständliches Missverständnis!

Doch etwas fehlte. Oder war es jemand? Wir erfahren nicht, weshalb Paulus misstrauisch wurde und vermutete, dass da etwas nicht stimmte. Zweifellos war es das Nichtvorhandensein von etwas, das er bei Jüngern Jesu erwartete. Genauso unbestreitbar war, dass das oder die fehlenden Elemente in seinem Denken mit dem Geist zusammenhingen, was auch die erste Frage erklärt, die er an sie richtet: *„Habt ihr heiligen Geist empfangen, als ihr gläubig geworden seid?"* (19,2; ohne bestimmten Artikel). In einigen Übersetzungen heißt es „seit ihr geglaubt habt". Pfingstler bestehen auf „seit", um ihre Behauptung zu stützen, dass man den Geist *subsequent (später folgend)*, also nach der Bekehrung, empfange. Evangelikale bestehen auf „als", um ihre Behauptung zu stützen, dass man den Geist *gleichzeitig*, also bei der Bekehrung, empfängt. Das Griechische (*pisteusantes*, wörtl. „geglaubt habend") kann man tatsächlich so oder so verstehen. Daher kann sich keiner der beiden Standpunkte darauf berufen!

Aus der Frage an sich kann und muss gefolgert werden, dass für Paulus „an Jesus glauben" und „den Geist empfangen" zwei sehr verschiedene Dinge waren. Und das eine kann ohne das andere geschehen (wie es ja bereits in Samaria der Fall gewesen war; 8,16). Paulus fragt, ob beide Dinge geschehen seien, entweder zusammen oder getrennt voneinander. Wenn Gläubige empfangen, gibt es keine Automatismen und Zwangläufigkeiten. Glaube und Geistesempfang sind beide für die vollständige christliche Erfahrung notwendig.

Es gibt Menschen, denen ihre Theologie nicht gestattet, die Tatsache anzuerkennen, dass man glauben kann, ohne zu empfangen; sie sind immer recht schnell dabei, darauf hinzuweisen, dass Paulus kurz darauf herausfand, dass sie noch nicht in der angemessenen Art und Weise „an Jesus glaubten". Das ist absolut richtig, entkräftet allerdings nicht die Unterscheidung zwischen Glauben und Empfangen bzw. die Möglichkeit, dass das eine ohne das andere vorhanden sein kann. Als Paulus die Frage stellte, vermutete er, dass genau das die Situation der Menschen in Ephesus war. Andernfalls wäre die Frage blanker Unsinn gewesen. Er hätte genauso gut fragen können: „Seid ihr Christen geworden, als ihr Christen wurdet?", wenn Glauben und Empfangen im Grunde genommen ein und dasselbe sind. Es zeugt schon von einer gewissen Dreistigkeit, einen in rechtlichen Dingen so gut geschulten Verstand wie den des Paulus zu bezichtigen, sich eine derart dumme Frage auszudenken.

Die Antwort jener Jünger in Ephesus wird manchmal etwas irreführend mit: „*Wir haben noch nicht einmal gehört, dass es einen Heiligen Geist gibt*" (19,2; wörtl. a. d. Engl.) übersetzt. Es ist sehr unwahrscheinlich, dass Jünger von Johannes dem Täufer derart unwissend waren. In Wirklichkeit sagten sie: „*Wir haben nicht gehört, dass Heiliger Geist ist*." So wie die Übersetzer in Johannes 7,39 nach „*bis dahin war Geist noch nicht*" den Zusatz „gegeben worden" eingefügt haben, um im Englischen oder Deutschen einen sinnvollen Satz zu bilden, muss aus demselben Grund dieser Zusatz auch hier eingefügt werden. Sie erklären, man habe ihnen noch nicht gesagt, dass die Voraussage des Johannes schon angefangen habe, sich zu bewahrheiten.

Verblüffend ist die zweite Frage des Paulus. Da er jetzt weiß, dass sie keinen Heiligen Geist empfangen haben, ist sein erster Gedanke nicht ihr Glaube, sondern ihre Taufe. Zweifellos besteht in seinem Denken ein sehr enger Zusammenhang zwischen Wassertaufe und Geistestaufe. Der „normale" Lauf der Dinge sieht so aus, dass die Geistestaufe unmittelbar nach der Wassertaufe erfolgt.

Sie waren getauft worden, aber nur auf der Grundlage der Prinzipien und Praxis des Johannes. Es war eine Taufe der Buße zur Vergebung und kein Akt des Glaubens an Jesus. Doch an diesem Punkt gewinnen wir noch einen weiteren Einblick in das Denken des Paulus: Wer sich nicht der vollen christlichen Taufe unterzogen hat, ist noch kein wahrer Gläubiger! Es gibt einen Gehorsam gegenüber dem Evangelium, einen Gehorsam des Glaubens, den Paulus lehrte (vgl. z. B. 2 Thess 1,8).

Also führte Paulus sie jetzt in den persönlichen Glauben an Jesus hinein, indem er sie „in den *Namen* des Herrn Jesus" hinein taufte. Das war die Identifikation mit Jesu Tod, Begräbnis und Auferstehung (Röm 6,3-4).

Wer an der Verschmelzung von „Glauben" und „Empfangen" festhält, hat mit dem letzten Teil des Berichts dasselbe Problem, das er beim ersten Teil zu umgehen glaubt. Es liegt immer noch ein bestimmter Zeitraum zwischen beiden, auch wenn er jetzt viel kürzer ist. Paulus hätte sie ganz sicher nicht getauft, wenn er nicht irgendeinen Hinweis darauf gehabt hätte, dass sie jetzt an den Jesus glaubten, in dessen Namen hinein sie getauft wurden. Trotzdem empfingen sie den Geist erst *nach* ihrer Taufe, genau genommen erst, als Paulus ihnen die Hände auflegte.

Wie in jedem anderen überlieferten Fall gab es einen „verbalen" Beweis, diesmal andere Sprachen und „Weissagung" in ihrer eigenen Sprache, beides in Form von spontaner, inspirierter Rede. Da es sehr unwahrscheinlich ist, dass noch jemand anderes zugegen war, der die „Sprachen" wiedererkannt hätte, müssen wir davon ausgehen, dass sich die Formulierung „sie weissagten" auf separate Äußerungen bezieht. Wir wissen nicht, ob manche in dieser und manche in jener Weise redeten oder ob alle beides im Wechsel taten. Ersteres scheint wahrscheinlicher.

Diese Gruppe von „etwa zwölf Männern" (19,7; konnte die denn niemand genau zählen?) bildete den Kern jener später herausragenden Gemeinde zu Ephesus. Wir wissen mehr über sie als über jede andere Gemeinde im Neuen Testament. Sie verließen ihre erste Liebe (Offb 2,4), kehrten dann jedoch wieder zu ihr zurück (was Kirchenvater Ignatius bezeugte). Bis ins hohe Alter lebte hier der Apostel Johannes und schrieb vor Ort sowohl sein Evangelium als auch seine Briefe, wobei er die Offenbarung später in seiner Verbannung auf der dem Festland vorgelagerten Insel Patmos verfasste. Er nahm auch Maria, die Mutter Jesu, nach Ephesus mit, wo sie später starb.

Einer der großartigsten Paulusbriefe, den wir im nächsten Abschnitt genauer untersuchen werden, ist an die Epheser gerichtet. Dort finden wir auch ein bedeutsames Statement, das die Brücke zu dem eben gelesenen Bericht schlägt: *„In ihm seid auch ihr, als ihr das Wort der Wahrheit, das Evangelium eures Heils, gehört habt und gläubig geworden seid* [wiederum *pisteusantes*], *versiegelt worden mit dem Heiligen Geist der Verheißung* [was an Apostelgeschichte 2 erinnert]" (Eph 1,13). Als Paulus das schrieb, muss er sich an seine ersten Erlebnisse mit dieser Gruppe von Männern erinnert haben.

Wir sind am Ende unserer Betrachtung der Apostelgeschichte angelangt, können aber an dieser Stelle noch keinen Schlussstrich ziehen. Es muss noch etwas gesagt werden.

Eine weit verbreitete evangelikale Lehre besagt, all diese in der Apostelgeschichte überlieferten Begebenheiten seien abnormal gewesen und dürften keinesfalls als Präzedenzfälle dafür herhalten, wie man heute den Geist empfängt. Diese konkreten, ja sogar dramatischen Erfahrungen seien einmalig und der Anfangsphase der Gemeinde vorbehalten gewesen und man dürfe nicht erwarten, dass sich so etwas heute wiederholt. Sie seien für uns von Interesse, aber nie für unsere aktuelle Situation gedacht gewesen.

Lehrer, die so etwas behaupten, wären ohne jeden Zweifel glücklicher, wenn sich die verbalen Phänomene auf den Pfingsttag beschränkt hätten. Wie gehen sie mit der Tatsache um, dass sie sich mindestens dreimal bei anderen Gelegenheiten wiederholten (Samaria, Cäsarea und Ephesus)? Nun, dafür haben sie eine wirklich geniale Erklärung gefunden und behaupten, dass auch diese Wiederholungen einmalig gewesen seien. Man betrachtet sie als abnormale „Mini-Pfingsten", die eine radikale Veränderung in der Verbreitung des Evangeliums markierten, als jeweils eine neue ethnische Gruppe erreicht wurde. Diese Theorie nimmt Bezug auf den Vers: *„Ihr werdet meine Zeugen sein, sowohl in Jerusalem als auch in ganz Judäa und Samaria und bis an das Ende der Erde"* (Apg 1,8) und besagt Folgendes: Jedes Mal, als das Evangelium neue, sich erweiternde Kreise zog, wurde dies durch ein spezielles „Pfingsten" gekennzeichnet. Demnach sei Apostelgeschichte 2 das jüdische Pfingsten, Apostelgeschichte 8 das Pfingsten der Samariter und

Apostelgeschichte 10 das Pfingsten der Nichtjuden. Ganz nett, aber vielleicht ein bisschen zu nett! Wie passt das „Apostelgeschichte-19-Pfingsten" in dieses Bild? Natürlich gar nicht. Das war kein weiterer ethnischer Meilenstein, sondern ein Rückschritt in frühere Zeiten. In aller Regel wird es aus dieser Reihung verschiedener „Pfingsten" ausgeklammert, weil die Johannesjünger „vermutlich sowieso bald aussterben würden"! Doch das taten sie nicht, und Jahre später nahm der Apostel Johannes einige Punkte in sein Evangelium auf um dieses Argument zu entkräften (Johannes der Täufer „war nicht dieses Licht"; er „wirkte keine Wunder"; er sagte: „Der die Braut hat, ist der Bräutigam" und: „Er muss wachsen, ich aber abnehmen").

Aber wir haben ja bereits aufgezeigt, an welchen Felsen diese Theorie Schiffbruch erlitt. Sowohl die Situation in Samaria als auch die in Cäsarea deuten in unterschiedlicher Weise darauf hin, dass die dortigen Jünger dieselbe Erfahrung machten wie alle früheren Jünger ab Pfingsten. Das Außergewöhnliche war das Timing – in einem Fall, lange nachdem sie geglaubt hatten, im anderen, bevor sie getauft wurden. Es ist richtig, dass Lukas diese entscheidenden Vorstöße zu den Samaritern und zu den Nichtjuden als einzigartige Phasen seiner Geschichte darstellt. Doch das ungewöhnliche Charakteristikum ist nicht, *welche* Erfahrung sie machten, sondern *wer* diese Erfahrung machte. Ihre Taufe in Geist war genau „dieselbe" wie bei allen anderen auch. Und Petrus bekräftigte dies ja auch dreimal, als er sich dafür rechtfertigte, Kornelius mitsamt seinem Haus und seiner Gastfreundschaft angenommen zu haben.

Diese „Drei-Pfingsten-Theorie", wie ich sie einmal nennen möchte, geht normalerweise Hand in Hand mit der Überzeugung, „an Jesus glauben" und „den Heiligen Geist empfangen" sei ein dasselbe. Unser Studium eben dieser Passagen hat, wie ich hoffe, schlüssig gezeigt, dass dies nicht der Fall ist.

Wen wundert's, dass alle, die diese reichlich erzwungenen Auslegungen verfechten, darauf erpicht sind, die Apostelgeschichte als Quelle der Lehre auszuschließen (entweder weil die Apostelgeschichte „nicht didaktisch ist" oder „Lukas kein Theologe war"). Hinter diesen Einwänden steckt in Wahrheit ihr Widerwille, die Beschreibung von Taufe in heiligem Geist als konkrete Erfahrung mit äußerlich erkennbarem Beweis zu akzeptieren. Sie sind sich der praktischen Probleme nur zu bewusst, die entstehen, wenn man dies für die Gemeinde von heute zur Norm oder zum Standard erklärt. Man muss es unumwunden sagen: Zu viele würden diesem Kriterium nicht entsprechen. Was dies bedeutet, soll an späterer Stelle (in Kapitel 7) näher beleuchtet werden.

Hat man die Apostelgeschichte auf diese Weise effektiv „aus dem Verkehr gezogen", wirkt sie sich auch nicht mehr auf die Interpretation von Aussagen in den Episteln (insbesondere von Paulus und Johannes) über den Empfang des Geistes aus. Dann können Bibellehrer ihre eigene Definition einfügen, weil die Briefe selbst keine liefern.

Doch in der Apostelgeschichte und in den Briefen geht es um denselben Zeitraum, dieselben Schauplätze und dieselben Personen. In beiden finden sich erzählende und „didaktische" Passagen, wenn auch in unterschiedlichem Verhältnis. Vor allem sieht man in der Apostelgeschichte sowohl Johannes als auch Paulus Gläubigen die Hände auflegen, damit sie den Geist empfangen! Die Briefe, die sie später schrieben, richteten sich an jene, denen sie zuvor geistlich gedient hatten. Die Behauptung, die Briefe offenbarten ein anderes Verständnis vom Geist als die Apostelgeschichte, ist reichlich willkürlich und erzeugt eine künstliche Trennung, die uns gefährlich in die Irre führen kann.

In diesem Buch werden wir die Briefe im Licht dessen studieren, was wir aus der Apostelgeschichte gelernt haben, und auf diese Weise ein einheitliches und in sich stimmiges Bild von der „Lehre der Apostel" (Apg 2,42) erhalten.

## DIE BRIEFE – NACHHER

Alle Verweise auf den Empfang des Geistes (bzw. Taufe in Geist) blicken zurück auf das, was bereits geschehen war, da sich alle neutestamentlichen Briefe an Menschen richten, die bereits zuvor von Aposteln umfassend und vollständig in die Nachfolge Christi eingeführt worden waren. Sie werden als „Heilige" bezeichnet (z. B. in Röm 1,7; später zögerten Übersetzer, die der kirchlichen Heiligsprechung anhingen, diesen Titel auf alle Gläubigen anzuwenden und erweiterten den Begriff auf „die Berufung, Heilige zu sein"!) Aber dadurch, dass diese Menschen den *heiligen* Geist empfangen haben, sind sie grundsätzlich und von ihrem Potenzial her bereits „Heilige".

Die Verweise in den Briefen haben noch etwas Markantes: Es gibt keine einzige Beschreibung dessen, wie „Taufe in Geist" aussieht. Eine „pfingstliche Terminologie", die sich auf die subjektiven und erfahrungsbezogenen Aspekte konzentriert, fehlt weitgehend, wenn auch nicht ganz. Die Wendung „in Geist getauft" taucht nur ein einziges Mal auf (1 Kor 12,13). Stattdessen wird häufig das Synonym „empfangen" und sein Gegenstück „gegeben" verwendet.

Das ist natürlich Wasser auf den Mühlen all jener, die aus eigennützigem Interesse heraus behaupten, die in der Apostelgeschichte geschilderten Ereignisse seien allesamt unnormal gewesen, weshalb unsere „Lehre" von der Geistestaufe auf den „didaktischen" Briefen basieren müsse. Dann können sie behaupten, dass es automatisch geschieht, ja sogar unbewusst, und zwar in dem Augenblick, in dem jemand an Jesus gläubig wird (oder, wie sie meistens sagen, „Jesus annimmt" oder „empfängt", eine Formulierung, die die Apostel nicht verwendet haben).

Doch es gibt eine sehr einfache Erklärung, warum die Briefe diese Erfahrung nicht beschreiben: Sie wurden an jene geschrieben, die diese Erfahrung bereits gemacht hatten! Warum hätte man ihnen etwas schildern sollen, das sie bereits sehr gut und aus erster Hand kannten? Die Apostel verschwendeten keine Worte.

Es gibt eine exakte Parallele zur Wassertaufe. Kein einziger Vers in den Briefen stellt eine Verbindung zwischen dem Verb „taufen" und dem Hauptwort „Wasser" her. Einige Evangelikale, die ihren Glauben einzig und allein auf die Briefe gründen, lehren, „getauft" sei ein Synonym für „geglaubt"! Sie behaupten, alle, die glauben – ob sie nun mit physischem Wasser in Kontakt gekommen sind oder nicht –, seien „*in Christus hinein getauft worden*" (Gal 3,27; wörtl. a. d. Engl.), ja sogar „*in seinen Tod hinein*" (Röm 6,3; wörtl. a. d. Engl.); sie hätten die „*eine Taufe*" erlebt (Eph 4,5). Das zeigt, wie leicht das Neue Testament missbraucht werden kann, wenn ein Teil von einem anderen isoliert wird. Jeder Teil muss im Licht des Ganzen interpretiert werden.

Fassen wir zusammen: Die Briefe gehen davon aus, dass jeder Leser Taufe in Wasser und Geist erfahren hat. Sie beinhalten keine einzige Aufforderung, sich nach dem einen oder dem anderem auszustrecken. Aus der Apostelgeschichte wissen wir: Wenn eines von beiden oder beides fehlte, wurde *unverzüglich* etwas unternommen, um diesem Mangel abzuhelfen. Das ist heute anders. Es gibt Menschen, die von sich sagen, sie würden Christus nachfolgen und die sogar als Gemeindeglieder aufgenommen werden, denen jedoch beides fehlt. Deshalb ist es nicht möglich, ein „wir" oder „uns" in den Briefen so zu deuten, als sei damit jeder „Christ" in der heutigen Gemeinde Jesu gemeint. Diesen Vorbehalt müssen wir ständig im Kopf behalten.

Wir werden uns auf jene Texte konzentrieren, die den erstmaligen Empfang des Geistes behandeln. Wenn wir alle mit in unsere Betrachtung aufnähmen, die für die Frage nach dem „Warum" der Geistestaufe relevant sind, müssten wir *jeden* Verweis auf den Geist behandeln – dann wäre dieses Buch zehnmal so dick! Daher werden wir unser Augenmerk auf eine begrenzte Anzahl von Passagen richten.

**Paulinisch:** Wie Paulus in der *Praxis* vorging, haben wir bereits betrachtet (in Apg 19). Studieren wir nun seine *Lehre*. Wenn wir die beiden nicht zusammenhalten, könnten wir ihm Widersprüchlichkeit vorwerfen. Er praktizierte, was er predigte, und predigte, was er praktizierte.

*Römer 5,5:* „*Denn die Liebe Gottes ist ausgegossen in unsere Herzen durch* [griech. *dia*] *Heiligen Geist, der uns gegeben worden ist.*" Sowohl „ausgegossen" als auch „gegeben" sind Teil der, wie wir sie genannt haben, „pfingstlichen Terminologie" und beziehen sich zweifellos auf die Ersterfahrung.

Liebe ist eine „Geschmacksnote" der einen, einzigen Frucht des Geistes (Gal 5,22). Es ist Gottes Liebe zu seinen Völkern (den Christen und Juden; vgl. Röm 11,28) und zur ganzen Welt (Joh 3,16).

*Römer 8,9:* „*Und wenn jemand nicht den Geist Christi hat, gehört er nicht zu Christus*" (wörtl. a. d. Engl.). Es gibt kaum einen Text, der so oft falsch übersetzt, falsch zitiert und falsch angewendet wird wie dieser – in aller Regel indem man ihn, wie es oft geschieht, aus dem Kontext herausreißt.

Die landläufige Interpretation führt sogar zu einer Umkehrung dessen, was von Paulus als Herausforderung gedacht war: Seine negative Aussage, die einige ausschließen würde, wird als positive Aussage verwendet, um alle einzuschließen! Normalerweise wird die Stelle so gedeutet: Sie beweise, dass jeder „Christ" den Geist haben *müsse*. Dann wird der Text dazu verwendet, die in diesem Buch aufgestellte These zunichte zu machen, dass „an Jesus glauben" und „den Geist empfangen" zwei verschiedene Dinge sind und das eine ohne das andere geschehen kann.

Wir müssen den Vers an sich untersuchen und darüber hinaus auch den Kontext, wenn wir wirklich erfassen wollen, was Paulus meint. Ich befürchte jedoch, dass das traditionelle Verständnis dieses Verses so weit verbreitet und so tief in uns verwurzelt ist, dass nur wenige in der Lage, geschweige denn willig sein werden, umzudenken. Dennoch wagen wir den Versuch.

Wo sollen wir anfangen? Beim Text selbst – das ist nahe liegend. Doch was ständig zitiert wird, ist nur ein halber Text, ein halber Vers. Warum wird er nie als Ganzes zitiert, inklusive des vorigen Satzteils „*Wenn der Geist Gottes in euch wohnt*" (wörtl. a. d. Engl.)? Diese beiden „Wenns" (wobei das erste viel stärker ist als das zweite) bilden eine parallele Wiederholung, wie sie für das hebräische Denken (und ihre Dichtkunst, beispielsweise in den Psalmen) charakteristisch ist. Man muss die beiden Satzteile mit „Geist Christi" und „Geist Gottes" zusammen betrachten. Doch bevor wir das tun, müssen wir sie erst ordentlich übersetzen.

Im zweiten Teil kommt „Christus" nicht zweimal vor. Die Übersetzung „... gehört er nicht zu Christus" ist eine Freiheit, die sich der Übersetzer genommen hat. Eine andere Version geht sogar noch weiter und sagt: „... der ist kein Christ!" Wörtlich heißt es: „... der ist nicht von ihm". Auf wen bezieht sich das? Das Subjekt beider Sätze ist der Geist, sei es „Gottes" oder „Christi", und deshalb könnte sich „von ihm" auf den Geist beziehen. Wie dem auch sei: In beiden Satzteilen fehlt jedenfalls der bestimmte Artikel, was die Kraft von „Geist" stärker betont als die Person.

Bezeichnenderweise stehen beide Verben in der Gegenwart. Paulus denkt also nicht an ihre vergangene Bekehrung, sondern an ihren derzeitigen Zustand, „die *in Christus Jesus sind*" (8,1). Darüber hinaus handelt es sich bei dieser Gegenwartsform um die Verlaufsform der Gegenwart, die nicht nur etwas beschreibt, was derzeit geschieht, sondern etwas, das aus der Vergangenheit heraus in die Zukunft hinein verläuft und andauert. Im Deutschen wird der Sinn am deutlichsten, wenn man diese Form mit „etwas *weiterhin* tun" übersetzt.

Jetzt sind wir imstande, den ganzen Vers ordentlich zu übersetzen: „Aber ihr seid nicht in Fleisch, sondern in Geist, wenn Geist Gottes wahrhaftig weiterhin in euch wohnt; doch wenn irgendjemand nicht weiterhin Geist Christi hat, ist derjenige nicht von ihm." Dadurch ändert sich die grundsätzliche Ausrichtung dieser Herausforderung, die Paulus uns stellt. Er konzentriert sich nicht auf die zweite, sondern auf die dritte Person der Dreieinigkeit (in einem einzigen Satz wird viermal „Geist" erwähnt). Er spricht nicht davon, ob jemand Christ ist oder nicht, sondern ob ein Christ im Geist lebt oder nicht.

Der ganze Brief ist ja an Christen adressiert, aber ganz besonders gilt das für Kapitel 8. Paulus hat das Thema Rechtfertigung schon lange hinter sich gelassen und ist nun mittendrin im Thema Heiligung. Dieses Kapitel könnte man durchaus mit „Leben im Geist" überschreiben. Doch dieses Leben ist weder ein Automatismus noch eine Zwangsläufigkeit.

Der engere wie auch der weitere Textzusammenhang von Vers 9 macht dies deutlich. Ständig begegnen wir hier dem kleinen Wörtchen „wenn" (allein acht Mal in Vers 9-17). Hier (und sogar noch umfassender in Galater 5) konfrontiert Paulus seine „Heiligen" mit zwei Alternativen und stellt sie somit vor die Wahl: Sie können entweder nach dem Fleisch leben, das in Feindschaft gegen Gott ist, eine Unterordnung unter sein Gesetz verweigert und zum Tode führt; oder sie können nach dem Geist leben, der Frieden mit Gott bringt und Leben für den sterblichen Leib. Sie können nicht nach beidem gleichzeitig leben. Es geht im wahrsten Sinne des Wortes um Leben oder Tod.

Inmitten von alledem macht Paulus eben dieses Statement, mit dem wir uns gerade beschäftigen. Es scheint fast absurd, dass er, so wie es die meisten Leute deuten, hier aus heiterem Himmel die Randbemerkung einwerfen sollte: „Natürlich ist all das irrelevant, wenn du gar kein Christ bist."

Es weist vielmehr darauf hin, dass Gläubige nicht weiterhin „in Geist" leben können, wenn sie weiterhin „in Fleisch" leben. Früher oder später laufen sie Gefahr, zu der Erkenntnis zu gelangen, dass Geist Gottes nicht mehr in ihnen „wohnt"; sie sind nicht mehr „Christi Geist habend". Und das bedeutet „Tod".

Diese Interpretation, die meiner Überzeugung nach

Text und Kontext viel besser gerecht wird, wirft die nahe liegende Frage auf, ob es möglich sei, den Heiligen Geist wieder zu verlieren, wenn er einem schon einmal gegeben wurde. Das ist ein eigenes Thema (das ich im Detail in meinem Buch *Einmal gerettet – immer gerettet? Eine Studie über Ausharren und Erbschaft*, Anchor Recordings Ltd, 2020, erörtere). Unsere Antwort wird davon abhängen, wie wir „Tod" und „wenn" in dieser Passage verstehen.

*Römer 8,15: „Ihr habt nicht wieder einen sklavischen Geist empfangen, der euch furchtsam machte, sondern einen Geist der Annahme an Sohnes Statt, der euch ausrufen ließ: Abba, Papa!"* (wörtl. a. d. Engl.) Der Gegensatz zwischen katzbuckelnden Sklaven und Nähe suchenden Söhnen war in den meisten Haushalten der Antike unübersehbar. „Abba" war das erste und innigste Wort, das ein hebräischer Junge lernte, um seinen Vater anzusprechen. Kein frommer Jude würde es wagen, einen von so großer Vertrautheit zeugenden Begriff Gott gegenüber zu verwenden. Doch Jesus gebrauchte ihn im Gebet und ermutigte seine Jünger, es ihm gleich zu tun.

Paulus verwendet hier das Wort „empfangen", um der sozialen die geistliche Erfahrung gegenüberzustellen. Ein Sklave wird nicht in sein schreckliches Dasein hinein „getauft". Beachten Sie, dass „ausrufen" die Folge dessen ist, dass man den Geist der Annahme an Sohnes Statt empfängt. Das griechische Verb *krazein* bezeichnet einen spontanen verbalen Ausruf, so wie die Jünger vor Angst aufschrien, als sie einen Geist zu sehen glaubten

(Mt 14,26); es war Jesus, der auf dem Wasser ging. Auch Petrus schrie auf, als er der Aufforderung Jesu, es ihm gleichzutun, nachkam, jedoch kurz darauf zu sinken begann (Mt 14,30). Es ist schon erstaunlich, dass es so oft heißt, dieser Vers würde das „innere Zeugnis" des Geistes beschreiben, ein stilles Zeugnis. „Laut aufschreien" ist das genaue Gegenteil!

Und „Abba" wäre eine „Zungenrede", eine unbekannte Sprache, für nichtjüdische Bekehrte in Rom (oder Galatien, wo sie dieselbe verbale Freisetzung erlebten; Gal 4,6). Wiederum ist inspirierte übernatürliche Rede der Beweis für den Empfang des Geistes, obwohl sie vermutlich auch weiterhin immer dann, wenn sie „in Geist" beteten, diese Form der Anrede gebrauchten (Eph 6,18). Diese kontinuierliche Vertrautheit und Innigkeit war die Basis ihrer Zuversicht, die ihnen fortlaufend die Gewissheit schenkte, dass sie tatsächlich als Söhne in der Familie Gottes angenommen worden waren (Röm 8,16; beachten Sie, dass das Verb in der Verlaufsform der Gegenwart steht: „bezeugt weiterhin"). Söhne werden eines Tages das Vermögen ihres Vaters erben; Gläubige werden eines Tages Anteil an der Herrlichkeit ihres älteren Bruders bekommen, wenn sie bereit sind, an dem Leiden teilzuhaben, das er zuvor durchmachen musste (8,17, das letzte „wenn" in diesem Kapitel; nicht einmal „Herrlichkeit" ist ein Automatismus oder eine Zwangsläufigkeit).

*1. Korinther 6,11: „Und das sind manche von euch gewesen* [Götzendiener, Diebe, Trunkenbolde etc., vgl.

Aufzählung in Vers 10]; *aber ihr seid abgewaschen, aber ihr seid geheiligt, aber ihr seid gerechtfertigt worden durch den Namen des Herrn Jesus Christus und [im] Geist unseres Gottes*" (in einigen Bibelausgaben steht fälschlicherweise „durch den" statt „im", eine Veränderung, die sich in 1. Korinther 12,13 noch verhängnisvoller auswirkt).

„Ihr seid abgewaschen" könnte sich sehr wohl auf die Wassertaufe beziehen, doch der letzte Satzteil „im Geist" deutet auf die Geistestaufe hin. Da die beiden normalerweise dicht aufeinander folgten, könnte der Autor an beide gedacht haben. Da für uns die verschiedenen Elemente des Einstiegs in den Glauben häufig zeitlich weit auseinander liegen, tun wir uns schwer, so zu denken wie die Apostel, die sie zusammen sahen, als Teile eines Ganzen, ohne diese Teile miteinander zu verwechseln. Aus diesem Grund können sie es auch bei verschiedenen Gelegenheiten – je nachdem, welchen primären Zweck sie verfolgen – so beschreiben, dass das Christenleben begann, als sie Buße taten oder als sie (an Jesus) glaubten oder als sie getauft wurden oder als sie (den Geist) empfingen oder, wie hier, als sie abgewaschen wurden, als sie geheiligt wurden (noch nicht an sich heilig gemacht, aber heilig gemacht für Gott, abgesondert von Sünde und für ihn), als sie gerechtfertigt wurden. Es gibt hier keine chronologische Reihenfolge, denn dann müsste ja „gerechtfertigt" als Erstes kommen. Das ist es, was sie gleich zu Beginn erlebten, was sie von Sündern in „Heilige" verwandelte (in 1,2 sollte es nicht „berufene Heilige" heißen, sondern vielmehr „heilig genannt" oder, noch besser, „Heilige genannt"). Vergegenwärtigt man sich, was sie gewesen waren, konnte das nur im Namen *Jesu* geschehen sein und im *Geist Gottes*, ein wunderbares Eingreifen der gesamten Dreieinigkeit.

*1. Korinther 12,13:* „*Denn in der Tat wurden wir alle in einem Geist in einen Leib hinein getauft – ob Juden oder Griechen, Sklaven oder Freie –, und uns allen wurde von einem Geist zu trinken gegeben*" (wörtl. a. d. Engl.). Leider ist dies nicht nur der wichtigste, sondern auch der mit Abstand kontroverseste Vers in allen Briefen. Das liegt daran, dass es der *einzige* Vers in den Briefen ist, der die Formulierung „in ... Geist ... getauft" verwendet und allzu viele wollen aus eigennützigem Interesse heraus gerne beweisen, dass nicht einmal hier diese Worte stehen! Sowohl Pfingstlern als auch Evangelikalen ist es peinlich, dass so etwas hier in diesem Kontext steht.

Aber der griechische Wortlaut ist *exakt* derselbe wie in den vier Verweisstellen in den Evangelien und den beiden in der Apostelgeschichte – dasselbe Verb (*baptizein*) mit derselben Präposition (*en*) und „Geist" im selben Fall, nämlich dem Dativ (*pneumati*). Bevor wir erklären, wie und warum so viele leugnen, dass es dieselbe Formulierung sei, müssen wir uns den Rest des Satzes ansehen.

Es ist eine doppelte Aussage und verdeutlicht einmal mehr, dass der jüdische „Parallelismus" für jemanden wie Paulus eine ganz natürliche Art zu denken und zu reden ist. Wir müssen uns fragen, was jeder Halbsatz bedeutet und wie die beiden Teile zueinander in Beziehung stehen. Beide Verben („taufen" und „trinken") stehen im Passiv und bezeichnen also nicht in erster Linie etwas, das sie taten, sondern vielmehr etwas, das an ihnen oder für sie getan wurde. Noch wichtiger ist, dass beide Verben in der Zeitform des Aorist stehen und sich auf ein einziges Ereignis beziehen, das sich nicht wiederholte.

Die entscheidende Frage lautet nun, ob sich der Wortlaut auf zwei Ereignisse bezieht oder auf zwei Aspekte ein und desselben Ereignisses. Beide Verben sprechen von etwas „Flüssigem" und beide sind ohne jeden Zweifel metaphorischer Natur und reden vom Geist, dem „lebendigen Wasser". Der einzige Unterschied besteht darin, dass in einem Fall die Flüssigkeit äußerlich war (sie sind in etwas, das äußerlich war, „eingetaucht" worden), während sie im anderen Fall innerlich war (sie tranken sie und infolgedessen war sie in ihnen).

Diese Kombination ist mit der des eigentlichen Pfingsttages identisch. Sie wurden in der einen Erfahrung, die sie machten, „in Geist getauft" und „mit Geist erfüllt". Deshalb scheint es mehr als vernünftig zu sein, den Parallelismus im Korintherbrief genauso zu verstehen. Es war eine vollständige Sättigung, innerlich und äußerlich. Ihr Durst wurde gestillt und gleichzeitig wurden sie noch eingeweicht!

Doch es gibt einige auffällige Abwandlungen des früheren Wortgebrauchs – insbesondere zwei.

Zunächst eine Ersetzung: Anstatt des üblichen Wortes „heilig" verwendet Paulus in beiden Satzteilen „ein" bzw. „einem". Er verwendet das natürlich nicht als Eigenname, sondern als Zahlwort. So wie Johannes der Täufer „in heiligem Geist" gesagt hatte, um die *Reinheit* zu unterstreichen, die diese Taufe bringen solle, greift Paulus einen anderen Aspekt heraus – „in einem Geist" –, um die *Einheit* zu unterstreichen, die diese Taufe bringen solle.

Der Kontext seines Briefs und in der Tat auch der Zustand der Gemeinde, an die er adressiert ist, liefern eine hinreichende Erklärung für diese Variation. Die Ausübung von „geistlichen Gaben", die allesamt bei ihnen vorhanden waren (1 Kor 1,7), baute die Gemeinde zu Korinth nicht auf (i.S.v. erbauen), sondern war vielmehr im Begriff, sie zu zerreißen. Wo Liebe als Frucht des Geistes fehlt, werden Gaben gefährlich spaltend, vor allem, wenn man die sensationelleren (bei denen es eindrucksvolle Dinge zu sehen und zu hören gibt) mehr schätzt als die weniger spektakulären. Paulus lehrt, dass alle gleichermaßen notwendig und die, die man zu verachten neigt, größerer Ehre würdig sind.

Das Leitthema des ganzen zwölften Kapitels lautet: „Einheit in der Vielfalt". Das gilt für Gott selbst. Vater, Sohn und Geist unterscheiden sich voneinander und bilden dennoch eine vollkommene, harmonische Einheit. Mit ihrem gemeinsamen Wirken in der Gemeinde ist es dasselbe, wodurch die unterschiedlichsten Gaben, Dienste und Wirkungen entstehen. Die Gemeinde ist mit dem menschlichen Körper vergleichbar – viele verschiedene Glieder und Organe mit unterschiedlichen Funktionen, die zusammen einen Organismus bilden, durch den der Geist des Menschen in dieser Welt agieren kann.

„So auch der Christus." Sein Geist braucht einen „Leib", damit er seine Mission in Wort und Tat fortsetzen kann (Apg 1,1). Die Gemeinde ist dieser „Leib", sowohl vor Ort als auch in aller Welt. In diesem „Leib" ist – wie in jedem anderen auch – nur „ein Geist". Deshalb muss der Leib geeint und nicht gespalten sein.

Paulus appelliert an die Korinther, indem er sie an ihren Schritt hinein in diesen Leib erinnert. Ihre Ersterfahrungen stammten alle von ein und demselben Geist. Sie waren deshalb von Anfang an geeint und all ihre unterschiedlichen Gaben hatten eine einzige gemeinsame Quelle. Sie müssten sich jetzt bemühen, *„… die Einheit des Geistes zu bewahren durch das Band des Friedens"* (Eph 4,3) und zur Ausübung der „Gaben" noch die Ausdrucksformen der „Frucht", insbesondere Liebe, hinzufügen (dies wird in 1. Korinther, Kapitel 13, aufgegriffen, mit seiner berühmten Beschreibung wesentlicher, wirksamer und ewiger Liebe; doch den eigentlichen Höhepunkt dessen, was Paulus sagen möchte, finden wir in Kapitel 14, wo er illustriert, wie die Gaben, insbesondere Zungen und Prophetie, zur Auferbauung der ganzen Versammlung in Liebe praktiziert werden können).

Die zweite Abwandlung besteht darin, dass *„in einem Geist getauft"* mit *„in einen Leib hinein"* ergänzt wird. Sowohl der Grund, warum dieser zusätzliche Begriff eingefügt wurde, als auch dessen Bedeutung stehen nicht zur Diskussion. Das ist das Thema des restlichen Kapitels und das dritte Mal, dass „ein" in diesem einen Vers vorkommt. Hätte Paulus es noch deutlicher sagen können?

Doch dass gleich zwei Präpositionen („in" und „in … hinein") mit ein und demselben Verb („getauft") verknüpft werden, verdient unsere Aufmerksamkeit. In Johannes'

Beschreibung seiner Aktivitäten am Jordan finden wir eine Parallele hierzu und einen Präzedenzfall: „*Ich taufe euch **in** Wasser **in** die Buße **hinein**"* (Mt 3,11; wörtl. a. d. Engl.). „In" beschreibt das Medium, in das die Person hineingetaucht wird, und „in ... hinein" definiert den Grund oder Zweck des Untertauchens. Ziel der Geistestaufe ist also, ein Individuum in den Leib Christi zu integrieren, d. h. zu einem Glied der Gemeinde zu machen.

Mitgliedschaft in der Gemeinde Jesu erinnert heutzutage mehr an die Mitgliedschaft in einem Club – bewerben Sie sich, lassen Sie sich namentlich erfassen, zahlen Sie Ihren Beitrag, nehmen Sie an den Aktivitäten und Programmen teil, besuchen Sie die Sitzungen und geben Sie dort Ihre Stimme ab etc. Nichts könnte weiter vom neutestamentlichen Konzept entfernt sein. Glieder eines Leibes haben eine Funktion; jedes leistet einen entscheidenden Beitrag zum Ganzen. Es übt eine Funktion aus und ist nicht nur ein Name auf einem Blatt Papier. Wenn ein Teil verloren geht, ist der ganze Leib „verstümmelt". Wenn eines leidet, leiden alle (wer sagt schon: „Mein Zahn hat Schmerzen"? Man sagt doch vielmehr: „Ich habe Zahnschmerzen.") Wenn eines sich freut, freuen sich alle. Wenn eines eine Geistesgabe empfängt, haben sie alle empfangen.

Die Geistestaufe erschafft diesen Leib, weil sie die Gaben in den einzelnen Personen freisetzt und sie befähigt, eine Funktion wahrzunehmen, von der der restliche Leib profitiert. Diese „Manifestationen" oder neuen Fähigkeiten versetzen die Gemeinde in die Lage, das Werk Jesu auf Erden fortzusetzen, vorausgesetzt, sie werden in Liebe koordiniert.

So weit, so gut! Warum sollte man alledem nicht in allen Punkten zustimmen? Warum gibt es so viel Streit wegen dieses Verses? Warum wird er in den meisten englischen Bibelausgaben mit einem Wortlaut übersetzt, der sich von dem unterscheidet, den wir gerade eben im Rahmen unserer Auslegung erörtert haben? Warum sind sowohl Pfingstler als auch Evangelikale mit dem Vers, so, wie er dasteht, unglücklich?

Pfingstler mögen ihn nicht, weil er Taufe in Geist ganz an den Anfang des Christenlebens stellt, also wenn man „in den Leib hinein" gebracht wird. Somit gehört er ordnungsgemäß zur ersten und nicht zu einer späteren Phase. Dies widerspricht ihrer im englischen Sprachraum als *subsequence* bezeichneten Lehre, die besagt, die Geistestaufe folge auf die „Bekehrung" und sei ein „zweiter Segen" für Gläubige, die bereits „im Leib" seien und nicht „in ihn hineingetauft" werden müssten.

Sie berufen sich dabei auf die Tatsache, dass viele Übersetzungen „in" durch „durch" ersetzen und auf diese Weise den Geist zum Durchführenden machen und nicht zum Medium. Es heißt, dieses „*durch* den Geist getauft werden" sei etwas völlig anderes als Taufe *in* Geist. Man sieht es als Synonym für „Bekehrung" oder Wiedergeburt und nicht notwendigerweise als bewusste Erfahrung. Welche Ironie, dass gerade Pfingstler diesen Standpunkt vertreten, die sonst ein Eigeninteresse daran haben, wo auch immer möglich, in der Schrift „Taufe in Geist" zu finden; aber offenbar ist es nicht unter ihrer Würde, Texte zu verwerfen, die nicht zu ihrer Theorie passen – etwas, wofür wir alle anfällig sind.

Auch Evangelikale begrüßen die geänderte Variante „durch" und trennen deshalb diesen Vers von Taufe *in* Geist, auf die in den Evangelien und in der Apostelgeschichte Bezug genommen wird. Da es ihnen sehr wichtig ist, alle Gläubigen in das „wir" dieses Verses einzuschließen, begrüßen sie die Möglichkeit, ihn von den konkreten Erfahrungen loszulösen, die an anderen Stellen mit der Präposition „in" assoziiert werden. Dann können sie Frischbekehrten versichern, sie seien *durch* einen Geist *in* einen Leib *hinein* getauft worden, als sie gläubig wurden, ungeachtet dessen, ob sie nun irgendeine Taufe *in* Geist erlebt haben oder nicht. Taufe in Geist sei unnormal und optional; Taufe durch den Geist sei normal und essentiell.

Natürlich bekommen beide einige recht grundlegende Probleme. Die Präposition (*en*, was normalerweise „in" bedeutet) ist hier exakt dieselbe wie in allen anderen Versen. Wäre der Geist der Durchführende und nicht das Medium gewesen, hätte hier der bestimmte Artikel gestanden (es klingt ausgesprochen seltsam, „durch Geist getauft" zu sagen). Und das wäre der *einzige* Vers im gesamten Neuen Testament, wo der Geist als Täufer dargestellt würde – eine recht dürftige Basis, um eine derart ungewöhnliche Lehre darauf aufzubauen.

Die „sakramentale" Sichtweise dieses Verses, die noch weniger überzeugend ist, habe ich noch gar nicht erwähnt. Sie besagt, „in Geist getauft" beziehe sich auf die Wassertaufe und „Geist trinken" auf das andere Sakrament der Kommunion! Augustinus vertrat diese Anschauung, und viele Katholiken und Protestanten

(u. a. Luther und Calvin) schlossen sich ihm an. „Zu trinken gegeben" steht, wie wir bereits gesehen haben, in der Zeitform des Aorist und bezieht sich auf etwas Einmaliges, etwas, das sich nicht wiederholt. „Geist trinken" war noch nie eine Metapher für das „Blut" trinken und noch weniger für den „Leib" essen.

Wir werden noch mehr über diese Varianten sagen, wenn wir uns mit der Geschichte der Geistestaufe (Kapitel 5) befassen. In der Zwischenzeit wollen wir unsere Erkenntnisse zusammenfassen:

Die größte Sorge des Paulus gilt der Einheit des Leibes, die sogar ethnische und soziale Unterschiede tilgt (*„Juden oder Griechen, Sklaven oder Freie"*). Er beruft sich auf die Basis ihrer gemeinsamen Ersterfahrung, in einen Geist eingetaucht worden zu sein und einen Geist getrunken zu haben, wodurch sie freigesetzt wurden, funktionelle Glieder innerhalb des einen Leibes Christi zu sein. Er spricht davon als von einem Ereignis, dessen sie sich voll und ganz bewusst waren und woran sie sich ohne weiteres erinnern konnten. Diese Erfahrung hatte er mit ihnen gemeinsam („wir" und nicht „ihr"), auch wenn er sie zu einem anderen Zeitpunkt und an einem anderen Ort machte. Dieses „wir" muss auf ihn selbst und seine Adressaten beschränkt bleiben. Es kann genauso wenig auf alle „Christen" unserer heutigen Zeit angewandt werden, wie der Satz: „Wir wurden alle in Wasser getauft", was ebenfalls für ihn selbst und die Korinther gegolten hätte. Im Gegensatz zur Gemeinde Jesu heute gibt es so etwas wie einen ungetauften „Heiligen" im Neuen Testament nicht.

## JESUS TAUFT IN EINEM HEILIGEN GEIST

Vor allem haben wir festgestellt, dass sich „in einem Geist getauft" in diesem Brief auf exakt dasselbe Ereignis und exakt dieselbe Erfahrung bezieht wie „getauft in heiligem Geist" in den Evangelien und in der Apostelgeschichte. Die einfache Erklärung für die Änderung der Adjektive ist, dass es zu jener Zeit, als sie ihre Statements machten, Johannes vor allem um die Reinheit des Volkes Gottes ging, während Paulus sich um dessen Einheit sorgte. Beide verwendeten dieselbe Präposition: „in".

Deshalb habe ich meinem Buch auch den ziemlich wortreichen Titel *Jesus tauft in einem Heiligen Geist* gegeben. Ich wollte alle neutestamentlichen Aussagen in einem Satz zusammenfassen. Ich frage mich, wie vielen Lesern das wohl aufgefallen ist, als sie es zum ersten Mal in die Hand nahmen! Wem dies aufgefallen wäre, der hätte sich etwas Geld sparen können, weil er daraus die Richtung und Schlussfolgerungen meines Denkens hätte ableiten können! Aber ich bin zuversichtlich, dass jeder das Gefühl haben wird, neue Erkenntnisse gewonnen zu haben, die ihr Geld wert sind.

*2. Korinther 1,21-22: „Der uns aber mit euch festigt in Christus und uns gesalbt hat, ist Gott, der uns auch versiegelt und die Anzahlung des Geistes ... gegeben hat."*

Der Geist schenkt uns Stabilität sowie Reinheit und Einheit. Wer im Geist wandelt, steht fest in Christus. Die Kraft dient dazu, uns selbst fest zu gründen und andere aufzubauen.

Diese Passage präsentiert uns zwei neue und bedeutsame Aspekte der Geistestaufe: Sie ist ein „Siegel" und eine „Anzahlung".

In der Antike verwendete man Siegel hauptsächlich, um den Besitz an einer Sache anzuzeigen: „Das ist mein Eigentum." Es ist schon bezeichnend, dass dies eine Metapher für die Geistestaufe sein sollte. Wenn die verheißene Gabe gegeben wird, sagt Gott selbst: „Diese Person gehört mir." Damit wird im buchstäblichen Sinne etwas „konfirmiert", was ja wörtlich so viel heißt wie „bestätigt". Dabei denkt man unweigerlich daran, wie Jesus selbst den Geist empfing, begleitet von jenen Worten aus dem Himmel: „*Dieser ist mein geliebter Sohn, an dem ich Wohlgefallen gefunden habe*" (Mt 3,17).

Das Wesentliche an einem Siegel ist, dass jedermann es deutlich sehen kann. Im Falle Jesu sah mindestens noch ein anderer (Johannes) die Taube und eine große Menschenmenge hörte die Stimme, auch wenn einige sie für Donner hielten. In der Apostelgeschichte ist uns bereits aufgefallen, dass, wenn jemand in Geist getauft wurde, dies nicht nur er selbst wusste, sondern es war auch jedem anderen, der zugegen war, vollkommen bewusst, dass es geschehen war. Es gab hörbare und sichtbare Beweise dafür.

Die „Anzahlung" ist schlicht und einfach die erste Rate, ein sichtbares Zeichen dafür, dass später noch viel mehr folgen soll. Es kann entweder die erste Lieferung von Waren sein, die man gekauft hat, oder die erste Rate, die man für eine Ware bezahlt hat. Die Anzahlung ist immer ein „Muster", d. h. was später folgen wird, ist mehr von derselben Art. Taufe in Geist ist ein Vorgeschmack auf alles, was noch kommen soll. Eine Auswirkung ist zum Beispiel körperlicher Art, eine Lebenskraft in unserem sterblichen Leib (Röm 8,11), was eine Vorwegnahme der Auferstehung mit einem neuen unsterblichen Leib ist, der durch die Kraft genau desselben Geistes geschaffen werden wird (Röm 1,4; 1 Kor 15,53-54). Der bei der Geistestaufe freigesetzte Lobpreis ist ein Vorgeschmack auf die himmlische Anbetung.

Obgleich die Geistestaufe ein Versprechen all dessen ist, muss gesagt werden, dass sie keine Garantie darstellt, dass wir all das auch erhalten werden. Die englische *New International Version* der Bibel ist recht kühn, indem sie einen ganzen Satzteil einfügt, der im Urtext gar nicht vorhanden ist: „… und garantiert was kommen wird". Zumindest sind die Übersetzer nicht so weit gegangen, vor „kommen" noch „zu uns" einzufügen. Die „Anzahlung" garantiert, *was* kommen wird, aber nicht, *zu wem* es kommen wird. Zu viele Gläubige wollen eine Garantie, um sich gegen sich selbst zu versichern – dass sie auf jeden Fall alles bekommen werden, ungeachtet dessen, was sie später tun oder nicht tun. Doch das Erbe hängt von der Ausdauer ab (sowohl „Calvinisten" als auch „Arminianer" stimmen dem zu). Wer „überwindet", erbt den neuen Himmel und die neue Erde (Offb 21,7).

Beachten Sie schließlich auch noch das Wort „gesalbt", ein weiteres Synonym für den Empfang des „Öls" des Geistes.

*Galater 3,2: „Habt ihr den Geist empfangen, indem ihr das Gesetz befolgtet oder indem ihr glaubtet, was ihr gehört habt?"* (wörtl. a. d. Engl.) Das ist eine rhetorische Frage, aber Paulus erwartet von seinen Lesern eine

Antwort und ist absolut zuversichtlich, wie sie ausfallen wird: Sie wird bestätigen, dass man Gottes Gaben durch Glauben empfängt und nicht, indem man versucht, seine Gebote zu halten (vergessen Sie nicht, dass der Geist das erste Mal an Pfingsten gegeben wurde, also genau an dem Tag, an dem man sich daran erinnerte, dass Mose das Gesetz am Sinai empfangen hatte).

Dieser Vers wird hier vor allem deshalb zitiert, weil er mit folgender Frage im Zusammenhang steht: „Wie konnte Paulus davon ausgehen, dass sie wussten, dass sie ‚den Geist empfangen' hatten? (dieselbe Frage, die im Zusammenhang mit Apostelgeschichte 19,2 aufgeworfen wurde). Sie konnten sich nicht auf das Neue Testament berufen, weil sie es ja noch nicht hatten (noch konnten sie wissen, dass der Brief, den sie lasen, ein Teil davon werden sollte). Es kann wirklich nur eine Erklärung geben: Paulus erwartete, dass sie zu jenem Zeitpunkt direkt auf der Grundlage ihrer Erfahrung antworteten und nicht durch Folgerungen aus dem, was später geschah. Das Verb „empfangen" steht in der Zeitform des Aorist; das weist auf diese Ersterfahrung hin, auch wenn er dann eine ähnliche Frage über die kontinuierliche „Darreichung" des Geistes stellt, derer sie sich ebenso voll bewusst waren, weil die Kraft, „Wunder zu wirken", der Beweis dafür war (3,5) – wiederum die Folge von Glauben und nicht Gesetzesgehorsam.

Sowohl der Empfang des Geistes bei der Ersterfahrung als auch der kontinuierliche „Nachschub" des Geistes waren *offensichtliche und selbstverständliche Erfahrungen*. Das ist dieser Passage zweifelsfrei zu entnehmen.

*Epheser 1,13b-14:* „*Geglaubt habend, wurdet ihr in ihm mit einem Siegel markiert, dem verheißenen Heiligen Geist, der eine Anzahlung auf unser Erbe ist bis zur Erlösung jener, die Gottes Eigentum sind*" (wörtl. a. d. Engl.; die englische *New International Version* fügt wiederum „garantiert" ein, was nicht im Urtext steht). Hier haben wir wieder dieselbe Kombination aus „Siegel" und „Anzahlung" (in älteren Versionen wird das griechische Wort *arrabon* mit „Pfand" wiedergegeben). Wir haben beides schon kommentiert (im Zusammenhang mit 2. Korinther 1,21-22). „Verheißen" erinnert uns an die Pfingstpredigt des Petrus (Apg 2,33.39).

„Geglaubt habend" verdient besonderer Beachtung. Wir sind schon zweimal auf genau dieses Wort (griech. *pisteusantes*) gestoßen (in Joh 7,39 und Apg 19,2). In beiden Fällen waren „glauben" und „empfangen" sowohl vom Inhaltlichen als auch vom Chronologischen her getrennt. Das eine folgte auf das andere. Dasselbe wird, wie die Zeitform des Verbs zeigt, auch hier angedeutet: (Bereits) geglaubt habend wurden sie (dann) versiegelt. Ob das Siegel unmittelbar danach oder später gegeben wurde, ist nicht relevant. Doch Paulus erachtet es als ein Element ihres Einstiegs ins Glaubensleben.

„Bis zur Erlösung" spiegelt die Tatsache wider, dass für Paulus der Erlösungsprozess bei jedem Gläubigen alles andere als komplett ist. Er verwendet das Wort „errettet" in drei verschiedenen Zeitformen – Vergangenheit, Gegenwart und Zukunft: Wir sind errettet worden, wir werde gerade errettet und wir werden errettet werden. Wenn er eine Variante mehr betont als die anderen, dann letztere.

Unsere Errettung wird vollständig sein, wenn unser Leib letztendlich erlöst ist (Röm 8,23); in genau demselben Vers spricht er von denen, die „... *die Erstlingsgabe des Geistes haben*" [gleichbedeutend mit „Anzahlung"] und seufzen und diese Vollendung erwarten. Die Gabe des Geistes ist nur ein Bruchteil unserer vollständigen Errettung. Sie besiegelt unseren Aufbruch auf „dem Weg" des Heils; sie bedeutet nicht, dass wir bereits an unserem Ziel „angekommen" sind. Dieselbe Verbindung zwischen dem Siegel und unserer zukünftigen Erlösung kommt später noch einmal vor (Eph 4,30).

*Epheser 5,18: „Und berauscht euch nicht mit Wein, worin Ausschweifung ist, sondern werdet voller Geist."*

Dieser Vers wird oft als Mahnung zur Abkehr von Sünde und zum Streben nach Heiligung gedeutet. Natürlich ist dies das Thema des breiteren Kontexts des gesamten Kapitels. Doch dieser Vers könnte eine einfachere Anwendung haben, nämlich als Richtschnur, was zu tun ist, wenn Gläubige eine Feier ausrichten, Spaß haben und es sich so richtig „gut gehen" lassen wollen. Die nachfolgenden Verse beschreiben einen fröhlichen Gesang und kein höheres Stadium der Heiligung! Alkohol kann das ebenfalls bewirken, doch es hat seinen Preis: einen moralischen (oder vielmehr „unmoralischen") Kater. Der Geist kann ebenso zum Singen anregen, ohne irgendwelche unangenehme Folgen.

Die meisten Prediger und Bibellehrer legen größten Wert auf die Verlaufsform der Gegenwart beim zweiten Verb: „Werdet *weiterhin in Geist erfüllt*" (wiederum steht hier die Präposition *en*). Dass wir diesen Vers in unsere Aufzählung mit aufnehmen, hat einen ganz einfachen Grund: Wie kann jemand „weiterhin erfüllt" werden, wenn er noch nie erfüllt worden ist? Und ist diese erste Erfüllung nicht dasselbe wie „in Geist getauft zu werden" (wie in Apostelgeschichte 2,4)?

*Timotheus 1,6-7: „Um dieser Ursache willen erinnere ich dich, die Gnadengabe Gottes anzufachen, die in dir durch das Auflegen meiner Hände ist. Denn Gott hat uns nicht einen Geist der Furchtsamkeit gegeben, sondern der Kraft und der Liebe und der Zucht."* Es besteht wohl kein Zweifel daran, dass sich Paulus hier auf Timotheus' Geistestaufe bezieht. Wir wissen, dass Paulus seinen Bekehrten nach deren Wassertaufe zu genau diesem Zweck die Hände auflegte. Vers 7 ist ohne Frage eine erweiterte Beschreibung der Gaben des Geistes, in der ganz deutlich seine andere Gegenüberstellung zwischen sklavischer Furcht einerseits und der kühnen Vertrautheit eines angenommenen Sohnes andererseits widerhallt (Röm 8,15). Hier fällt dieser Vergleich etwas milder aus – zwischen Furchtsamkeit und Zuversicht. Timotheus ist sowohl Paulus' als auch Gottes angenommener Sohn. „Kraft" verweist auf die Gaben des Geistes, während „Liebe" und „Zucht" bzw. „Selbstdisziplin" die Frucht sind (obwohl sich das letzte Wort von dem in Galater 5,23 unterscheidet und treffender mit „gesundes Urteilsvermögen" wiedergegeben werden könnte).

In seinem ersten Brief an Timotheus spricht Paulus eine ähnliche Ermahnung aus: *„Vernachlässige nicht* *die Gnadengabe in dir, die dir gegeben worden ist durch Weissagung mit Handauflegung der Ältestenschaft!"* (1 Tim 4,14) Manche vertreten die Anschauung, dies beziehe sich auf dieselbe Begebenheit. Doch dies geschah unter Handauflegung einer Gruppe von Ältesten, zu denen Paulus nicht notwendigerweise gezählt haben muss, und ereignete sich möglicherweise, als er ausgesondert wurde, um eine spezielle Gemeinde oder mehrere Gemeinden zu lehren und pastoral zu betreuen. „Gnadengabe" war in diesem Fall wohl eine spezielle Ausrüstung für diese Aufgabe, eine Gabe *vom Geist*, nachdem er durch die Hand des Paulus die Gabe *des Geistes* empfangen hatte.

Doch man muss sowohl die Gabe des Geistes als auch die spätere Begabung vom Geist kontinuierlich erfahren und konstant in der Praxis ausüben. Ein Feuer, um das man sich nicht kümmert, wird ausgehen und eine vernachlässigte Gabe wird – wie ein untätiger Muskel – verkümmern. Taufe in Geist und die darauffolgenden Gaben sind nur ein Anfang. Beides muss „angefacht" werden, wenn es nicht „absterben" soll.

*Titus 3,5b-7:* „*[Er] errettete uns ... durch die Waschung* [bzw. „das Bad"] *der Wiedergeburt und Erneuerung durch Heiligen Geist, den er durch Jesus Christus, unseren Retter, großzügig auf uns ausgoss, so dass wir, gerechtfertigt durch seine Gnade, Erben werden, die die Hoffnung des ewigen Lebens haben*" (wörtl. a. d. Engl.).

Dieser Vers scheint in mancherlei Hinsicht wie Johannes 3,5 zu klingen. „Waschung" und „Geist" sind sehr nah an „Wasser und Geist"; viele Kommentatoren sehen hier wie dort einen Bezug zur Taufe. „Wiedergeburt" geht auf dieselbe Wurzel zurück wie „geboren"; hier wird es allerdings mit dem Wort „wieder" (griech. *palin*) kombiniert, während es in Johannes 3,5 mit „von oben" (griech. *anothen*) konstruiert wird. Man findet auch Anklänge an Apostelgeschichte 2,33, insbesondere in dem Verb „ausgoss". Dass hier noch das Adverb „großzügig" (oder „reichlich") hinzugefügt wird, unterstreicht das Überwältigende dieser Erfahrung und macht es noch schwieriger zu glauben, dass man sie unbewusst hätte machen können, ohne dass die Jünger sie registriert hätten. Das Statement des Paulus enthält drei bedeutsame Elemente.

Erstens: So, wie die Bibel das Wort „Erneuerung" verwendet, meint es den eigentlichen Beginn des Christenlebens; es bezieht sich auf diese „neue Schöpfung", die jeden betrifft, der in Christus ist (2 Kor 5,17). „Erneuerung" beschreibt keine spätere Entwicklung, geschweige denn eine Veränderung im Zustand einer Gemeinde.

Zweitens: Im Brustton der Überzeugung gebraucht Paulus hier „pfingstliche Terminologie" für all seine „erretteten" Leser und zwar ohne dies näher zu spezifizieren oder Ausnahmen zu nennen. Das ist eine weitere Bestätigung dafür, dass Taufe in Geist, so wie sie in der Apostelgeschichte beschrieben wird, in der Urgemeinde auf alle Gläubigen ausgeweitet wurde und der normale Start ins Christenleben war – eine erste und keine „subsequente", d. h. später folgende Erfahrung.

Drittens: Wer die Bedeutung der Geistestaufe auf

„Kraft zum Dienen" reduziert und keinen Zusammenhang zur Errettung sieht, muss angesichts dessen, dass in diesem Satz der „ausgegossene Geist" direkt vom Verb „errettet" abhängig ist, stutzig, wenn nicht sogar herausgefordert werden, seine Position zu überdenken. Und so überrascht es nicht, dass Vertreter dieser Ansicht diese Passage kaum ansprechen, wenn sie über dieses Thema lehren.

Damit beenden wir unsere Betrachtung der Paulusbriefe.

**Nicht-Paulinisch:** Andere Autoren neigen zu anderen Synonymen und eher indirekten Bezugnahmen, die vor dem Hintergrund unserer bisherigen Erkenntnisse zu begreifen sind.

*Johannes:* Wie es schon bei seinem Evangelium im Vergleich zu den Synoptikern war, enthält auch der Brief des Johannes mehr Material über den Heiligen Geist als andere Briefe. Die wichtigsten Texte für unsere Zwecke verwenden meist die einfacheren Begriffe „gegeben" und „empfangen", obwohl auch „Salbung" zu seinem Wortschatz gehört (1 Joh 2,27).

„*Und hieran erkennen wir, dass er* [Gott] *in uns bleibt; durch den Geist, den er uns gegeben hat*" (3,24b). „Erkennen" bzw. „wissen" ist ein Schlüsselwort; die beiden Varianten tauchen in diesem kurzen Brief sechsunddreißig Mal auf – Johannes möchte, dass sich seine Leser ihrer Errettung sicher sind. Der Geist ist die Quelle dieser Gewissheit. Den von Gott gegebenen Geist zu empfangen ist ein offensichtliches Ereignis und eine selbstverständliche Erfahrung. Doch diese anfängliche „Bestätigung" muss später durch das Zeugnis eines guten Gewissens und Liebe zu den Geschwistern in der Gemeinde gestützt werden.

Die „Salbung", die man zu Beginn empfängt, bleibt, um ein doppeltes Unterscheidungsvermögen zu schenken, wenn man Lehre hört (2,27) und selbst andere lehrt (4,6), weil „der Geist der Wahrheit" in ihnen ist.

Im 1. Johannesbrief finden wir auch eine ungewöhnliche Kombination dreier Zeugen der Wahrheit über den Sohn Gottes:

„… *der Geist und das Wasser und das Blut*" (5,7). Dem Zeugnis des Geistes sind wir bereits begegnet (Röm 8,15), doch worauf beziehen sich „Wasser" und „Blut"? Johannes sagt, Jesus sei „durch Wasser und Blut" gekommen, womit vielleicht die Taufe (in Wasser) gemeint ist, die sein Wirken einleitete, und die Taufe (in Feuer) mit Blutvergießen am Kreuz, die es beendete. Johannes sah tatsächlich den außergewöhnlichen Fluss von „Blut und Wasser", der aus Jesu Seite lief, als ein Soldat sein Herz mit einer Lanze durchbohrte, um sicherzustellen, dass er auch ja tot wäre (ein Symptom für einen Riss im Herzbeutel bzw. für ein „gebrochenes Herz"; die Kreuzigung an sich vermochte einen Menschen nicht binnen sechs Stunden zu töten, wenn seine Beine nicht gebrochen waren).

Wahrheit und nicht Reinheit, Kraft oder Einheit ist der Aspekt des Geistes, der Johannes am wichtigsten ist. Er legt Zeugnis ab für die Wahrheit über den Heiland und die Wahrheit über jene, die er errettet. Sowohl im

Hebräischen als auch im Griechischen ist „Wahrheit" und „Realität" dasselbe Wort, weshalb die beiden im Deutschen alternativ verwendet werden können. Gläubige brauchen ein klares Verständnis sowohl objektiver als auch subjektiver Glaubensrealitäten.

*Hebräer*: Die einzige relevante Passage ist die, in welcher der unbekannte Autor die ersten Schritte im Glaubensleben aufzählt und von „*Buße von toten Werken und dem Glauben an Gott, der Lehre von Waschungen* [bzw. Taufen] *und der Handauflegung ...*" schreibt (6,1b-2a).

Der letztgenannte Begriff bezieht sich wohl auf die Praxis, unter Gebet nach der Taufe in Geist zu streben; dies dürfte aus der nachfolgenden Beschreibung jener zu folgern sein, die auf diese „elementaren Lehren" reagiert haben, über die es heißt, dass sie „... *einmal erleuchtet worden sind und die himmlische Gabe geschmeckt haben und des Heiligen Geistes teilhaftig geworden sind und das gute Wort Gottes und die Kräfte des zukünftigen Zeitalters geschmeckt haben*" (6,4-5). Das ist eine gute Charakterisierung all jener, die in Geist getauft worden sind.

Beachten Sie, welcher Reihenfolge die Lehre folgte, die sie empfingen: Buße, Glaube, Taufe und dann Gebet um den Geist. Dies scheint sowohl in der Erfahrung als auch in der Unterweisung die ganz normale Abfolge gewesen zu sein.

Wie bekannt sein dürfte, drängt der Autor seine Leser, von dort aus weiterzugehen, geistlich erwachsen und reif zu werden (6,1). Er warnt sie auch, dass all das verloren gehen könnte und zwar unwiederbringlich (6,6-8), obwohl er optimistisch ist, dass dies bei ihnen nicht der Fall sein wird (6,9-12).

*Offenbarung*: In gewisser Weise ist die Offenbarung Literatur einer ganz anderen Kategorie; sie ist „apokalyptischer" Natur (was „enthüllend" bedeutet, meistens im Blick auf die Zukunft, und aus diesem Grund häufig in symbolischer Bildsprache). Doch das Buch ist wie eine Art Rundbrief an sieben Gemeinden in Kleinasien konzipiert, weshalb es durchaus passend erscheint, es im Rahmen unserer Betrachtung der Briefe zu beleuchten, anstatt eine neue Rubrik zu beginnen.

Wie dem auch sei – es enthält für das Studium unseres Themas nur sehr wenig relevantes Material. Wir brauchen lediglich auf die Aufforderung hinzuweisen, die auf den letzten Seiten gleich zweimal ergeht. Die Durstigen werden eingeladen, „das Wasser des Lebens umsonst, als kostenloses Geschenk, zu trinken" (21,6b; 22,17b; ein Widerhall von Jesaja 55,1a). Da sich das Angebot an jene richtet, die immer noch in dieser Welt leben, ist das „Wasser des Lebens" ganz sicher dasselbe wie das „lebendige Wasser", das derselbe Jesus, der in diesem Buch spricht, früher bereits den Durstigen anbot, so wie es vom selben Apostel, dem er seine „Offenbarung" schenkte, überliefert wurde (Joh 4,14; 7,37).

Damit sind unsere Betrachtungen im Neuen Testament abgeschlossen. Vielleicht tröstet es Sie, wenn ich Ihnen

# ENDGÜLTIGE ERFÜLLUNG

sage, dass dies mit Abstand das längste und vielleicht auch gehaltvollste Kapitel im ganzen Buch ist! Ich hoffe, dass es Ihnen leichter fallen wird, ab hier weiter zu lesen.

Als ich mir das, was ich geschrieben habe, noch einmal durchlas, fiel mir auf, wie oft ich moderne Bibelübersetzungen in Frage gestellt habe (primär auf das englische Original bezogen; Anm. d. Übers.), insbesondere die *New International Version* (NIV). Das ist die Version, die ich hauptsächlich benutze, teils weil man sie so einfach und doch aussagekräftig anderen laut vorlesen kann, was ich mit großer Begeisterung tue und genauso effektiv finde wie das Predigen. Sie hat ihren Spitznamen „Nearly Infallible Version" („Fast Unfehlbare Version") verdient! Dennoch gab es Anlass, die Übersetzung einer nicht unbeträchtlichen Anzahl von Versen, die mit unserem Thema im Zusammenhang stehen, zu kritisieren und in vielen Fällen meine eigene Version des Urtexts wiederzugeben. Ich frage mich, was der Leser davon halten wird! Einige denken vielleicht, dass es arrogant und unverschämt von mir sei, die Leistungen, ja sogar die Integrität so herausragender und engagierter Übersetzer in Frage zu stellen. Andere kommen vielleicht vorschnell zu dem Schluss, dass ich einfach nur nach Belieben Schriftstellen irgendwie hindrehe, weil sie sonst nicht zu meiner Theorie passen. Das ist zweifellos eine Versuchung, der ich mir nur allzu bewusst bin!

Aber ich wage, Folgendes zu sagen: Schenken Sie keinem meiner Kommentare zum „Urtext" Glauben, solange Sie nicht jeden einzelnen selbst überprüft haben. Wenn Sie Grundkenntnisse in Griechisch besitzen, wird das nicht weiter schwer sein – besorgen Sie sich einfach nur ein griechisches Neues Testament. Sie könnten sich auch jemand anderen suchen, der die Sprache beherrscht, vielleicht Ihren Pastor, und ihn um ein wenig von seiner Zeit bitten.

Selbst wenn es Ihnen an Griechisch-Kenntnissen völlig fehlt, könnten Sie sich ein interlineares griechisch-englisches (bzw. griechisch-deutsches) Neues Testament ausleihen oder kaufen, das die jeweiligen englischen (bzw. deutschen) Worte direkt unter die griechischen setzt. So erkennen Sie die meisten meiner „Korrekturen" auf Anhieb, zum Beispiel das Fehlen oder Vorhandensein des bestimmten Artikels „der", „die" oder „das". Ich bin zuversichtlich genug zu glauben, dass sich die meisten, wenn nicht sogar alle meiner Behauptungen als berechtigt erweisen werden.

Das wirft eine wichtige Frage auf: Wie kann es sein, dass so fähige und integre Übersetzer derart viele „Fehler" machen oder zumindest so viele feine Nuancen und Aspekte übersehen? Die Tatsache, dass ihnen diese Ausrutscher im Großen und Ganzen nur bei genau den Versen unterlaufen, die wir betrachtet haben, gibt uns schon einen Hinweis auf die Antwort. Sie werden von drei Faktoren beeinflusst (ob bewusst oder unbewusst, das weiß nur Gott, aber ich vermute, es könnte eine mehr oder weniger starke Mischung aus beidem sein).

Erstens: Ich würde vermuten, dass viele, wenn nicht sogar die meisten Übersetzer keine persönliche Erfahrung mit der Geistestaufe gemacht haben, wie wir sie in der Schrift gefunden haben. Deshalb tappen sie bis zu einem

## ENDGÜLTIGE ERFÜLLUNG

gewissen Grad im Dunkeln. Nur jemand, der diese Erfahrung gemacht hat, kann sich diesen Passagen mit einem persönlichen Wissen und Verständnis dessen, was sie beschreiben, nähern.

Zweitens: Auch Übersetzer haben ihre eigene Theologie, geprägt von der Tradition, aus der sie kommen, und von ihrem eigenen Denken. So ist es beispielsweise unwahrscheinlich, dass ein Übersetzer „getauft *in* Wasser" schreiben wird, wenn er als Kind mit Wasser besprengt wurde; er wird „*mit* Wasser" bevorzugen.

Drittens: In diesem Zusammenhang ist ebenfalls wichtig, dass sich Übersetzer der Traditionen der Kirchen und Gemeinden bewusst sind, von denen sie sich eine Akzeptanz und den Gebrauch ihrer Version erhoffen. Deshalb ist in den englischen Übersetzungen das Wort für „taufen", *baptize*, eine Transskription des griechischen Wortes *baptizo* und keine Übersetzung. Nähme man „eintauchen" oder „untertauchen", würde sich das bei den meisten Denominationen der westlichen Welt negativ auf die Verkaufszahlen auswirken! Deshalb verwendet man vagere Begriffe, um bei niemandem Anstoß zu erregen (der englische Ausdruck „baptism *with* water" schließt alles mit ein außer denen, die sich taufen lassen!). Es ist schon komisch, aber der Generalsekretär der englischen Bibelgesellschaft hat mir erzählt, dass die meisten „ausländischen" Bibelausgaben das Wort sehr wohl in ein gebräuchliches gleichbedeutendes Wort übersetzen (vielleicht weil die Erwachsenentaufe durch Untertauchen auf dem Missionsfeld weitaus gebräuchlicher ist).

Diese Vorbehalte gegenüber einer freien Übersetzung

von Versen über die Wassertaufe sickern (um bei „wässriger" Terminologie zu bleiben) auch zu jenen Versen durch, in denen es um die Geistestaufe geht, was das Problem noch komplexer macht. Wir werden näher darauf eingehen, wenn wir die praktischen Probleme erörtern (in Kapitel 7).

Unterdessen verdienen noch andere Fragen unsere Aufmerksamkeit. Wir haben jetzt lange genug Bibelstellen zerpflückt. Es ist an der Zeit, die Dinge wieder zusammenzusetzen.

# 4

# Lehrmäßige Definition

Die Analyse muss in die Synthese münden. Nachdem wir das Material des Neuen Testaments seziert haben, müssen wir nun alles wieder zusammensetzen – allerdings in einer etwas anderen Form. Wir müssen den Versuch einer systematischen Zusammenfassung dessen wagen, was all diese Passagen über Taufe in Geist lehren, bevorzugt mit einer Gliederung, die sich jeder gut merken kann.

Es heißt oft, wenn man die richtigen Fragen stelle, brauche niemand zu antworten, weil man selbst dahinterkomme. Darin steckt ein Körnchen Wahrheit und deshalb werde ich dieses Kapitel um die vier grundlegenden Fragen herum aufbauen: **Wer? Wie? Wann? Warum?**

Auf jede dieser Fragen werde ich zwei Antworten geben, die sich ergänzen. Diese Unterüberschriften werden die acht charakteristischen Aspekte beinhalten, die wir unserer Betrachtung der relevanten Texte entnommen haben.

Vielleicht hilft es, an dieser Stelle noch zu erwähnen, dass das ganze Kapitel von einer elementaren Grundvoraussetzung ausgeht, jener „Gleichung", die wir an früherer Stelle aufgestellt haben, nämlich dass „den Geist empfangen" und „im Geist getauft werden" ein und dasselbe ist. Wenn der Leser bis jetzt noch nicht davon überzeugt ist, wird die Lehre, die nun definiert werden soll, genauso wenig überzeugend sein. Die Folgerungen aus dieser einen Annahme wirken sich auf jeden anderen Aspekt aus.

### WER?

Das sind im Grunde zwei separate Fragen – wer tauft in Geist und wer wird in Geist getauft? Wir werden uns mit beiden befassen.

**Täufer:** Wer ist der Täufer in Geist? Die Antwort könnte nicht klarer sein. Jesus ist der Einzige, der imstande ist, das zu tun. Er ist der Täufer. Das ist Teil seines Wirkens nach der Himmelfahrt, als er zu seinem Vater im Himmel zurückkehrte. Johannes hat dies mit allem Nachdruck gesagt, ebenso wie Petrus am Pfingsttag.

Doch sowohl die Evangelien als auch die Apostelgeschichte lassen keinen Zweifel daran, dass der Geist erst von Jesus empfangen wird, bevor er den Geist auf irgendjemand anderen ausgießt. Genau genommen empfing er den Geist zweimal – für sich selbst am Jordan und für andere am Thron Gottes. Deshalb kann, wenn andere den Geist empfangen, dies als die Gabe Gottes betrachtet werden (eine Anschauung, zu der auch der Apostel Johannes neigt), als Antwort auf das Gebet Jesu.

Das bedeutet nicht, dass es immer ohne menschliche Mithilfe geschieht. Das Gebet anderer kann daran beteiligt und die Handauflegung ein Kanal der Zuteilung sein, ebenso wie eine intensive Form von Fürbitte. Aber es gibt keinen Hinweis darauf, dass die, die bereits den Geist haben, den Geist an andere weitergeben.

Immer ist Jesus selbst aktiv an jeder Geistestaufe beteiligt. Jeder kann in Wasser taufen, doch er und er allein ist jedes Mal der Täufer in Geist.

**Gläubige:** Wer wird in Geist getauft? Die Welt (der Ungläubigen) kann den Geist nicht empfangen. Es gibt notwendige Qualifikationen, die man erfüllen muss, bevor dies geschehen kann. Zwei sind absolut unabdingbar, eine dritte ist in aller Regel erforderlich und eine vierte kann vonnöten sein.

Die beiden elementaren Grundvoraussetzungen sind wahre Buße gegenüber Gott für Sünden, die man begangen hat (sowie die dazugehörigen Taten, die diese Buße belegen; Lk 3,8; Apg 26,20) und der persönliche Glaube an Jesus Christus als Heiland und Herr. Nur jemand, der in dieser Weise bußfertig und gläubig ist, kann erwarten, durch die Gabe des Geistes bestätigt zu werden.

Die in aller Regel erforderliche Qualifikation ist Wassertaufe. Gott hat ganz offensichtlich die Freiheit, sich unter außergewöhnlichen Umständen über diese Regel hinwegzusetzen, wir jedoch nicht. Man muss dem Evangelium gehorchen, und die Taufe ist einer der ersten Akte dieses Gehorsams (Mt 28,19; Apg 2,38). Wir haben gesehen, dass der normalen Reihenfolge gemäß die Geistestaufe auf die Wassertaufe folgt.

Die vierte, die durchaus vonnöten sein kann, ist Gebet, sei es vom Empfangenden selbst oder von anderen, die ihm gerne helfen möchten, mit oder ohne Handauflegung. Es gibt kein Gebot in der Bibel, das den Schluss nahelegen würde, dass dies der einzige Weg sei, aber es gibt mehr als nur einen Hinweis darauf, dass dies der richtige Kurs ist, den es einzuschlagen gilt, wenn sich der Empfang verzögert.

Kirchliche Traditionen haben noch andere Voraussetzungen hinzugefügt, die allerdings nicht zu rechtfertigen sind. Einige sind subjektiver Natur, zum Beispiel ein hohes Maß an „Hingabe" oder Heiligung, wobei diese normalerweise mit der irrigen Vorstellung vom „zweiten Segen" im Zusammenhang stehen. Andere sind objektiver Natur, zum Beispiel dass der Geist nur durch die Hände von Bischöfen gegeben werden könne, die in einer „apostolischen Nachfolge" stehen, d. h. einer Abfolge von physischen Handauflegungen, die bis zu den Aposteln zurückreicht! Wir müssen zur Einfachheit der apostolischen Erfordernisse zurückkehren.

## WIE?

In diesem Punkt sind wir fast völlig von den Schilderungen der Apostelgeschichte abhängig, wenngleich sich auch noch andere Hinweise finden. Wie wird jemand in Geist getauft? Was genau geschieht dabei – wenn etwas geschieht? Woher weiß man, dass es mit einem selbst oder jemand anderem geschehen ist? Gibt es ein unmittelbares Resultat oder folgt dies erst später? Das sind die Fragen, die Menschen stellen, und sie haben eine eindeutige Antwort verdient.

## LEHRMÄSSIGE DEFINITION

**Erfahrung:** Ein Bibellehrer bringt es auf den Punkt, indem er darauf hinweist, dass Taufe in Geist in der Bibel immer „eine definitive, ja sogar dramatische Erfahrung" war. Ein anderer erklärt, sie sei „so definitiv gewesen wie eine Grippeinfektion".

Mit anderen Worten: Sie ist ein offensichtliches Ereignis, dessen sich sowohl der Empfangende als auch alle anderen voll bewusst sind. Das ist die unausweichliche Schlussfolgerung aus dem Studium der Apostelgeschichte. Paulus ging davon aus, dass „Jünger" wussten, wann oder ob sie es erlebt hatten oder nicht (Apg 19,2; Gal 3,2).

Der Sprachgebrauch („getränkt in", „fallen auf", „ausgegossen auf", „erfüllt mit") weist ganz offenkundig darauf hin, dass es sich um eine Erfahrung handelt, derer man sich voll und ganz bewusst ist. Es ist bezeichnend, dass all jene, die glauben, es könne einem Menschen widerfahren, ohne dass er oder sie es bemerke, nie dieses Vokabulars benutzen. Es wäre absolut unpassend. Diese Auslassung fällt ganz besonders bei jenen auf, die behaupten, „Glauben" und „Empfangen" sei ein und dasselbe.

Dieselben Bibellehrer neigen dazu, im selben Atemzug hinzuzufügen, man müsse glauben, dass man das, worum man bittet, schon empfangen *habe*, ob man nun wahrnehmbare Resultate sehe oder nicht. Häufig zitieren sie dabei Jesus, der sagte: *„Darum sage ich euch: Bei allem, was ihr im Gebet erbittet – glaubt nur, dass ihr es tatsächlich empfangen habt, so wird es euch zuteilwerden"* (Mk 11,24; Menge). Sie scheinen diese subtile Änderung der Zeitform zum Futur im letzten Satzteil nicht zu bemerken. Es heißt nicht „so *ist* es euch schon zuteil geworden", sondern „so *wird* es euch zuteilwerden". Wenn ich für zehn britische Pfund bete, muss ich glauben, dass mein Gebet erhört wurde und das Geld schon unterwegs ist. Aber ich werde es ganz sicher wissen, wenn es bei mir ankommt. Ich habe für etliche Leute gebetet, dass sie den Geist empfangen; ich versicherte ihnen, das Gebet sei erhört worden, und sie mussten versprechen, mir zu erzählen, sobald es geschähe. Ich ermutige sie nicht zu „glauben", es sei geschehen, bevor es geschehen ist!

Woher wissen nun sie – und andere –, dass es geschehen ist? Ist es so offensichtlich, wie die zehn Pfund in Händen zu halten?

**Beweis:** Wir gehen nun weiter von der innerlichen Erfahrung (für die „erfüllt" ein recht gutes Wort ist) zum äußerlichen Beweis. Wiederum müssen wir in der Apostelgeschichte anfangen, wo wir ein konsequentes, durchgängiges Muster finden.

Die Formulierung „*was ihr seht und hört*" (Apg 2,33) weist auf sichtbare und hörbare Phänomene hin, von denen Taufe in Geist ausnahmslos begleitet wird.

In allen überlieferten Fällen wird von unerwarteten und spontanen sprachlichen Äußerungen berichtet. Schließlich hatte Jesus ja gelehrt, dass alles, wovon das Herz voll sei, durch den Mund hervorkommen werde (weshalb wir für unsere unbedacht geäußerten Worte gerichtet werden; Mt 12,36). Welche Art Sprache ist

## LEHRMÄSSIGE DEFINITION

der unverwechselbare Beweis dafür, dass jemand mit heiligem Geist „erfüllt" wurde?

Zunächst einmal „Zungen" (was für ein schreckliches Wort!). Fließende Rede in einer Sprache, die man noch nie zuvor erlernt oder gesprochen hat, ist ganz offensichtlich eine übernatürliche Befähigung. Das ist der gängigste und häufigste Beweis, der erwähnt wird, und sollte weder mit Argwohn beäugt noch mit Verachtung gestraft werden. Er kann Menschen ermutigen zu glauben, dass der Geist sie in die Lage versetzt, über ihre natürlichen Fähigkeiten hinauszugehen, indem er sie in weitere „geistliche Gaben" (griech. *charismata*, wovon sich unser Wort „charismatisch" ableitet) hineinführt.

Doch darauf zu beharren, dass es immer solche „Zungen" sein müssen, hieße, enger als die Bibel zu sein. Auch wenn sie häufiger sein mögen als irgendeine andere Form inspirierter Rede, rechtfertigt dies nicht die Forderung, dass es diese Gabe als *der* erste Beweis sein *muss*. Es werden ja auch noch andere Formen des „Überfließens" erwähnt, zum Beispiel Lobpreis und Prophetie, die sich beide in eine bekannte und vertraute Sprache kleiden.

Andererseits ist im Denken vieler Menschen dieser Beweis viel zu breit angelegt; das geht so weit, dass sie fast alles, was ihnen gefällt, gelten lassen! Andere glauben nicht an einen sofortigen Beweis, sondern halten Ausschau nach langfristigen Resultaten wie „Frucht des Geistes" (Liebe, Freude, Friede etc.), die allerdings schrittweise zum Vorschein kommen und erst viel später und auch schwieriger zu messen sind.

Die Schrift legt den Schwerpunkt auf den gleichzeitig erfolgenden Beweis, der sich immer in Worten ausdrückt und die Voraussage in Joel erfüllt, dass alle „weissagen" würden.

Ich kann nicht genug betonen, dass der biblische Bericht physische oder emotionelle Zustandsänderungen jedweder Art komplett ignoriert, auch für den Fall, dass sie Begleiterscheinungen des Ereignisses waren (was wir nicht wissen können). Derartige Verhaltensweisen werden in anderen Textzusammenhängen als Reaktionen des menschlichen Geists auf eine unerwartete Begegnung mit einer übernatürlichen Präsenz interpretiert, aber nie als aktive Handlungsweisen des Heiligen Geistes gesehen (vgl. mein englischsprachiges Buch *Is the Blessing Biblical?*, Hodder and Stoughton, 1995, worin das „Toronto"-Phänomen untersucht wird).

Zusammenfassend kann man sagen, dass es so aussieht, als sei eine Form von spontaner inspirierter Rede das Fazit, das die Bibel zieht, wovon „Zungen" vielleicht am häufigsten vorkommen.

## WANN?

Das ist eine der wichtigsten Fragen und der Hauptgrund für die Uneinigkeit zwischen den charismatischen und pfingstlichen Strömungen auf der einen und den sakramentalen und evangelikalen Strömungen auf der anderen Seite (mehr darüber in Kapitel 5).

Geschieht Taufe in Geist zum Zeitpunkt der Bekehrung oder „subsequent", d. h. später darauffolgend? Ist sie ein

„erster" oder ein „zweiter" Segen? Oder, noch direkter formuliert: Ist sie eine Einführung in das ganz normale Christenleben oder befördert sie einen Christen auf eine höhere Ebene?

Unsere bisherigen Erkenntnisse weisen bereits auf die Antwort hin, die wir hier geben werden. Sie hat zwei Aspekte, einen individuellen und einen kollektiven.

**Start:** Taufe in Geist ist ein integraler Bestandteil des Christwerdens. Sie gehört an den Anfang des Christenlebens. Sie ist der erste und einzige „Empfang" des Geistes, ohne den es unmöglich wäre, als Christ zu leben.

Taufe in Wasser und Taufe in Geist gehören zusammen, auch wenn sie nie bedeutungs- und nie zeitgleich sind. Das eine ohne das andere ist unzureichend, um Jüngern einen ordnungsgemäßen Start zu geben. Sofern eines oder beides fehlte, leiteten die Apostel unverzüglich Maßnahmen ein, um diesen Mangel zu beheben. Sie verloren keine Zeit damit, den geistlichen Stand oder Zustand dessen, der den Mangel hatte, zu diskutieren (z. B. „Würde er immer noch in den Himmel kommen, wenn er sterben würde, noch bevor er alles bekommen hat?"); das ist neuzeitliche Neugier, die mehr Interesse am Mindesteintrittspreis in den Himmel offenbart als an der maximalen Untermauerung eines erretteten Lebens auf Erden.

Darüber hinaus geht das Neue Testament davon aus, dass der Geist erst dann in Gläubigen „wohnt", wenn er „empfangen" wurde, d. h. nachdem sie „getauft" worden sind. Bis dahin muss die Beziehung zum Geist wohl der ähneln, die die ersten Jünger hatten – er ist „mit" ihnen (überführt sie von Sünde, hilft ihnen, Buße zu tun und zu glauben), aber noch nicht „in" ihnen (mehr dazu in Kapitel 7).

Wenn man sagt, Taufe in Geist gehöre zum Start in den Glauben dazu, bedeutet das nicht, dass nicht eine beträchtliche Zeitspanne zwischen „Glauben" und „Empfangen" liegen könnte. Wir haben in der Apostelgeschichte drei sehr unterschiedliche Abfolgen gefunden, von denen zwei ungewöhnlich, wenn nicht sogar unnormal sind, während die dritte das normale oder Standardmuster widerzuspiegeln scheint.

Bei den ersten Jüngern und den Samaritern gab es aus bestimmten Gründen eine erhebliche Verzögerung. Das war zweifellos unnormal und kann nicht als Präzedenzfall betrachtet werden (Pfingstler berufen sich auf Apostelgeschichte 1, um Treffen zu rechtfertigen, in denen „gewartet" wird, doch die 120 *mussten* auf den von Gott festgelegten Pfingsttag warten).

Im anderen Extrem ist es bei Kornelius und seinem Haus enorm schwierig, zwischen „Glauben" und „Empfangen" zu unterscheiden, insbesondere weil sie „empfingen", bevor sie getauft waren, ja sogar noch bevor der Prediger überhaupt mit seiner Predigt angefangen hatte (beachten Sie, dass es in Apostelgeschichte 11,15 heißt: „Während ich aber zu reden *begann*…"). Auch das war unnormal, obwohl wir mutmaßen können, warum dem so war. Soweit wir wissen, hat sich das nie wiederholt.

Lange Intervalle scheinen nicht die Norm zu sein, genauso wenig wie kein Intervall. Ein ziemlich kurzes scheint normal zu sein, wie in Apostelgeschichte 19, wo sie glaubten, bevor sie getauft wurden und kurz darauf den Geist empfingen. Andere Bibelstellen bestätigen diese Abfolge (z. B. Hebr 6,2). Dieser enge zeitliche Zusammenhang erklärt auch die Verwendung des Begriffs „geglaubt habend (*pisteusantes*) habt ihr empfangen" – sowohl als Frage als auch als Aussage.

**Eingliederung:** In einem Punkt sind sich alle einig: „in Christus" sein, bedeutet, in seinem Leib, der Gemeinde, sein. Doch wie geschieht es, dass jemand „in Christus" hineinkommt? Geschieht das – wie sowohl Evangelikale als auch Pfingstler sagen würden –, wenn jemand zum ersten Mal glaubt? Wenn ja, was sollen wir dann mit der Formulierung „*in Christus hinein getauft*" (Gal 3,27) anfangen, die, wie die meisten Sakramentalisten sagen würden, allem Anschein nach Wassertaufe zum Punkt des Eintritts in die Gemeinde macht? Beide Sichtweisen müssen sich mit dem deutlichsten Statement überhaupt auseinandersetzen (1 Kor 12,13), das Taufe in Geist zu dem Augenblick macht, in dem wir „in einen Leib" hinein eingebunden werden. Wir sagten es schon: Beide Sichtweisen umschiffen das Problem, indem sie sagen, „Taufe in Geist" sei ein und dasselbe wie getauft werden (die sakramentale Lösung) oder glauben (die evangelikale Lösung). Doch wir haben uns große Mühe gegeben, aufzuzeigen, dass im Neuen Testament Geistestaufe theologisch wie chronologisch klar und deutlich sowohl von Glauben als auch von Wassertaufe unterschieden wird. Wie können wir dieses Dilemma nun auflösen?

Als Erstes kann man sagen, dass in jener Zeit alle

drei (glauben, getauft werden und empfangen) sowohl im Denken der Gläubigen als auch zeitlich in einem so engen Zusammenhang standen, dass man sie eher als zusammengehörig denn als separat betrachtete, als Aspekte ein und derselben Einführung in den Glauben, als eine Art „Erfahrungstrinität". Die Jünger wären wahrscheinlich hochgradig irritiert über die Diskussionen, die bei uns heutzutage ablaufen. Hätten wir sie gefragt, durch welchen der drei Schritte sie in Christus eingegliedert worden seien, hätten sie vermutlich schon über die Frage an sich gestaunt und erwidert:

„Was meinst du? Alle drei natürlich!"

Wir in unserem aufgeklärten Zeitalter (!) haben sie hingegen so weit voneinander getrennt – zeitlich und folglich auch in unserem Denken –, dass wir sie gegeneinander ausspielen und darüber diskutieren, ob es nun Glaube oder Taufe, Wassertaufe oder Geistestaufe sei, die uns in den Leib Christi hineinbringe. Man trennt Glaube und Taufe sehr deutlich voneinander, nicht nur bei „Kindertäufern", die Babys diesem Ritus unterziehen, sondern auch bei „Glaubenstäufern", die dasselbe mit Gläubigen tun. Die Taufe kommt entweder lange vor dem Glauben oder eine beträchtliche Zeit danach. Wenn heutzutage evangelisiert wird, rät kaum mehr jemand einem Fragenden, was damals Petrus riet: *„Tut Buße, und jeder von euch lasse sich taufen [in] den Namen Jesu Christi zur Vergebung eurer Sünden!"* (Apg 2,38). Würden Evangelisten in unserer heutigen Zeit so etwas sagen, verlören sie weitgehend die Unterstützung ihrer Gemeinden.

## LEHRMÄSSIGE DEFINITION

Und auch Wasser- und Geistestaufe hat man klar voneinander getrennt, während sie zu Zeiten der Apostel ausnahmslos aufeinander folgten, wobei normalerweise das Wasser zuerst kam. Selbst Gemeinden, die die Glaubenstaufe pflegen, legen nur in seltenen Fällen den Täuflingen die Hände auf und beten dafür, dass sie den Geist empfangen. Vielleicht hat man ihnen bereits gesagt, sie hätten den Geist bekommen, als sie „Jesus annahmen"! Solange wir nicht all diese Elemente an genau dem Punkt wieder zusammenführen, an dem man ins Glaubensleben einsteigt, wird die Verwirrung darüber, *wann* genau die Eingliederung in den Leib erfolgt, auch weiterhin unnötige, aber unvermeidliche Meinungsverschiedenheiten nach sich ziehen. Doch die Schlüsselaussage (in 1. Kor 12,13) hat einen recht hilfreichen, ja vielleicht sogar versöhnlichen Unterton. Hier wird das Verb „taufen" durch die beiden Präpositionen „in" und „in ... hinein" modifiziert. Dafür gibt es einen Präzedenzfall und zwar die Aussage des Johannes über die Taufe in Wasser, die „in die Buße hinein" erfolgt (Mt 3,11). Dennoch verlangte Johannes Buße, genauer gesagt „Früchte der Buße", *bevor* er irgendjemanden „in die Buße hinein" taufte (Lk 3,8). Die Taufe war also der Höhepunkt und die Vollendung dessen, was bereits im Leben dieser Leute geschah. Sie war ein „Siegel" auf ihrer Buße, ein letzter Abschied von den Sünden, die sie bekannt und für die sie Wiedergutmachung geleistet hatten. Wir könnten dieses Prinzip auch auf Taufe in Geist anwenden: Glauben und in Wasser getauft werden haben eine Rolle dabei gespielt, eine Person in Christus und in seinen Leib hineinzubringen, doch Taufe in Geist bringt diesen Prozess zu einem ordentlichen Abschluss, indem sie die Person in den Leib Christi hinein „versiegelt". Dass diese „schrittweise" Progression in den Leib hinein häufig zugunsten eines „plötzlichen", ja augenblicklichen „Eintritts" verworfen wird, liegt daran, dass er zu stark mit Sicherheit im Blick auf die Zukunft verknüpft wird statt mit Errettung und Dienst im Hier und Jetzt. „Vor der Hölle sicher sein" ist wichtiger als „von Sünden errettet sein". Es gibt einen Bedarf, so schnell wie möglich Teil der Gemeinde zu werden, um sicher zu gehen, dass man eine „Fahrkarte" in den Himmel bekommt. Dies hat zur Folge, dass im Hinblick auf die Errettung viele Menschen Wasser- und Geistestaufe als optionale Extras ansehen und weder das eine noch das andere mit dem „Errettet-Sein" in Verbindung bringen können, obwohl die Bibel dies sehr wohl tut (z. B. Mk 16,16; 1 Petr 3,21, Tit 3,5).

Wir können Folgendes sagen: Taufe in Geist integriert Gläubige *vollständig* „in den Leib Christi hinein", indem sie in ihnen jene Gaben freisetzt, die sie befähigen, ihre Funktion als wahre „Glieder" eines Leibs wahrzunehmen. Dass sich dies von der Mitgliedschaft in einem Club unterscheidet – der Unterschied zwischen einer echten Funktion und einem Namen auf einer Liste –, haben wir bereits erläutert. Das ganze Kapitel (1. Kor 12) ruht auf der Prämisse, dass, weil *alle* in einem Geist getauft worden sind, *jeder einzelne* eine „geistliche Gabe" empfangen hat, um sie zum Nutzen *jedes* anderen Gliedes desselben Leibes einzusetzen.

Die Gemeinde ist die „Gemeinschaft" des Heiligen

## LEHRMÄSSIGE DEFINITION

Geistes. Dieses Wort (griech. *koinonia*) bedeutet viel mehr als ein wenig zu diskutieren und dann Kaffee und Kuchen serviert zu bekommen. Es wird für siamesische Zwillinge verwendet, in deren Adern dasselbe Blut fließt, oder bei Geschäftspartnern, die gemeinsam finanzielle Höhen und Tiefen durchlaufen. Es bezeichnet gegenseitige Abhängigkeit in einem sehr hohen Maße. Das Leben der Gemeinde ist das Leben desselben Geistes, der in jedem einzelnen Mitglied pulsiert. Ohne Taufe in Geist ist das Leben schlicht und einfach nicht da. Die Gemeinde mag zwar immer noch in dem Ruf stehen, „lebendig" zu sein, weil sie entsprechende Aktivitäten zeigt, doch in Wirklichkeit ist sie tot (wie die Gemeinde zu Sardis in Offb 3,1).

Aber wir greifen bereits auf das „Warum" vor. Das ist unser nächster Punkt.

### WARUM?

Um die grundlegende Frage, warum wir den Heiligen Geist brauchen, zu beantworten, wäre ein viel dickeres Buch als dieses vonnöten, weil es eine Auslegung jedes Texts des gesamten Neuen Testaments enthalten müsste, in dem sein Wirken erwähnt wird, das so viele verschiedene Facetten hat. Wir gehen an dieser Stelle auf den Zweck der Taufe in Geist ein, weil es in diesem Punkt eine recht offensichtliche Uneinigkeit gibt zwischen Evangelikalen einerseits, die sie weitgehend unter dem Aspekt der Errettung sehen, und Pfingstlern andererseits, die sie ausschließlich im Zusammenhang des Dienstes lokalisieren. Anders formuliert: Wer hat den größten Nutzen davon, dass Menschen in Geist getauft werden – sie selbst oder andere? Hilft die Geistestaufe in erster Linie ihnen selbst, dass sie errettet werden, oder anderen, dass ihnen gedient wird?

Das ist wieder so ein Beispiel, bei dem Lukas und Paulus gegeneinander ins Feld geführt werden. Es heißt, der Apostelgeschichte gehe es ausschließlich um die Kraft zum Dienen (doch das stimmt eigentlich nur im Hinblick auf jene Stellen, die auf den Pfingsttag verweisen). Die Briefe, vor allem die Paulusbriefe, konzentrierten sich, so sagt man, auf die persönliche Errettung (eigentlich geht es in 1. Korinther 12-14 immer nur um den Dienst am anderen). So wird uns eine falsche Wahl zwischen zwei Alternativen suggeriert und eine unnötige Entscheidung abverlangt!

Warum muss es „entweder ... oder" sein? Warum kann es nicht „sowohl ... als auch" sein? Die beiden Seiten sind weder unvereinbar noch schließen sie sich aus. Ich glaube, das Neue Testament hält beide in einem richtigen Gleichgewicht. Wir sind „errettet, um zu dienen".

**Errettung:** Es regt sich augenblicklich Widerstand gegen eine Verbindung zwischen Taufe in Geist und Errettung, meist in Form einer emotional geladenen und herausfordernden Frage wie:

„Wollen Sie damit etwa sagen, dass alle, die nicht in Geist getauft worden sind, nicht errettet sind?!" Denselben entrüsteten Protest bekommt man in Bezug auf die Wassertaufe zu hören. Natürlich ist die Frage

„gefärbt"; sie spiegelt ein bestimmtes Verständnis des Begriffs „errettet" wider (in aller Regel „vor der Hölle" und nicht so sehr „von den Sünden"), den man als augenblickliches Ereignis ansieht und nicht so sehr als Prozess bei dem man sich in morbider Weise mehr um die Frage dreht, was geschieht, wenn jemand ohne Errettung stirbt, als wenn er ohne Errettung lebt! Ich habe die Erfahrung gemacht, dass sich diese Fragen am einfachsten mit einer Gegenfrage beantworten lassen (so wie Jesus es auch oft tat):

„Errettet wovon?" Das nimmt die fehlerhafte Grundannahme der Frage ins Visier – eine mangelhafte Definition von „errettet".

Dann füge ich hinzu, dass weder die Apostel noch die Gläubigen der Urgemeinde im Traum daran gedacht hätten, eine solche Frage zu stellen. Wenn Jesus Herr unseres Lebens sein soll, dann ist alles, was er verlangt (Wassertaufe) und anbietet (Geistestaufe), für jeden unverzichtbar, der ihn „Herr" nennt. Damals, in der Frühzeit, verstand sich das von selbst. Wer sind wir, dass wir fragen, ob wir trotzdem „errettet" sein können, auch wenn wir uns nicht nach seinem Willen und seinen Wünschen richten?! Diese Mentalität der „billigsten Eintrittskarte" erklärt in einem nicht unerheblichen Maße, warum sich die moderne Gemeinde so sehr von der Urgemeinde unterscheidet.

Wir hatten reichlich Gelegenheit, uns ein Bild davon zu machen, wie das Konzept „errettet sein" im Kontext der Geistestaufe verwendet wird („*durch Gnade gerettet werden*" in Apg 15,11; „*abgewaschen in dem*

*Geist Gottes*" in 1 Kor 6,11; „*rettete er uns…durch die Erneuerung des Heiligen Geistes*" in Tit 3,5).

Errettung ist ein Drei-Phasen-Prozess, den die Bibel mit Zeitformen der Vergangenheit, Gegenwart und Zukunft ausdrückt: (1) Wir „sind errettet worden" von der Strafe der Sünde (Rechtfertigung). (2) Wir „werden errettet" bzw. „sind dabei, errettet zu werden" von der Kraft der Sünde (Heiligung). (3) Wir „werden errettet werden" von der Verunreinigung durch Sünde (Verherrlichung). Taufe in Geist hat einen direkten Bezug zu allen dreien.

(1) Sie ist der *Beweis der Rechtfertigung*. Wir sind gerechtfertigt, werden vor Gottes Gerichtshof für nicht schuldig befunden und freigesprochen, wenn wir über unsere Sünden Buße tun und an den Heiland glauben. Doch woher *weiß* ein Mensch, dass ihm die Sünden vergeben sind, dass Gott ihn angenommen und als seinen Sohn adoptiert hat? Dieses Bedürfnis nach „Sicherheit" kann man auf zweierlei Weise stillen.

Zunächst einmal durch Ableitung aus der Schrift. „Die Bibel sagt es, du glaubst es, damit ist der Fall erledigt." Diese Art von „Syllogismus", wie man logische Gedankengänge dieser Art auch nennt, beruht auf Kopfwissen. Doch ein aktives Gehirn kann Zweifel haben, die bohrende Fragen stellen: Habe ich *genügend* Buße getan und geglaubt, um sicher sein zu können, dass dieser logische Schluss auch auf mich zutrifft? Diese rationale Basis für Heilsgewissheit findet man im Neuen Testament nicht; dort wird vielmehr ein ganz anderer Ansatz offenbart.

Der andere Ansatz ist das Eintauchen in Geist. Diese Gewissheit ist für das Herz und nicht für den Kopf

## LEHRMÄSSIGE DEFINITION

bestimmt. Es ist ein direktes Zeugnis, das sich an den menschlichen Geist richtet und kein indirektes logisches Argument.

Petrus argumentierte, über Beweise zu verfügen, dass Gott die Nichtjuden angenommen hätte (in Apg 10,11 und 15): Ihnen wurde in *derselben Art und Weise* wie allen anderen der Geist gegeben. Paulus beschreibt, dass der Geist Gottes dem Geist des Menschen kontinuierlich Zeugnis gibt (Röm 8,15). Johannes erklärt: Wir wissen, dass wir Söhne Gottes sind, weil er uns seinen Geist gegeben hat (1 Joh 3,24; 4,13).

Die Gabe des Geistes ist somit der Beweis, das Indiz dafür, dass Sündenvergebung geschehen und Annahme durch Gott erfolgt ist. Sie ist die göttliche „Bestätigung" unserer Sohnschaft, wie es auch bei Jesus selbst der Fall war. Deshalb wird der Geist auch als „Siegel" bezeichnet. Durch sein Kommen ist die Sache besiegelt.

Das heißt nicht, dass jemand ohne Taufe in Geist nicht gerechtfertigt werden oder Sündenvergebung erlangen könnte. Das widerspräche allen Texten, die sich für „Rechtfertigung aus Glauben" aussprechen. Sünden werden vergeben, sobald man darüber Buße tut und sie bekennt. Wir sagen lediglich, dass sich niemand all dessen *gewiss* sein kann, solange es ihm die Gabe des Geistes nicht absolut klar macht und das kontinuierliche Zeugnis des Geistes diese Gewissheit aufrechterhält.

Natürlich kann Taufe in Geist nur dann ein solcher Beweis, so ein „Siegel" sein, wenn sie eine klar definierte, offensichtliche Erfahrung ist; andernfalls ist sie zu vage, um diese Funktion zu erfüllen.

(2) Sie ist die *Voraussetzung für Heiligung*. Wir werden im selben Maße „zu etwas" wie „von etwas" errettet – zur Heiligung genauso wie von Sündhaftigkeit. Errettung hat eine positive und eine negative Komponente und wird erst dann komplett sein, wenn in uns das Bild Gottes und die Christusähnlichkeit vollständig wiederhergestellt sind; dies wird geschehen, wenn wir ihn von Angesicht zu Angesicht sehen (1 Joh 3,2).

Doch es ist uns absolut unmöglich, aus eigener Kraft Heiligung zu erlangen und viele, die es versucht haben, wissen das nur allzu gut. All ihre Versuche und Anstrengungen münden in scheinheiligem Stolz oder erniedrigender Verzweiflung. Aus eigener Kraft schaffen wir es nie. Wir brauchen übernatürliche Kraft. Wir brauchen heilige Kraft. Wir brauchen heiligen Geist. Wir brauchen ein Durchtränkt-Sein von heiligem Geist.

Genau so wollte Johannes der Täufer den Satz „Ihr werdet in heiligem Geist getauft werden" verstanden wissen. Dreh- und Angelpunkt seiner ganzen Botschaft war die Notwendigkeit der Reinheit, nicht die Notwendigkeit der Kraft. In seinem Denken und in seiner Botschaft würde diese Taufe geben, was die Getauften selbst brauchten und nicht so sehr, was andere benötigten.

Wie könnte jemand ein heiliges Leben führen, ohne zuvor in heiligem Geist getränkt zu werden? Gottes Maßstäbe sind zu hoch, als dass wir sie erreichen könnten, ohne dass er uns dabei hilft. In jüngster Zeit ist die alarmierende Entwicklung festzustellen, dass man Gottes Gesetze als seine „Ideale" bezeichnet (z. B. Heterosexualität sei sein „Ideal"; Homosexualität sei nicht sein „Ideal"), ein sehr irreführendes Wort, das die Vorstellung vermittelt, wir könnten nicht darauf hoffen, diese Ideale jemals zu erreichen, würden aber Akzeptanz erlangen, wenn wir sie uns aufrichtig zu unserem Ziel gesetzt hätten! Gott verlangt von seinem Volk, Juden wie Nichtjuden, dass sie „heilig sind, wie er heilig ist" (3 Mose 19,1; 1 Petr 1,16). Gott senkt seinen Maßstab nicht, um den Menschen entgegen zu kommen; er hebt Menschen hoch, damit sie seinen Maßstab erreichen – indem er ihnen seinen heiligen Geist gibt.

Das Neue Testament macht uns mit der „Frucht" des Geistes bekannt: Liebe, Freude und Friede in Gott; Geduld, Freundlichkeit und Güte gegenüber anderen; Treue, Sanftmut und Selbstkontrolle in uns selbst. Das sind nicht neun separate Früchte, sondern eine Frucht mit neun verschiedenen Geschmacksnoten, die entweder alle gemeinsam wachsen oder gar nicht (Ungläubige können, je nach Temperament, höchstens drei oder vier davon hervorbringen). Aus einem anderen Blickwinkel betrachtet kann man sagen, dass man die ganze Frucht in vollkommener Weise in Jesus sieht. Die Frucht des Geistes in uns reproduziert seinen Charakter. Heiligung heißt, Christus ähnlich werden. Ein anderes Wort ist „Fülle", auch wenn dieses Substantiv nicht verwendet wird. Wer in Reinheit zur Reife gelangt ist, von dem heißt es, er sei „voll Geist" (Apg 6,3; beachten Sie, dass es aber auch Kraft bedeutet; 6,8).

Das heißt nicht, dass dank der Gabe des Geistes jede menschliche Anstrengung hinfällig wäre. Seine Ressourcen muss man sich ständig zu Eigen machen und anwenden. „*Unternehmt jede Anstrengung… heilig zu sein; ohne Heiligung wird niemand den Herrn sehen*" (Hebr 12,14; wörtl. a. d. Engl.). Es ist eine kooperative Anstrengung, die jetzt unendlich erstrebenswert ist, weil das Ziel tatsächlich erreicht werden kann.

Noch ein letztes Wort in diesem Zusammenhang: Einige sehen Taufe in Geist als das Ende des Heiligungsprozesses und nicht dessen Anfang und geben ihr deshalb sogar die Bezeichnung „völlige Heiligung" (wir werden im nächsten Kapitel näher auf die „Heiligungsbewegungen" und -denominationen eingehen). Natürlich bestehen sie auch darauf, dass sie ein „subsequenter" (später folgender) oder „zweiter" Segen sein müsse, der nur reifen und hingegebenen Gläubigen nach langer Suche zuteilwerde. Unsere Betrachtungen konnten diese Sicht der Dinge nicht erhärten. Der Heilige Geist wird am Anfang des Christenlebens gegeben, um uns zu helfen, um uns fähig zu machen, in der Heiligung zu wachsen, während wir im Geist wandeln. Es ist eine falsche Erwartung anzunehmen, Taufe in heiligem Geist würde unverzüglich „völlige Heiligung" bewirken und es zeugt von fehlender Urteilskraft, wenn man die Geistestaufe kritisiert, weil diejenigen, die sie empfangen, nicht augenblicklich heilig seien. Es ist ebenso falsch, wenn die „Getauften" meinen, sie seien urplötzlich reifer oder heilig und denen überlegen, die diese Erfahrung nicht gemacht haben. So mancher Gläubige, der nicht „empfangen" hat, kann dem Herrn treuer und hingegebener sein als ein anderer, die „empfangen" hat. Doch Ersterer wäre sogar noch besser, wenn er „empfangen" hätte, und Letzterer wäre vielleicht noch um Etliches schlechter, wenn er nicht „empfangen" hätte! Der Herr wird uns nach dem richten, wie wir unsere Ressourcen genutzt haben (wie die beiden Gleichnisse von den zehn Jungfrauen und von den anvertrauten Talenten deutlich machen; Mt 25,1-30).

Die Anschauung, Taufe in Geist sei der Beginn eines Lebens frei von aller Selbstsucht und Sündhaftigkeit, mit einem Herzen voll „perfekter Liebe" zu Gott und Mensch, wurde im 19. Jahrhundert so stark, dass wir an dieser Stelle unterstreichen müssen, dass dieser Annahme jegliche biblische Begründung fehlt. Wenn, wie wir gesehen haben, *alle* Gläubigen der Urgemeinde die Geistestaufe empfingen, hätten sie folglich „völlig geheiligt" sein müssen. Damit wären jedoch die meisten Briefe im Neuen Testament hinfällig. Die Epistel an die Korinther und Galater gehen nicht davon aus, dass ihre Leser „völlig geheiligt" waren. Demnach ist es also nicht so, dass uns Taufe in Geist an sich schon heiligt, d. h. heilig macht. Doch wenn der Geist gekommen ist, um in uns zu wohnen, schenkt er uns diese herrliche Möglichkeit, wenn wir auf diese Invasion heiliger Kraft richtig reagieren.

(3) Taufe in Geist ist die *Verheißung der Verherrlichung*. Sie ist nicht nur ein Vorgeschmack auf Heiligkeit; sie ist ein Vorgeschmack auf den Himmel. Sie ist die Erfahrung der „*Kräfte des zukünftigen Zeitalters*" für jene, die „*des Heiligen Geistes teilhaftig geworden sind*" (Hebr 6,5).

Sie ist eine eschatologische Erfahrung, ein kleines Stück vom kommenden Zeitalter, das unser jetziges Zeitalter schon durchdringt. Sie ist ein Zeichen dafür, dass die „letzten Tage" (Apg 2,17) angebrochen sind, dass die letzte Ära der Menschheitsgeschichte begonnen hat.

Aber sie ist auch die „Anzahlung", die erste Rate dessen, *„was kein Auge gesehen und kein Ohr gehört hat und in keines Menschen Herz gekommen ist, was Gott denen bereitet hat, die ihn lieben"* (1 Kor 2,9; Zitat aus Jes 64,4).

Deshalb bringt man auch Lobpreis, Dichtkunst und Musik mit Geisterfüllung in Verbindung. Es ist die Sprache des Himmels, wovon wir zahlreiche Beispiele im Buch der Offenbarung finden. Singen, Rufen und Klatschen werden im Geist freigesetzt – so wie in den Psalmen Davids, auf dem der Geist blieb.

Vor allem ist der Geist die erste „Anzahlung" der zukünftigen Auferstehung, der Erlösung unseres Leibes (2 Kor 5,1-5). Es war seine Kraft, die Jesus in einem „herrlichen Leib" (Röm 1,4) aus den Toten auferweckte, und in derselben Kraft werden wir unseren unsterblichen Leib anziehen (1 Kor 15,53; Phil 3,21).

Und jenseits davon liegen der neue Himmel und die neue Erde. So wie der Geist bei der ersten Schöpfung (1 Mose 1,2) das ausführende Organ der Dreieinigkeit war, wird er dieselbe Funktion sicherlich auch bei der „Erneuerung aller Dinge" (Mt 19,28; wörtl. a. d. Engl.) ausüben.

Taufe in Geist ist demnach also der Beweis der Rechtfertigung, die Voraussetzung für Heiligung und die Verheißung der Verherrlichung. Wenn das die Erfahrung der Geistestaufe nicht aufs Engste mit Errettung verbindet, dann weiß ich nicht, welche Elemente es sonst tun könnten!

**Dienst:** Ja, wir sind errettet, um zu dienen. Taufe in Geist geschieht zum Vorteil anderer, aber auch unserem eigenen. Wir sind dazu berufen, heilig und Jesu Zeugen zu sein. Der Geist schenkt uns die Kraft für beides. Sowohl die Schriften des Lukas als auch die des Paulus betonen diese „Kraft zum Dienen", betrachten sie jedoch aus unterschiedlichen Blickwinkeln – die einander ergänzen und nicht widersprechen.

Paulus richtet sein Augenmerk auf das Dienen innerhalb der Gemeinde, wodurch sie in *qualitativer* Hinsicht aufgebaut wird (sein Wort „Erbauung" kann alternativ mit „Aufbau", wie bei einem Gebäude, wiedergegeben werden). Taufe in Geist setzt in jedem Glied Gaben frei, von denen der ganze Leib profitiert. Von diesen „geistlichen Gaben" (griech. *charismata*, von katholischen Gelehrten als „Gnadengaben" bezeichnet, was eine sehr gute Übersetzung ist) können nur „Zungen" zur eigenen Erbauung genutzt werden (1 Kor 14,4); jedoch nur, wenn sie „ausgelegt", d. h. in eine bekannte Sprache übertragen werden, bauen sie auch andere auf (1 Kor 14,5). Alle übrigen Gaben sind zum Nutzen anderer da. Eine Gabe der Heilung wird nicht geschenkt, um aus dem Heiler etwas Besonderes zu machen, sondern um die Gesundheit anderer zu erhalten. Lukas würde dem nicht widersprechen. In den meisten seiner Berichte über Taufe in Geist wird sie als normaler Teil dessen gesehen, wie man Christ wird und sich einer Gemeinde anschließt.

Lukas konzentriert sich allerdings auf das Dienen außerhalb des Leibes, d. h. auf den Aufbau der Gemeinde in *quantitativer* Hinsicht. Sein Hauptinteresse gilt der

Kraft zum Zeugnis, der Verbreitung des Evangeliums. In seinem Bericht (Apg 4,13.29.31) hebt er „Kühnheit der Rede" (*parresia*) sogar noch mehr hervor als Zungen (*glossolalia*). Doch diese Kraft soll man sehen und hören, insbesondere in den „Zeichen" der Austreibung von Dämonen und der Heilung von Krankheiten, was ja die beiden häufigsten Symptome des Reiches Satans sind. Es wird auch noch spektakulärere Wunder geben – Totenauferweckung (Apg 10,40), Flucht aus einem Gefängnis (12,10; 16,26), Schiffbruch (27,27-44) und Giftschlangen (28,3-6). All das war „Power Evangelism", wie man es heutzutage manchmal nennt, und die Erfüllung der Verheißung Jesu, dass seine Nachfolger fähig sein würden, seine Wunder zu tun (Joh 14,12). „Wunderwirkungen" bzw. „Wunderkräfte" werden auch von Paulus als eine der regulären „Gaben" des Geistes bezeichnet (1 Kor 12,10).

Man kann die Unterschiede zwischen Lukas und Paulus also überbetonen, was einem ausgewogenen und umfassenden biblischen Verständnis sehr abträglich ist. Keiner von beiden würde sein Verständnis von „Kraft zum Dienen" auf innerhalb oder außerhalb der Gemeinde beschränken. Kehren wir zurück zu unserer Frage „Warum?", der Überschrift dieses Abschnitts: Der aus zwei Strängen geflochtene Faden – Errettung für mich selbst und Dienen für andere – zieht sich sowohl durch die Apostelgeschichte als auch durch die Briefe. Taufe in Geist bringt Reinheit und Kraft.

An diesem Punkt wird es uns helfen, das Kapitel noch einmal zusammenzufassen, indem wir die Überschriften

## LEHRMÄSSIGE DEFINITION

der einzelnen Abschnitte und Unterabschnitte in einer einfachen und leicht zu merkenden Übersicht zusammenstellen:

| | |
|---|---|
| Wer? | Täufer |
| | Gläubige |
| Wie? | Erfahrung |
| | Beweis |
| Wann? | Start |
| | Eingliederung |
| Warum? | Errettung |
| | Dienen |

Mit diesem Kapitel und dieser Übersicht sind wir beim Herzstück dieses Buchs angelangt. Es ist auch eine Art Wasserscheide: Alles, was bisher war, hat sich bis zu diesem Punkt aufgebaut und alles Weitere wird sich daraus ableiten. Von hier geht es nur noch „abwärts". Das heißt nicht, dass es weniger zum Nachdenken geben wird, aber zumindest werden die Kapitel kürzer! Man wird ihnen leichter folgen können, wenn man obige Übersicht im Hinterkopf behält.

Diese acht Elemente bilden eine Zusammenfassung, die alles abdeckt, was das Neue Testament über Taufe in Geist sagt. Der Rest des Buchs konzentriert sich mehr auf die Gemeinde als auf die Bibel und verfolgt diesen Aspekt ihrer Geschichte vom Ende des Ersten bis zum Ende des 20. Jahrhunderts und mündet schließlich in unserer aktuellen Situation, aber mit einer längerfristigen Perspektive. Um dem Leser Appetit zu machen, hier eine kurze Vorschau der ganzen Geschichte.

Wir werden mitverfolgen, wie das Verständnis von

Geistestaufe über viele Jahrhunderte hinweg einen stetigen Niedergang erlebte. Das eine oder andere der acht Elemente blieb zwar erhalten, aber das ganze achtteilige Konzept ging verloren. Allerdings wurde es ab dem 17. Jahrhundert wieder neu entdeckt und es sah so aus, als sei es bis zum 20. Jahrhundert komplett wiederhergestellt worden. Doch in der Anfangsphase des dritten Jahrtausends gewinnt man den Eindruck, dass diese Wiederherstellung ins Stocken geraten ist. Wir müssen uns fragen, warum.

Aber wir werden auch positive Entwicklungen beleuchten und uns die Bemühungen zur Schaffung einer integrierten *Theologie* der Geistestaufe vor Augen führen, ohne die sie höchstwahrscheinlich nie auf Dauer fest verankert werden wird. Anschließend werden wir uns den nicht unerheblichen Problemen im Zusammenhang mit der *praktischen Anwendung* von alledem im heutigen Gemeindeleben stellen müssen.

Wir schließen mit einem Plädoyer für die Versöhnung der gravierenden Unstimmigkeiten zu diesem Thema, die zwischen sakramentalen, evangelikalen und pfingstlichen Strömungen vorhanden sind, mit der Begründung, dass keine in allen Punkten Recht hat, aber alle teilweise Recht haben (und teilweise Unrecht). Man kann nur versuchen, sich auszumalen, welche Auswirkungen es haben wird, wenn alle drei Strömungen zu Beginn dieses neuen Jahrhunderts, ja Jahrtausends, vereint einer zerrissenen und verzweifelten Welt verkünden: „Jesus wird euch in einem heiligen Geist taufen."

# 5

# Die traditionelle Lehre

Wie ist es den acht biblischen Elementen der Geistestaufe in der zweitausendjährigen Kirchengeschichte ergangen? Hielt man sie zusammen? Behielt man sie überhaupt bei?

Die gesamte Zeitspanne kann grob (sehr grob) in fünf Phasen eingeteilt werden:

1. Erstes bis fünftes Jahrhundert, in denen die Taufe in Geist, mehr oder weniger, in ihrer ursprünglichen Form fortbestand, aber tendenziell immer mehr an Bedeutung verlor.
2. Sechstes bis 16. Jahrhundert, in denen die Erfahrungsdimension (das „Wie?") verloren ging; bezeichnenderweise fehlt gleichzeitig auch die Terminologie der Taufe, die durch rituelle Handlungen ersetzt wurde.
3. 17. bis 19. Jahrhundert, in denen die Terminologie wiederhergestellt wurde, wie auch die Erfahrungsdimension; das Wesen der Geistestaufe als Einführung ins Glaubensleben ging jedoch verloren und sie wurde zu einem „zweiten" Werk der Gnade (es entstand also Verwirrung über das „Wann?").
4. 20. Jahrhundert, in dem sie, mit Entstehung der

„Pfingstbewegung", für mehr Gesprächsstoff sorgte und häufiger erlebt wurde als jemals zuvor, aber es fehlte ihr jeglicher Zusammenhang zur Errettung (die eine Hälfte des „Warum?" fehlte).
5. Zu Beginn des 21. Jahrhunderts ist ein plötzlicher und eklatanter Schwund der eigentlichen „Taufdimension" (das „Wer?") festzustellen und zwar innerhalb der älteren wie auch der jüngeren Gemeinden, die eigentlich damit begonnen hatten, Wert auf die Geistestaufe zu legen; meist führt dies gleichzeitig dazu, dass auch die anderen Dimensionen verschwinden, außer in den Pfingstdenominationen (doch sogar einige von ihnen sind sich nicht immer so sicher, wie sie es sein sollten).

Diese Entwicklung im Detail nachzuvollziehen würde den Rahmen einer Betrachtung dieses Umfangs sprengen. Nachforschungen dieser Art wurden jedenfalls angestellt (und ich werde im weiteren Verlauf ein oder zwei Publikationen zu diesem Thema zitieren).

Die groben chronologischen Abläufe sollen zwar berücksichtigt werden, aber es wird Zeit und Platz sparen, wenn wir die Entwicklungen thematisch aufzeigen und hervorheben, *welche* Veränderungen eintraten, ohne ganz genau festzuhalten, *wann*. In jedem Fall ist das Bild weitaus komplexer als unser Abriss vermuten lässt. Es handelt sich nie um totale Veränderungen. Jede der Phasen hat in irgendeinem Teil der Gemeinde noch bis heute Bestand, so dass man in der momentanen Szene „mittelalterliche" und „moderne" Konzepte Seite an Seite vorfindet. Im Grunde rekonstruieren wir die

# DIE TRADITIONELLE LEHRE

Ursprünge der verschiedenen Sichtweisen, die heute in der Gemeinde vertreten werden.

Halten wir zunächst einmal fest, dass Taufe in Geist in den ersten paar Jahrhunderten Bestand hatte. Sie hielt sich weit über jene Periode hinaus, die vom Neuen Testament abgedeckt wird (im Großen und Ganzen das erste Jahrhundert). Man findet sie noch nach der Entstehung des neutestamentlichen „Kanons" (d. h. der endgültigen Anerkennung der Bücher, die von den vielen damals im Umlauf befindlichen tatsächlich einen „apostolischen" Inhalt hatten und für die Kirche als maßgebliche „Schriften" gelten sollten – ein Konsens, der endgültig im Jahr 367 erzielt wurde, als Athanasius die zweiundsiebzig Bücher aufführte, die uns heute vertraut sind). Eine weit verbreitete Theorie behauptet, übernatürliche Phänomene wie Taufe in Geist und Gaben des Geistes seien überholt gewesen, sobald der Kanon fertig gestellt war, und infolgedessen seien sie ausgestorben (der Fachbegriff dafür lautet „Cessationismus"). Augustinus vertrat diese Anschauung, wenngleich er in den letzten Jahren seines Lebens seine Meinung änderte, nachdem er Heilungen miterlebt hatte; aber es war seine frühere Sicht der Dinge gewesen, die von Protestanten wie Katholiken aufgegriffen wurde.

Zweifellos gibt es Indizien für einen Rückgang, aber nicht bis zum völligen Aussterben. Die beste Forschungsarbeit zu diesem Thema, die ich kenne, wurde von den beiden katholischen Experten Kilian McDonnell und George T. Montague veröffentlicht (*Christian Initiation and Baptism in the Holy Spirit*, Liturgical

Press, 1991). Sie enthält eine Liste von „Kirchenvätern" oder „Doktoren", die über Geistestaufe sprechen, unter anderem Tertullian in Nordafrika, Hilarius in Gallien, Kyrill in Jerusalem, Basilius in Kappadokien, Gregorius von Nazianzus in Konstantinopel, Philoxenus in Mabbug, Johann der Einsiedler in Apamea, Joseph Hazzaya im heutigen Irak, Johannes Chrysostomos in Jerusalem und Severus in Antiochia – sowohl in zeitlicher als auch in räumlicher Hinsicht eine sehr beeindruckende Aufzählung, die bis ins sechste Jahrhundert hineinreicht.

Die Autoren finden sogar noch eine andere Quelle, Jahrhunderte später, und zwar Symeon, den „Neuen Theologen", der Geistestaufe als die „zweite Erfahrung" bezeichnete. Andere hatten von der „zweiten Taufe", ja sogar von der „dritten Geburt" gesprochen! Die zitierten Quellen machen deutlich, dass man die Geistestaufe als konkrete und bewusste Erfahrung verstand, mit inspirierter Rede als äußerlichem Beweis (die Autoren bezeichnen dies als „prophetische Charismen", ein Begriff, der anderen in nichts nachsteht). Charakteristisch ist auch der enge Zusammenhang mit Wassertaufe, wobei man nicht vergessen darf, dass in jener Zeit die „Katechumenen", wie man die Taufbewerber nannte, zur Vorbereitung auf den alljährlichen österlichen Taufgottesdienst eine monatelange „Katechese" (Unterweisung) erhielten, was ohne jeden Zweifel eine Erwartungshaltung im Hinblick auf den Empfang des Geistes förderte.

Doch all das Material darf nicht verschleiern, dass die Erfahrung gleichzeitig immer mehr verebbte. Das wird der offiziellen Reaktion auf den „Montanismus" zugeschrieben, ein früher „pfingstlicher" Aufbruch, der in sich eine Reaktion auf den zunehmenden Formalismus und Institutionalismus der Kirche war, aber infolge nicht geprüfter Prophetien zweier Frauen zu Extremen und Exzessen neigte. Dies mag wohl eine Rolle gespielt haben, aber es gibt eine noch viel naheliegendere Ursache (siehe unten).

Mit der Taufe in Geist schwanden auch die Gaben des Geistes, nach und nach, aber nicht vollständig. Forschungsergebnisse zu dieser Thematik findet der Leser in dem englischsprachigen Werk *Charismatic Gifts in the Early Church* von Professor Ronald Kydd (Hendrickson, 1984). Die beiden – Taufe in Geist und die Gaben des Geistes – gehen immer Hand in Hand. Wo Geistestaufe nicht aus Überzeugung gepredigt und ohne Hindernisse erlebt wird, verschwinden meist auch die Gaben.

Wir müssen weitergehen. Wie gesagt wird unser Ansatz mehr thematischer als chronologischer Natur sein, auch wenn durchaus Bezüge zur historischen Entwicklung hergestellt werden. Wir werden verfolgen, wie ein zentrales Element nach dem anderen verschwand, und dabei jeweils das erste Wort der vier Begriffspaare aus unserer Übersicht am Ende des vorigen Kapitels aufgreifen (z. B. „Erfahrung" unter „Wie?", „Start" unter „Wann?" etc.).

## DIE ERFAHRUNG GING VERLOREN

Die erste Dimension, die verschwand, war die Tatsache, dass Taufe in Geist von ihrem Wesen her eine Erfahrung ist; gleichzeitig verschwanden ihre nachweislichen Begleiterscheinungen. An die Stelle der Erfahrung traten andere Dinge, die zu einer Art Ersatz wurden. Man glaubte immer noch, dass es geschehe, allerdings in einer Form, die es nicht mehr erforderte, sich des Geschehens wissentlich bewusst zu sein. Taufe in Geist wurde zu einem automatischen und zwangsläufigen Resultat anderer Aktivitäten.

Es gibt zwei Beispiele für diesen Wandel. Zeitlich gesehen ist das erste das sogenannte „sakramentale Beispiel", das vor allem, wenn auch nicht ausschließlich, die Römisch-Katholische Kirche charakterisiert. Später kam das sogenannte „evangelikale Beispiel", eine Folge der protestantischen Reformation. Die beiden weisen Ähnlichkeiten, aber auch Unterschiede auf.

**Sakramental:** In diesen frühen Jahrhunderten wurde die Kirche mehr zur Institution, vor allem, nachdem sich der römische Kaiser bekehrt hatte und das Christentum die „etablierte" Religion wurde und noch mehr, als die kaiserliche Macht zusammenbrach und die Kirche ihren Platz einnahm (der Bischof von Rom, den man später „Papa" oder „Papst" nannte, übernahm Ornat und Titel des Kaisers!).

Die Gottesdienste wurden formeller. Der geistliche Dienst wurde professioneller, indem man die Kirche in „Klerus" und „Laien" unterteilte, und hierarchischer, indem die charismatischeren Apostel und Propheten durch Erzbischöfe und Bischöfe ersetzt wurden. Vor allem beanspruchte diese neue „Priesterschaft" das Monopol beim Austeilen der Sakramente (wir sprechen von „Priesterherrschaft"), durch die den Menschen die Gnade Gottes vermittelt wurde. Es war wahrscheinlich unvermeidlich, dass Taufe in Geist mit diesen sakramentalen Darreichungen gleichgesetzt und letztlich durch sie ersetzt wurde. Wir werden uns drei davon näher ansehen.

*Kindertaufe*: Der Hauptgrund für den Verlust der Erfahrungsdimension liegt meines Erachtens darin, dass man die Wassertaufe von erwachsenen „Katechumenen" (Taufbewerbern), die im Vorfeld eingehend unterwiesen wurden, auf Babys übertrug, denen man keinerlei Vorbereitung angedeihen lassen konnte. Dies hatte unweigerlich zur Folge, dass nun ein enormer zeitlicher Zwischenraum zwischen Wasser- und Geistestaufe lag und damit die enge neutestamentliche Verschränkung der beiden zunichte gemacht wurde. Die Gründe für diese radikale Verlagerung habe ich an anderer Stelle erörtert (einer war die Lehre des Augustinus, Taufe habe etwas mit der vererbten „Ursünde" zu tun und nicht mit tatsächlich verübten Sünden, weshalb sie die Babys vor der Hölle rette), aber sie sind hier für uns nicht direkt relevant. Entscheidend ist, welche Auswirkungen diese Veränderung hatte.

Kurz gesagt: Letztendlich führte dies dazu, dass man auch Taufe in Geist auf Babys übertrug! Das bedeutete jedoch, dass man sowohl die Erfahrung als auch den Beweis zurückließ, weil bei Babys weder das eine noch das andere geschah. Ganz einfach formuliert lässt sich sagen, dass man zu der Überzeugung gelangte und dies auch lehrte, dass Babys gleichzeitig in Wasser und in Geist getauft würden, allerdings gewissermaßen ohne das „zierende Beiwerk". Es war dann nur noch ein kleiner Schritt, die beiden Taufen als ein und dasselbe zu verstehen und darzustellen.

So sehen es heute die meisten Katholiken, einschließlich derer, die sich als Charismatiker bezeichnen. Einige (wie der bereits erwähnte Kilian McDonnell) behaupten, Babys hätten einen „Sinneseindruck" von Geistestaufe, würden sie aber erst viel später „spüren"– keine sehr überzeugende Unterscheidung.

In der Praxis hat die Wassertaufe, insbesondere die Kindertaufe, die Geistestaufe ersetzt, obwohl dem Neuen Testament ganz klar zu entnehmen ist, dass die beiden weder zeit- noch bedeutungsgleich sind.

*Chrismation:* Diese weniger weit verbreitete Praxis wurde ebenfalls zunächst an Erwachsenen vollzogen und ging dann später, zusammen mit der Wassertaufe, auf Babys über. Es handelt sich dabei um eine Salbung mit Öl, meist auf der Stirn (ein *chrisma* [Salbung], wovon sich unsere Worte „Christus" und „Christ" ableiten), auch Myronsalbung genannt. Sie wurde gelegentlich vor, meist jedoch nach der Wassertaufe gespendet, als ein Symbol für den Heiligen Geist (wie in der Bibel), galt jedoch auch als sakramentaler Kanal, durch den der Geist zugeteilt wurde.

Es gibt natürlich keine Bibelstelle, die die Notwendigkeit untermauern würde, jemanden mit Öl zu salben, damit er den Geist empfängt (auch wenn es diese Salbung im Zusammenhang mit Krankenheilung gibt; Jak 5,14-15). Doch wenige Tage, bevor ich diese Zeilen schrieb, bekam ich einen Brief von einem Geschäftsmann, der gerade eben auf genau diese Art und Weise den Geist empfangen hatte (das einzig Verständliche, was man zwischen dem Wortschwall, der sich aus seinem Mund ergoss, hatte hören können, war ein wiederholtes „Danke, Herr" gewesen). Ich befürworte allerdings nicht den Gebrauch von Öl. Ich erwähne das nur, um den Grund zu verdeutlichen, warum es ursprünglich eingeführt worden war.

Wie bei der Kindertaufe ging auch bei der Chrismation die Erwartung einer Erfahrung verloren, sobald man sie auf Babys übertrug, wenn nicht schon früher. Man glaubte, die äußerliche Handlung sei ausreichend, ohne dass noch etwas anderes geschah. Wieder war ein sakramentaler Akt zum Ersatz geworden.

*Konfirmation:* Diese Praxis hat sich zu etwas viel Gebräuchlicherem entwickelt. Sie beruht auf dem biblischen Zusammenhang zwischen Handauflegung und Geistestaufe und – man geht noch einen Schritt weiter – auf der Annahme, dass sie aufgrund von Apostelgeschichte 8 ein „apostolisches" Vorrecht sei (obwohl es in Apostelgeschichte 9 Hananias tut!) und jetzt nur von „Bischöfen" in „apostolischer Nachfolge" getan werden dürfe; diese „apostolische Nachfolge" oder „Sukzession" sei eine physische Verbindung zu den ursprünglichen Aposteln durch eine vorgestellte, von Generation zu Generation weitergegebene Abfolge von

Handauflegungen (allerdings weiß man inzwischen, dass die „Dekretale" [päpstlichen Antwortschreiben], die diese Kontinuität konstatieren, Fälschungen sind).

Da man die Taufe auf Babys übergehen ließ, wurde es nötig, eine Zeremonie für die Konfirmation Erwachsener einzuführen, als ergänzende Anerkennung der bewussten Annahme dessen, was zuvor ohne Zustimmung der Person geschehen war (in der Bibel findet sich nicht die Spur davon, dass dies notwendig sei, auch wenn man dort Handauflegung nach der Taufe findet, in aller Regel unmittelbar danach). Die Konfirmation war im Vergleich zur Taufe immer etwas Sekundäres – die Bischöfe tauften und die Priester vor Ort konfirmierten. Doch diese Praxis und damit auch deren Bedeutung haben sich inzwischen praktisch allenthalben umgekehrt.

Wiederum hat der Akt die Erfahrung ersetzt, auch wenn er Erwachsenen zuteilwird! Der Wortlaut der Konfirmationsliturgie offenbart die biblische Erwartung, dass der Geist durch Handauflegung gegeben wird; trotzdem erwarten nur die allerwenigsten, dass bei einem Konfirmationsgottesdienst irgendetwas geschieht, obwohl ich weiß, dass viele die Hoffnung haben, in dem Augenblick „etwas zu fühlen" oder nachher „anders" zu sein, Hoffnungen, die in aller Regel rasch verblassen. Ich weiß jedoch von einem anglikanischen Bischof, dem es wichtig war, jedem Kandidaten persönlich zu begegnen, *bevor* er ihn konfirmierte, um sicherzugehen, dass er oder sie bereits ein bußfertiger Gläubiger war, und ihnen die ganze Wahrheit über Taufe in Geist zu erzählen, damit sie dann auch die Erwartung hätten, tatsächlich zu „empfangen". Die Gemeinden staunten nicht schlecht, als sie die Resultate „sahen und hörten"! Wenn nur alle Bischöfe dasselbe täten! Das würde mich „fast überzeugen", mich der anglikanischen Denomination anzuschließen. Ich sagte „fast"! Ich würde es gerne sehen, wie die Wassertaufe in ihren engen Zusammenhang mit solchen Geistestaufen zurückgeführt wird (wie es in vielen Fällen geschieht, da die Zahl der Kindertaufen zurückgeht und die Zahl der Erwachsenenbekehrungen zunimmt).

In den drei genannten Fällen ist ausnahmslos ein sakramentaler Akt ohne Erfahrungsinhalt und Beweis zum Ersatz für Taufe in Geist geworden. So ist es keine Überraschung, dass auch die Terminologie verschwunden ist. Die neutestamentlichen Synonyme („fallen auf", „eintauchen" „ausgießen" etc.) erscheinen unrealistisch und unangemessen. Anstelle von „Hast du den Geist empfangen?" fragt man „Bist du als Kind getauft worden?" oder „Bist du konfirmiert worden?" Wir haben uns meilenweit von den Aposteln entfernt!

***Evangelikal:*** Die protestantischen Reformatoren und ihre Nachfolger schlugen einen ganz anderen Kurs ein. Ihre Lehre hatte zwei primäre Schwerpunkte.

Einerseits stand für sie Christus im Mittelpunkt und sie konzentrierten sich auf die zweite Person der Dreieinigkeit, was mit einer relativen Vernachlässigung der dritten einherging. So enthält beispielsweise Calvins Hauptwerk *Unterweisung in der christlichen Religion (Institutio Christianae religionis)* weniger als zwanzig Seiten über den Heiligen Geist (doch zweihundert über die Zehn

Gebote, weshalb seine „Calvinistischen" Nachfolger ganz besonders anfällig für Gesetzlichkeit sind, wofür der traditionell schottische Sabbat nur ein Beispiel wäre).

Andererseits stand für sie der Glaube im Mittelpunkt und sie konzentrierten sich auf die wiederentdeckte Lehre von der „Rechtfertigung durch Glauben", der Luther, Pelagius folgend, noch das Wort „allein" hinzufügte, was erhebliche Verwirrung stiftet. Tatsächlich verwendet die Schrift das Wort „allein" nur ein einziges Mal im Zusammenhang mit der Rechtfertigung durch Glauben und zwar um das genaue Gegenteil dessen zu konstatieren, worum es Luther ging: *„Ihr seht also, dass ein Mensch aus Werken gerechtfertigt wird und nicht aus Glauben allein"* (Jak 2,24). Kein Wunder, dass Luther den Jakobusbrief als „strohene Epistel" bezeichnete und seine Entfernung aus dem Neuen Testament befürwortete!

Diese starke Betonung von „aus Glauben allein" musste zwangsläufig Fragen im Hinblick auf Sakramente aufwerfen, insbesondere bei der Kindertaufe. Luther nannte sie anfangs die Taufe der „Ungläubigen", sagte dann, der Glaube der Kirche verleihe ihr Wirksamkeit und forderte zuletzt jedermann heraus zu beweisen, dass ein Baby keinen Glauben habe!

Doch „allein der Glaube an Christus" hatte auch Auswirkungen auf Taufe in Geist, gekoppelt mit einer vergleichsweise dürftigen Lehre über den Heiligen Geist. In der Tat fällt auf, dass „pfingstliche Terminologie", wie wir den neutestamentlichen Sprachgebrauch genannt haben, in den Schriften der Reformatoren fehlt. Nirgendwo wird Jesus als der Täufer in Geist bezeichnet und nirgendwo

## DIE TRADITIONELLE LEHRE

heißt es, dass Gläubige in Geist getauft wurden.

Der Start ins Christenleben wird theologisch als „Wiedergeburt" beschrieben, die neue Geburt. Dies wurde natürlich dem Wirken des Heiligen Geistes zugeschrieben. „Aus dem Geist geboren" war ein häufiges Zitat (Joh 3,6.8), „in bzw. im Geist getauft" nicht.

*Bekehrung:* Sie wurde der evangelikale Ersatz für Geistestaufe, auch wenn es die meisten Evangelikalen so nicht formulieren würden. Sie würden vielmehr sagen: „Bekehrung *ist* Taufe in Geist." Indem sie diese Gleichung aufstellen, lassen sie in ihrer Definition zwangsläufig Erfahrung und Beweis unter den Tisch fallen.

„An Jesus glauben" und „den Geist empfangen" werden zu einem Ausdruck miteinander verschmolzen, der im Rahmen evangelikaler Evangelisation häufig verwendet wird: „Jesus annehmen" (im Englischen *„to receive Jesus";* vgl. Fußnote auf S. 95; Anm. d. Übers.). Während dem sakramentalen Ansatz zufolge Wassertaufe dasselbe ist wie Geistestaufe, ist dem evangelikalen Ansatz zufolge Glaube an Jesus dasselbe wie Taufe in Geist.

Beide Ansätze haben denselben Effekt: Jesus wird nicht mehr als der Täufer in Geist gepredigt und Gläubige werden nicht mehr als Menschen beschrieben, die in Geist getauft werden. Weil jede äußerlich wahrnehmbare Erfahrung fehlt, wirkt die „pfingstliche Terminologie" („fallen auf", „eintauchen" „ausgießen" etc.) wiederum so unangebracht, dass sie keine Verwendung mehr findet.

„Wiedergeboren" wird das Lieblingswort, um den Start in das Christenleben zu beschreiben, obwohl es im Neuen Testament nur fünfmal vorkommt und dann auch nur im „privaten Rahmen" innerhalb der Gemeinde (die Unterhaltung mit dem jüdischen Theologen Nikodemus ist die einzige Ausnahme). „In Geist getauft" kommt dagegen siebenmal vor und zwar in einem Kontext, der „öffentlicher" nicht sein könnte.

Wenn man Evangelikale darauf anspricht, warum sie diese Formulierung nicht verwenden, antworten sie, dass sie an „Taufe in Geist" als Äquivalent für „Bekehrung" glauben, es aber dennoch in ihren Predigten nicht verwenden, vor allem jetzt, da es durch die „pfingstliche" Strömung eine andere Konnotation bekommen hat. Doch wenn sie glauben, letztere irre sich, sollten sie dies ohne jeden Zweifel korrigieren, indem sie die „pfingstliche Terminologie" der Schrift verwenden und zwar in der in ihren Augen richtigen Bedeutung anstatt sie komplett zu vernachlässigen. Dass sie schweigen, legt den Schluss nahe, dass ihnen ein solcher Sprachgebrauch im Grunde genommen peinlich ist, vermutlich weil er Assoziationen mit der Apostelgeschichte weckt, die nie von „Wiedergeburt" oder „von neuem geboren werden" spricht, sondern sich auf die beiden (voneinander verschiedenen) Aspekte des Glaubensbeginns konzentriert – an Jesus glauben und den Geist empfangen.

Da Geistestaufe in ihrem Denken keinen Raum findet, haben sie unweigerlich auch die übernatürlichen Gaben des Geistes vernachlässigt. Augustinus und den Reformatoren folgend, sind die meisten Evangelikalen „Cessationisten", die glauben, dass solche außergewöhnlichen Fähigkeiten schon vor langer Zeit aufgehört haben, entweder mit dem Tod der Apostel oder

## DIE TRADITIONELLE LEHRE

mit der Fertigstellung des neutestamentlichen Kanons. Erst in jüngerer Zeit ändert sich diese Anschauung.

Es sei nebenbei erwähnt, dass sich eine exzessive Betonung von „aus Glauben allein" auch sehr schädlich auf das Bußverständnis auswirkt. Bestenfalls gestatten Evangelikale, dass Buße in *Worten* ausgedrückt wird (in Form eines kurzen nachgesprochenen „Bußgebets"), während sie sich dem Anschein nach nicht dazu durchringen können, darauf zu bestehen, dass sich Buße in *Taten* niederschlagen muss (so wie Paulus es, dem Beispiel von Johannes dem Täufer folgend, tat; Lk 3,8; Apg 26,20). Für einen Evangelikalen kommt dies einer Verschränkung von Werken und Glaube gefährlich nahe.

Es ist an der Zeit, dass wir diesen Verlust der Erfahrungsdimension der Geistestaufe, sowohl in sakramentalen als auch in evangelikalen Strömungen, hinter uns lassen, der in der Gemeinde Jesu doch recht lange gang und gäbe und allgemeingültig war. Diese Situation hat sich in den vergangenen Jahrhunderten geändert.

### DER START IN DEN GLAUBEN GING VERLOREN

Zwischen dem 17. und dem 19. Jahrhundert kehrte die Sprache der Geistestaufe schrittweise wieder auf die Kanzeln christlicher Kirchen und Gemeinden zurück. Das lag bezeichnenderweise daran, dass man die Geistestaufe allmählich wieder als unverwechselbare Erfahrung verstand, die sich von Buße, Glaube oder Wassertaufe unterscheidet.

Doch diese Wiederentdeckung hatte auch eine

Kehrseite: Taufe in Geist wurde vom Einstieg in das Glaubensleben losgelöst und im Laufe dieses Zeitraums immer mehr zu einer „subsequenten", d. h. „später folgenden" oder „zweiten" Phase, die man mehr zur Heiligung in Beziehung setzte als zur Rechtfertigung. Wir werden diese Entwicklung Revue passieren lassen, indem wir unser Augenmerk auf zwei Gruppierungen richten.

**Puritaner:** Wahrscheinlich verdanken wir die Wiederentdeckung der „Taufe in Geist" den Puritanern des 17. Jahrhunderts.

Es ist überflüssig, dies im Detail zu schildern, da darüber bereits andere Werke verfasst wurden. Ich verweise auf die exzellente Forschungsarbeit von Michael Eaton und seine theologische Doktorarbeit an der Universität von Südafrika, die unter dem Titel *Baptism with the Spirit, the Teaching of Martyn Lloyd-Jones* (Inter-Varsity Press, 1989) erschien. In seinen Augen ist der verstorbene Kirchenmann der Westminster Chapel in London der beste moderne Vertreter puritanischen Denkens, doch sein Buch ist deshalb für unsere Zwecke so wertvoll, weil er zudem die Anschauungen der frühen Puritaner gründlich untersucht und dabei bis zu Johannes Calvin zurückgeht, den die meisten von ihnen als einen ihrer geistlichen Väter bezeichnen. Seine Recherchen gehen bis zu Jonathan Edwards, der als Erweckungsprediger in New England wirkte, und beleuchten „zwischendrin" Männer wie Richard Sibbes, Thomas Goodwin und John Owen.

Wir interessieren uns dafür, welchen Sinn und welche

Bedeutung diese Männer der Taufe in Geist beimaßen. Dass der Autor statt „in Geist" lieber „*mit* Geist" sagt und es eher vermeidet, Jesus als Täufer zu bezeichnen, mag von Bedeutung sein oder auch nicht. Das puritanische Verständnis von Geistestaufe lässt sich jedenfalls wie folgt zusammenfassen:

1. Sie ist eine *definitive* Erfahrung. Sie mag sogar als eine „überwältigende" Erfahrung gelten, bei der der Empfangende mit einem Empfinden der göttlichen Gegenwart um ihn herum und in seinem Inneren regelrecht überflutet wird (man bedient sich hier gern einer „flüssigen" Begrifflichkeit).

2. Sie ist eine *subsequente, d. h. später folgende* Erfahrung. Sie unterscheidet sich klar von der Wiedergeburt, auch wenn es, wie einige anmerken, durchaus denkbar ist, dass sie zur gleichen Zeit oder zumindest kurz danach erfolgt. Doch man kann und muss komplett wiedergeboren sein, bevor sie geschehen kann.

3. Sie ist eine *bestätigende* Erfahrung. Ihre Hauptfunktion besteht darin, dem Wiedergeborenen ein hohes Maß an Gewissheit zu schenken. Aus diesem Grund wurde sie von Puritanern häufig als „Siegel" bezeichnet, der göttliche „Stempel" auf all jenen, die er gerechtfertigt hat.

4. Sie ist eine *offensichtliche und selbstverständliche* Erfahrung. Doch in diesem Punkt neigten die Puritaner dazu, von dem „Beweis", der in der Schrift im Zusammenhang mit Geistestaufe gesehen wird,

abzuweichen. Sie betonten die Frucht, insbesondere Überschwänglichkeit und Zuversicht, stärker als irgendeine prophetische Begabung. Doch beide trügen dazu bei, dass das Zeugnis effektiver würde, auch wenn dies in ihren Augen eher von der Kanzel erfolgte, wo ihnen eine „gesalbte" Predigt – eine Predigt mit „Salbung"– wichtig war.

Das von Dr. Lloyd-Jones selbst verfasste Buch zu diesem Thema trägt den bezeichnenden Titel *Und volle Freude bricht auf* (Dynamis Verlag, Kreuzlingen, 1988). Viele seiner Anhänger nahmen schockiert zur Kenntnis, dass er so scharf zwischen Bekehrung und Taufe in Geist unterschied; sein denkwürdiger Kommentar dazu lautete: „Du hast schon alles bei der Bekehrung bekommen? Wo ist denn das alles?" Dass seine Wurzeln bis in die Waliser Erweckung zurückreichten, hatte sein Denken geprägt, wie auch seine calvinistische Betonung der Souveränität Gottes. Soweit ich weiß, war es nicht seine Gewohnheit, Leuten die Hände aufzulegen, damit sie die Geistestaufe empfingen.

Was die Gaben des Geistes anbetraf, waren die Puritaner tendenziell eher „Cessationisten" und pflegten deshalb eine eher „gewöhnliche" Neuinterpretation der Gaben: Prophetie begriff man als „gesalbte" Predigt (allerdings beschränkt auf Männer; vgl. 1 Kor 11,5 mit 1 Tim 2,12). Heilung war auf Gebet für Kranke beschränkt. „Zungen" war die Fähigkeit, rasch eine Fremdsprache zu erlernen, um auf dem Missionsfeld dienen zu können.

Zusammenfassend lässt sich sagen, dass die Puritaner einige, wenn auch nicht alle der acht biblischen

Dimensionen wiederentdeckten, die wir in Kapitel 4 aufgelistet haben: Sie sprachen frei heraus von Taufe in Geist für Gläubige, zögerten jedoch, Jesus als Täufer zu bezeichnen. Sie sahen die Geistestaufe als eine Erfahrung, doch den „prophetischen" Beweis dafür griffen sie nicht auf (ihr Beweis war mehr innerlich als äußerlich). Sie trennten sie vom Start ins Glaubensleben und von der Eingliederung in die Gemeinde(1. Korinther 12,13 verstanden sie als Bezugnahme auf Wiedergeburt, nicht auf Geistestaufe). Sie sahen in ihr eine direkte Unterstützung zum Dienst, waren sich jedoch unsicher darüber, inwieweit sie – außer dass sie die Rechtfertigung bestätigt und zur Evangelisation motiviert – mit der Errettung zusammenhängt.

Das große Plus war jedoch, dass Taufe in Geist wieder auf der Tagesordnung stand. Doch im 18. und 19. Jahrhundert sollte sie recht sonderbare Züge annehmen.

**Heiligung:** Die „Evangelikale Erweckung" des 18. Jahrhunderts sollte dieser Veränderung den Weg bereiten. Der erste maßgebliche Exponent, der Calvinist George Whitefield, behielt das puritanische Verständnis von Geistestaufe als Bestätigung der Rechtfertigung bei. Die Arminianer John und Charles Wesley, die die Erweckung weiterführten, als Whitefield nach Amerika ging, sollten sie mit Heiligung in Beziehung setzen, obwohl die beiden eigentlich nie von „Taufe in Geist" redeten und wenn, dann nur sehr allgemein und vage.

Es geschah Folgendes: Die Wesley Brüder strebten nach Heiligung, bevor sie Rechtfertigung kannten. Als

Studenten in Oxford, wo Whitefield eine Art Tischdiener des College war, gründeten sie und er etwas, das sie als „The Holy Club" („Der Heilige Club") bezeichneten; andere gaben ihnen wegen ihrer disziplinierten Andachten, ihrer Zeitpläne und ihrer Sozialfürsorge den Spitznamen „Methodisten". Erst nachdem sie als Missionare in der Neuen Welt gescheitert waren, gelangten John und Charles im Mai 1738 zu einer wahren Erkenntnis der „Sündenvergebung und Hoffnung auf den Himmel". Bei einer Gebetsnacht im darauffolgenden Januar „fiel" der Geist in einer denkwürdigen Art und Weise auf sie.

Auf dem Sterbebett sagte ihr Vater: „Das innere Zeugnis, Sohn. Das ist der Beweis, der stärkste Beweis für das Christentum." Johns Predigten und Charles' Hymnen sind voller Gewissheit mit einer starken Betonung des Heiligen Geistes. Doch ihr Streben nach Heiligung gaben die Brüder nie auf. John glaubte, Gott habe den Methodismus entstehen lassen, „um im ganzen Land biblische Heiligung zu verbreiten". Er war nicht damit zufrieden (Whitefield wohl schon), dass sich Tausende bekehrten. Er organisierte sie in „Districts" („Distrikte"), „Circuits" („Bezirke"), „Societies" („Gesellschaften"), „Classes" („Klassen" aus 12 Personen) und „Bands" (Kleingruppen aus 5-10 Personen), damit sie dort einander zu einem heiligen Leben ermutigen konnten.

Aber er entwickelte eine charakteristische Heiligungslehre, die die Menschen dazu ermutigte, eine zweite „Wendepunkt-Erfahrung" im Christenleben zu erwarten (die erste ist die Bekehrung), die sie von jeder ihnen bekannten Sünde befreien und das Herz mit

„vollkommener Liebe" erfüllen würde, wodurch kein Platz mehr für das Ego oder Sünde bliebe. So etablierte sich das Zwei-Phasen-Konzept der Errettung mit zwei „Gipfelerfahrungen": eine der Rechtfertigung und eine der Heiligung. Dieses „Schema" sollte massive Auswirkungen haben, die bis in unsere heutige Zeit hineinreichen.

Während Wesley diese „christliche Vollkommenheit", wie er sie kühn nannte, als ein „Erfüllt-Sein mit dem Heiligen Geist" ansah, nannte er die zweite Phase nicht „Taufe im Heiligen Geist". Das blieb einem seiner Kollegen überlassen, Flêcher aus Nyon am Genfer See in der französischen Schweiz (ich hatte das Vorrecht, einmal dort in seiner Kirche zu predigen, die bis auf den allerletzten Platz voll war; er war so berühmt, dass man die Straße vor der Kirche nach ihm „Rue de Flêcher" benannte). Nachdem er als Vikar ins englische Cheshire gekommen war, kannte man ihn als „Fletcher of Madeley" und er stand bald im Ruf, „der heiligste Mann von ganz England" zu sein. Nach Wesleys Wunsch sollte er nach ihm den Methodismus weiterführen, doch Fletcher starb vor ihm. Fletcher war der allererste, der den zweiten Segen der „völligen Heiligung" als „Taufe im Geist" bezeichnete. Ihm war wohl kaum bewusst, was er damit getan hatte!

Um es auf den Punkt zu bringen: Diese Zwei-Phasen-Errettung, bei der die zweite Phase mit der Geistestaufe gleichgesetzt wurde, überquerte den Atlantik und brachte dort eine Vielzahl verschiedener so genannter „Heiligungsbewegungen" („Holiness-Movements") hervor, die unweigerlich zu Denominationen wurden, von denen einige inzwischen über denselben Ozean wieder zurückgekommen sind und andere überquerten.

Einer der bekanntesten Exponenten dieser Sicht der Dinge war der Evangelist und Lehrer Charles Finney, der sie tief in die amerikanische Seele einbrannte. Wie Wesley war auch er unzufrieden darüber, dass sich einfach nur viele Leute bekehrten. Zum Ende seines Lebens hin konzentrierte er sich darauf, Geistestaufe als die Erfahrung der „völligen Heiligung" zu propagieren. Jemand formulierte es einmal folgendermaßen: Die Sprache von Pfingsten verband sich nun in seiner Predigt mit der Sprache von Golgatha (vgl. *The Promise of the Spirit* von Charles G. Finney, eine Sammlung seiner letzten Predigten und Briefe, Bethany, 1980).

Bei Heiligungsversammlungen auf so genannten „Holiness Camp Meetings" in den Vereinigten Staaten wurde vielen eingeschärft, sich nach der Geistestaufe auszustrecken. Finney kam im Zuge von D. L. Moodys evangelistischen Großeinsätzen nach Großbritannien und legte sie den vielen Neubekehrten mit großem Nachdruck nahe. Ein Buch des Presbyterianers William Boardman mit dem bezeichnenden Titel *The Higher Christian Life* („Das höhere Christenleben") motivierte das Ehepaar Pearsall und Hannah Whitall Smith, in England ebenfalls solche Camp Meetings abzuhalten, zuerst in Oxford und Brighton, dann im Lake District, wo aus dem Camp später der Keswick-Kongress hervorging, der heute Ableger in aller Welt hat (obwohl sich die dortige Lehre inzwischen erheblich von der früherer

Jahre unterscheidet und Taufe in Geist vom Heiligungswieder zum Rechtfertigungsschwerpunkt, der klassischen evangelikalen Position, zurückgeführt wurde).

Es ist, wie wir bereits festgestellt haben, kaum biblisch zu untermauern, dass Taufe in Geist jemanden in einen Stand „völliger Heiligung" versetzt. Die Briefe des Neuen Testaments richten sich, wie gesagt, an jene, die bereits in Geist getauft worden waren, die man aber wohl kaum als „völlig geheiligt" bezeichnen konnte! Doch diese in „Holiness"-Kreisen falsch verstandene Auffassung leistete der Gemeinde Jesu als Ganzes einen großen und wichtigen Dienst und erklärt auch, warum sie in vielen älteren Denominationen Einzug gehalten hat. Es war eine gesunde und dringend notwendige Erinnerung daran, dass Heiligung genauso Teil der Errettung ist wie Rechtfertigung und dass der Herr für beide Aspekte, die man gleichermaßen im Glauben ergreifen muss, ausreichend Vorsorge getroffen hat. Heiligung wird vom Volk Gottes nicht nur verlangt; sie wird ihm auch als ein Werk der Gnade angeboten.

Das sind die positiven Seiten; aber es gab auch negative Aspekte. Man erachtete Heiligung als etwas, das man sich binnen eines Augenblicks aneignet. Taufe in Geist wurde als ein „zweites" oder „subsequentes" (später folgendes) Ereignis festgemacht, ohne Bezug zum Start ins Glaubensleben. Als Beweis, dass man die Geistestaufe empfangen hatte, galt die spätere Frucht und nicht die sofortige Gabe (insbesondere die „prophetische"). In erster Linie ging es dabei um die eigene Errettung und nicht um den Dienst an anderen. Es war noch nicht das vollständige neutestamentliche Konzept. Auf diese Schwächen folgte im darauffolgenden Jahrhundert eine Reaktion.

Die Pfingstbewegung des 20. Jahrhunderts sollte zum größten Teil, wenn auch nicht ausschließlich, aus dieser Heiligungsbewegung hervorgehen, weshalb sie für unsere Geschichte auch so bedeutsam ist.

## DIE ERRETTUNG GING VERLOREN

Die Überschrift dieses Abschnitts darf nicht missverstanden werden. Es geht mir hier nicht um die Frage, ob ein Gläubiger sein Heil wieder verlieren kann oder nicht (vgl. hierzu mein Buch *Einmal gerettet – immer gerettet? Eine Studie über Ausharren und Erbschaft*, Anchor Recordings Ltd, 2020). Es geht mir vielmehr um eine der bemerkenswertesten Entwicklungen der vergangenen hundert Jahre, nämlich um die Tatsache, dass Taufe in Geist ihren Zusammenhang mit Errettung – sei es Rechtfertigung oder Heiligung – verloren hat. Wir wollen nun nachvollziehen, wie sich diese gravierende Verschiebung vollzogen hat.

**Pfingstlich:** Die Geburt der „Pfingstbewegung" lässt sich auf den allerersten Tag (und die darauffolgende Nacht) des 20. Jahrhunderts, den 1. Januar 1901, datieren. Studenten einer Bibelschule in Topeka (Kansas) verbrachten die ganze Nacht im Gebet und baten den Herrn Jesus, sie in seinem Geist zu taufen. Doch etwas war neu daran; ihre Gebete hatten einen neuen Inhalt. Sie trachteten nach genau derselben Erfahrung und daher auch nach genau demselben Beweis – insbesondere „Zungen"– wie zu Pfingsten (worüber sie unterrichtet worden waren). Der Verheißung Jesu entsprechend, die jenen gilt, die „bitten und weiterbitten", empfingen sie.

Fast gleichzeitig geschah etwas Ähnliches in einer von Schwarzen und Weißen besuchten Gemeinde in der Azusa Street in Los Angeles, das sich schon bald über die Vereinigten Staaten und rund um die Welt ausbreitete und über Norwegen ins englische Sunderland kam.

Bedauerlicherweise wurde es, als es im Begriff war, auch in älteren Kirchen und Gemeinden Einzug zu halten, abgelehnt und häufig verächtlich als „die Zungenbewegung" abgetan, obwohl dies nur eine der Geistesgaben war, die wieder zum Vorschein kamen (möglicherweise erregte sie mehr Aufsehen, weil sie am häufigsten vorkam oder am ungewöhnlichsten war). Prophetie und Heilung waren die markantesten der anderen Gaben.

Diese Ablehnung hatte vermutlich mehr soziale und kulturelle als theologische Gründe. Die „Pfingstbewegung" erreichte die Unterschicht und die Arbeiterklasse, während die etablierten Kirchen und Gemeinden tendenziell eher die Mittel- und Oberschicht ansprachen. Bei der Anbetung war es eher so, dass Vollmacht mit Lautstärke gleichgesetzt wurde; die Menschen legten dabei viel weniger Hemmungen an den Tag und jeder machte bereitwillig mit. Für die ehrbare religiöse Tradition war das schlicht und einfach „zu viel".

Dies hatte zur Folge, dass sich im Verlauf der ersten Hälfte des 20. Jahrhunderts mannigfaltige neue

Gemeinden und Denominationen gründeten, von denen viele schwarz waren. Sie wurden von bereits existierenden Strömungen der Christenheit argwöhnisch beäugt und manchmal sogar aktiv behindert oder schikaniert. Sie predigten und praktizierten die „Geistestaufe", auch wenn sie in den meisten anderen Bereichen der Lehre orthodoxe Evangelikale waren, stark beeinflusst von der „dispensationalistischen" Lehre des J. Nelson Darby (einer Führungsfigur der „Brüderbewegung"), die ihnen vermutlich über die Scofield Bibel nahe gebracht wurde. Das war der Hintergrund ihrer lebendigen Erwartung der unmittelbaren Wiederkunft des Herrn Jesus.

Wie verstanden sie nun die Geistestaufe? Obwohl es auch bei ihnen die eine oder andere Abwandlung gab, können wir sehr wohl zusammenfassen, welche Anschauungen sie gemeinsam hatten.

Erstens: Die Geistestaufe sei nach dem „wiedergeboren werden" eine *zweite* Wendepunkt-Erfahrung. Dies war das Erbe der Heiligungsbewegung und ist bis heute eine unbestrittene (und unbestreitbare!) Konstante ihrer Glaubensüberzeugungen geblieben. Sie habe nichts damit zu tun, dass man Christ wird, sondern komme erst später, oft sogar sehr viel später. Diese „Subsequenz-Lehre", wie sie manchmal genannt wird, ist eines der Haupthindernisse für eine volle Integration mit anderen Kirchen und Gemeinden.

Zweitens: *Zungen* gelten als der „erste Beleg", als einziger Beweis dafür, dass jemand „die Taufe im Geist", wie sie meist genannt wird, empfangen hat. Sie beharren kategorisch auf diesem Standpunkt, auch wenn es ein paar wenige Ausnahmen gibt (wie z. B. die „Elim"-Denomination in Großbritannien). Das ist der zweite Stolperstein für andere Christen, denen diese Sichtweise über die biblische Grundlage hinauszugehen scheint.

Drittens: Sie sei Kraft *zum Dienen*, nicht zur Errettung. Das war die radikalste Änderung im Vergleich zur Heiligungsbewegung und der Hauptgrund, warum die Pfingstbewegung eine eigene Entwicklung nahm. Es war richtig, dass sie nicht den Eindruck erweckten, die Geistestaufe sei „völlige Heiligung", aber es war falsch, jeglichen Bezug zur Heiligung auszumerzen – oder auch zu Rechtfertigung und Verherrlichung. Wo die ältere Lehre über die Bibel hinausgegangen war, ging die neue nicht einmal so weit wie die Bibel.

Die vielleicht größte Schwierigkeit, mit der diese Sicht der Dinge zu kämpfen hat, wenn sie anhand der Schrift geprüft wird, ist die Tatsache, die wir bereits herausgestellt und unterstrichen haben – nämlich dass im Neuen Testament „in Geist getauft werden" und „den Geist empfangen" ein und dasselbe und damit an den Einstieg in den Glauben und die Errettung gebunden ist. Pfingstler ignorieren die Konsequenzen dieser Gleichung schlicht und einfach bzw. sie meiden sie, wenn sie damit konfrontiert werden. Sie postulieren, dass der Gläubige *zweimal* den Geist empfange – einmal ohne Erfahrung oder Beweis am Anfang (zur Errettung) und das andere Mal später, bei dem dann beides kommt (zum Dienen); einmal zur Reinigung, das andere Mal zur Ausstattung mit Kraft. Wir haben bereits in Frage gestellt, ob eine solche Unterteilung im Neuen Testament zu finden ist.

Doch fünf der acht Dimensionen waren wiederentdeckt worden. Und die Pfingstbewegung stillte ohne jeden Zweifel ein Bedürfnis, was man an ihrem raschen Wachstum erkennen kann. Die daraus entstehenden Gemeinden waren von ihrer Atmosphäre und ihrem Publikum her in vielerlei Hinsicht den neutestamentlichen Gemeinden viel ähnlicher. Als der junge Prinz Charles durch den australischen Busch wanderte, brachte man ihn eines Sonntags zu einer „Pfingstmission" von Aborigines. Anschließend schrieb er an seine Mutter, Königin Elisabeth II.:

„Wenn das frühe Christentum wirklich so war, kann ich verstehen, wie es sich ausbreitete." Bischof Lesslie Newbigin von der Church of South India war einer der ersten, der in einem bemerkenswert prophetischen Buch mit dem Titel *The Household of God* (S.C.M., 1953) neben den katholischen und evangelikalen Strömungen die Pfingstbewegung als „dritte Kraft" der Christenheit erkannte. Es konnte nur eine Frage der Zeit sein, bis diese unverwechselbare Ausprägungsform die beiden anderen Ströme infiltrieren würde. Das begann schließlich in den 60er-Jahren.

**Neo-pfingstlich:** Eine Reihe verschiedener Faktoren trug dazu bei, dass „Neo- (d. h. ‚neue') Pfingstler" innerhalb der älteren Denominationen sichtbar wurden. Ein einziges Buch (*Das Kreuz und die Messerhelden*) aus der Feder des jungen Pfingstpastors David Wilkerson, der in einem Ballungsraum der Vereinigten Staaten unter Straßenbanden arbeitete, hatte Auswirkungen, die alle Dimensionen sprengten, und fand besonders starke Resonanz bei der entstehenden Jugendkultur. Ein armenischer Landwirt in Amerika gründete die *Full Gospel Business Men's Fellowship International*, die „Internationale Vereinigung Christlicher Geschäftsleute" (ein weiterer Beweis dafür, dass der Geist die Zunge löst!), die Laien in aller Welt die Taufe in Geist nahebrachte.

Doch die Geistlichen hinkten nicht hinterher. In den Staaten öffneten Dennis Bennett, Ex-Methodist und Priester einer Episkopalkirche (und sein berühmtes Buch *In der dritten Stunde*), sowie Larry Christenson von den Lutheranern ihre Denominationen für die Pfingsterfahrung und bald sollten noch viele andere folgen. In Großbritannien gründete Michael Harper den *Fountain Trust*, um die Geistestaufe zu verbreiten. Im Jahr 1967 begannen die Taufe und die Gaben des Geistes schlagartig auch in der römisch-katholischen Szene zu sprießen, was viele überraschte und die meisten Pfingstler konsternierte; eine der wenigen wagemutigen Ausnahmen war der Südafrikaner David du Plessis, der gleich direkt nach Rom ging, wo Papst Johannes XXIII. für ein „neues Pfingsten" gebetet hatte. Wahrlich turbulente Zeiten für all jene von uns, die damals dabei waren.

Doch dieses Buch beschäftigt sich nicht in erster Linie mit der historischen Dimension. Vielmehr geht es darum, herauszufinden, inwieweit diese Entwicklungen die Gesamtheit des neutestamentlichen Verständnisses und der Erfahrung der Geistestaufe wiederentdeckt haben.

Anfangs hielt die pfingstliche Lehre zusammen mit der Erfahrung Einzug in die großen Denominationen.

Es war ein pragmatischer Ansatz: Wenn ihre Lehre die Kraft wiederherstellte, die in anderen Teilen der Gemeinde so sehr fehlte, dann musste sie richtig sein. Es gab kaum Unterschiede zwischen traditionellen oder, wie sie später genannt wurden, „klassischen" pfingstlichen und neo-pfingstlichen Predigten und Publikationen. Die Terminologie deckte sich weitgehend und somit auch die Theologie; beides hängt ja eng zusammen.

Es gab allerdings einen echten Unterschied, was die Praxis anbelangte. Während Pfingstler es so sahen, dass die „Kraft zum Dienen" bei der Evangelisation außerhalb der Gemeinde eingesetzt werden sollte, neigten Neo-Pfingstler dazu, sich auf die gemeindeinterne Auferbauung zu konzentrieren. Sie standen nicht nur vor der Aufgabe, ihre Glaubensgeschwister zu dieser neuen Erfahrung zu „bekehren"; sie hatten, vielleicht noch deutlicher, deren Relevanz für den Leib Christi erkannt. Deshalb wurde immer mehr über „Gaben für den Leib" gesprochen, wodurch allmählich die Ritualismen in der Anbetung, die Formalismen in der Gemeinschaft und die Klerikalismen im Dienst aufgebrochen wurden.

Doch es dauerte nicht lange, bis man zu der Erkenntnis gelangte, dass all das keinen Bestand haben würde, wenn es nicht auf einem soliden Fundament biblischer Theologie ruhte. „Klassische" Pfingstler hatten bis in die jüngste Vergangenheit hinein die Tendenz, einen gewissen Argwohn gegenüber Theologie zu hegen, mit der Begründung, dass Kraft mehr Frucht bringe als Erkenntnis. Doch Gemeinden, die schon größere Erfahrung haben, begreifen, dass beides notwendig ist.

Wärme und Licht sind eine hochentzündliche Mischung! Der Geist und das Wort brauchen einander.

Also fingen Theologen an, sich dieser neuen Dimension zu widmen und stellten rasch fest, welche Mängel die pfingstliche Lehre aufwies, wenn man sie sorgfältig im Licht der Bibel untersuchte, insbesondere was die Aspekte „Beweis" und „Subsequenz" anbelangte, die anscheinend nicht durch die Gesamtheit der biblischen Fakten untermauert werden konnten.

So entstand ein theologisches Vakuum, das etliche zu füllen suchten. Wir werden uns in Kapitel 6 mit ihren Bemühungen beschäftigen, jetzt allerdings erst einmal unseren Überblick weiterführen, um festzuhalten, wie es der Taufe in Geist in den vergangenen Jahrzehnten erging.

## DIE TAUFE GING VERLOREN

Dass Jesus der Täufer sei oder Gläubige getauft würden, darüber wurde immer seltener gesprochen; diese Entwicklung begann schrittweise und beschleunigte sich rasch. Das Adjektiv „pfingstlich" wurde außerhalb der Pfingstdenominationen immer weniger verwendet. Es wurde ersetzt durch:

**Charismatisch:** Die pfingstliche Infiltration der großen Kirchen und Denominationen wich der „charismatischen Erneuerung". Diese Änderung der Bezeichnung war ausgesprochen vielsagend. Sie leitet sich vom griechischen Wort *charismata* ab, das in 1. Korinther 12-14 für die „geistlichen Gaben" verwendet wird. Es lenkt die Aufmerksamkeit von der Taufe in Geist weg und richtet sie auf die Gaben des Geistes.

Es spiegelt ganz exakt wider, was sich damals in der Realität vollzog. Die Gaben fanden immer größere Akzeptanz, doch die Taufe stieß auf immer mehr Ablehnung. Das eine war heiß begehrt, das andere nicht. Die Ausübung der Gaben wurde mehr begrüßt als die Erfahrung der Taufe.

Zwei Männer waren es, die diesem Trend immer größere Dynamik verliehen; der eine reiste um die Welt, während der andere dies seinen Büchern überließ. Beide standen dem Fuller Seminary in Kalifornien nahe: John Wimber und Peter Wagner. Keiner der beiden hatte eine Erfahrung gemacht, die mit dem vergleichbar gewesen wäre, was Pfingstler „die Taufe" nannten, aber beide wollten sehen, wie übernatürliche „Kraft" in Form von außergewöhnlichen Fähigkeiten in der Gemeinde Jesu komplett wiederhergestellt wurde, vor allem zum Zweck der Mission.

Die Evangelien behagten ihnen mehr als die Apostelgeschichte und so nahmen sie das vorpfingstliche Wirken Jesu und seiner Jünger als Vorbild und Modell. Es wurde viel über Krankenheilung und Dämonenaustreibung gesprochen und wenig über den Pfingsttag und noch weniger über die Gabe der Zungen.

Ihr erklärtes Ziel war es, innerhalb der gesamten evangelikalen Szene die Kraft des Heiligen Geistes wiederherzustellen, indem sie die Gaben des Geistes förderten, ohne „die Taufe", die für sie der größte Stolperstein gewesen war. Zweifellos konnte es keinen echten Einwand gegen die Gaben geben, da sie ja klipp und klar in der Bibel gelehrt werden und Evangelikale sich sowohl im Hinblick auf ihren Glauben als auch auf ihr Verhalten ihrer Bibeltreue rühmten. Mit anderen Worten: Sie machten sich daran, den „Cessationismus" aus der Welt zu schaffen, ohne den „Pentecostalismus" (das „Pfingsttum") einzuführen.

Sie prägten ein neues Schlagwort für das, was sie für eine neue Phase im Wirken des Heiligen Geistes im 20. Jahrhundert hielten: die „dritte Welle". Die „erste Welle" war das Wachstum der Pfingstbewegung außerhalb der großen Kirchen in der ersten Hälfte des 20. Jahrhunderts. Die „zweite Welle" war dasselbe Geschehen innerhalb der alten Kirchen und Denominationen, aber nur bei einer ansehnlichen Minderheit. Diese neue „dritte Welle" sollte die wiederentdeckte Kraft des Geistes in allen Kirchen und Gemeinden verbreiten, insbesondere in den gesünderen evangelikalen Bereichen, indem man die sonderbare und Anstoß erregende „Taufe im Geist" aus dem Paket entfernte.

Zu jener Zeit waren sich nur wenige dieser Streichung bewusst. Sie blickten wie gebannt auf all die guten Dinge, die geschahen, die „Signs and Wimbers", wie ein Spaßvogel das Schlagwort „Signs and Wonders" („Zeichen und Wunder") verballhornte. Aber sie stellte eine radikale Umkehrung in der „Erneuerung" dar: sogar das „Charismatische" war auf dem absteigenden Ast.

Es hinterließ ein Vakuum in der geistlichen Erfahrung, das seit Beginn des 20. Jahrhunderts durch „im Heiligen Geist getauft werden" aufgefüllt worden war. Wie die Natur um uns herum, so hasst auch die menschliche Natur das Vakuum. Was würde diese Lücke füllen?

**Zeitgenössisch:** Wir können diesem letzten Abschnitt keine konkrete Überschrift geben, weil etliche Dinge in diese Lücke stießen – und sich wieder verflüchtigten, in aller Regel nach einem ziemlich kurzen Zeitraum von etwa zwei Jahren. Aber sie haben etwas gemeinsam. Sie haben allesamt dazu beigetragen, dass das Wort „Erneuerung" durch das Wort „Erweckung" ausgetauscht wurde.

Es hatte einige Gruppierungen am Rand der Pfingstbewegung gegeben, die sich auf die Überzeugung stützten, dass die „Endzeit" angebrochen sei und damit auch die letzten Generationen gekommen seien, oder gar *die* letzte Generation, die zum Zeitpunkt der Wiederkunft Jesu noch auf Erden leben würde. Die Gemeinde Jesu sollte nun ihren qualitativen, ja vielleicht auch quantitativen Höhepunkt erreichen – als die „reine Braut" Christi oder als die „Manifest Sons of God" (die „offenbar gewordenen Söhne Gottes"), wie man manche von ihnen nannte.

Gleichzeitig bekamen andere Gruppierungen einen stärkeren „post-millennialen" Schwerpunkt (die Überzeugung, dass Jesus zurückkehren werde, nachdem die Gemeinde sein Reich auf Erden errichtet hat, indem sie die Regierung über die Nationen übernimmt). Man sprach von „Wiederherstellung" und „Wiederaufbau". Es herrschte eine Atmosphäre des Triumphes in freudiger Erwartung einer weltweiten Machtübernahme durch eine revitalisierte Gemeinde.

Diese Mischung aus hehren Idealen und Hoffnungen hatte sich im Laufe einiger Jahre innerhalb der charismatischen Erneuerung breit gemacht, insbesondere durch die vielen neuen Gemeinden, die sie aus dem

Boden schießen ließ und einige der transatlantischen Verbindungen, die daraus entstanden waren. Viele verließen die älteren Kirchen und Gemeinden, um Teil von dem zu sein, was kommen würde.

Der gemeinsame Nenner war die Überzeugung, es sei höchste Zeit für „Erweckung" und zwar in Dimensionen, die alle bisher dagewesenen Erweckungen übertreffen würden. Es sei an der Zeit, dass der „Spätregen" falle, bevor das Reich Gottes eingeläutet würde.

Wo auch immer neue Aktivitäten des Geistes aufbrachen, wurde dies eifrig als mögliche Vorboten der großen weltweiten Erweckung begrüßt; dies galt ganz besonders für die spektakulären Geschehnisse in der neu gegründeten Airport Church in Toronto (Kanada). Einige außergewöhnliche Phänomene, die man in diesem Ausmaß seit dem Wirken von Jonathan Edwards in New England nicht mehr gesehen hatte, zogen ausgetrocknete Pastoren und ihre dürstenden Gemeindeglieder aus aller Welt zu Tausenden an. Die unfreiwilligen körperlichen Erscheinungen bekamen zwar die größte Aufmerksamkeit, aber „gesegnet" wurden viele.

Besucher kehrten in ihre Heimatländer zurück und brachten diese Geschehnisse mit – vor allem die Engländer. Gesetzte anglikanische Kirchen wurden revolutioniert, was einige ihrer Mitglieder zutiefst empörte!

Doch was soll man davon halten? Einige nannten es die „vierte Welle", das letzte Wirken des Geistes, bevor das neue, das 21. Jahrhundert, anbrach. Andere glaubten, „es", die große weltweite Erweckung, habe nun begonnen.

Eine der zentralen Fragen, die damals aufgeworfen

wurden, lautete: In welcher Beziehung steht das alles zur Schrift? Viele meinten, es sei nicht notwendig, diese Frage zu stellen. Habe der Geist nicht ohne jeden Zweifel absolute Freiheit, in noch nie da gewesener und „unbiblischer" Weise zu wirken? Andere meinten, ohne biblische Legitimation gäbe es kein objektives Kriterium, um zu beurteilen, was vom Geist sei und was nicht, da man es in Zeiten geistlichen Überschwangs in aller Regel mit einer Mischung aus Gott, Mensch und Satan zu tun habe. War es beispielsweise richtig, all die emotionalen und physischen Begleiterscheinungen als „Manifestationen" zu bezeichnen, was ja ein biblisches Wort für die Wirkungen des Geistes ist? War dies ein Beispiel für die „Zeiten der Erquickung", die Petrus vorausgesagt hatte (Apg 3,19)? Und vor allem: War es eine Erfüllung der Verheißung, dass „er euch in heiligem Geist taufen wird" oder war es mehr ein „Segen" von Gott?

Wie viele andere wagte auch ich es, ein Buch zu schreiben, in dem ich genau dieses Thema anpackte (*Is the Blessing Biblical?* Hodder and Stoughton, 1995). Im Licht der Schrift betrachtet, war ich zu der Schlussfolgerung gelangt, dass die Phänomene (Weinen und Lachen, Umfallen und Hüpfen, ja sogar Tierstimmen) weniger göttliche Aktionen als menschliche Reaktionen waren, aber durchaus die Folge einer echten Begegnung mit dem Herrn sein konnten – wenn auch nicht zwangsläufig, vor allem dann, wenn die Erwartungshaltung sehr hoch oder menschliche Suggestion und Manipulation sehr stark waren. Ich konnte sie angesichts dessen, dass „prophetische Charismen" fehlten, nicht als Beweis für Taufe in Geist sehen. Es war faktisch nur

## DIE TRADITIONELLE LEHRE

mehr eines der acht biblischen Elemente der Geistestaufe übriggeblieben: Erfahrung!

Man berief sich genauso sehr – wenn nicht sogar noch mehr – auf die Tradition als auf die Schrift und zog Präzedenzfälle heran, um dem aktuellen Geschehen Gültigkeit zu verleihen. John Wesley und Jonathan Edwards wurden häufiger zitiert als irgendeiner der Apostel. Die jüngere Kirchengeschichte schien mehr Gewicht zu haben als die Apostelgeschichte. Es ist schwer, Erfahrung aufrechtzuerhalten, wenn ihr die Basis klarer biblischer Theologie fehlt. Und so ist es keine Überraschung, dass der „Toronto-Segen" (beachten Sie, dass man eine neue Begrifflichkeit braucht, wenn biblische Terminologie nicht ganz passt) bereits jetzt (der Autor schreibt im Jahr 1997; Anm. d. Übers.) im Abklingen ist und einige Gemeinden hinterlässt, die nicht mehr weiterwachsen, während andere sogar geschrumpft sind.

Was wird die nächste „Welle" sein? Nach wie vor forscht man gern in der Kirchengeschichte, um Idealmodelle zu finden, doch gräbt man noch tiefer in der Vergangenheit, jenseits der „Erweckungen" der vergangenen drei Jahrhunderte. Während ich diese Zeilen schreibe, wird eifrig nach dem keltischen Christentum geforscht, jener früheren Version, die zurückgeht auf das Wirken von Patrick in Irland, Kolumban in Schottland auf der Insel Iona, Aidan und Cuthbert in England auf der „Heiligen Insel" Lindisfarne in Northumbria – bevor es auf der Synode von Whitby im Jahre 663 vom katholischen Christentum erdrückt wurde, das Augustinus von Canterbury (der „andere" Augustinus), der von Papst Gregor gesandt worden war, in England einführte.

Es gibt etwas, das wir wirklich tun müssen – zurückgehen zu dem, was „primitives Christentum" genannt worden ist; ich bevorzuge allerdings die Bezeichnung „apostolisches Christentum", so wie es im Buch der Apostelgeschichte und in den an dieselben Gemeinden adressierten Briefen beschrieben wird. Wenn wir wirklich glauben, dass die Bibel die finale Autorität in allen Fragen des Glaubens und des praktischen Lebens ist, müssen wir auch bereit sein, uns in sie zu vertiefen. *„Strebe danach, dich Gott bewährt zur Verfügung zu stellen als einen Arbeiter, der sich nicht zu schämen hat, der das Wort der Wahrheit in gerader Richtung schneidet!"* (2 Tim 2,15).

Bevor wir dieses Kapitel verlassen, wird es uns eine Hilfe sein, dies alles zusammenzufassen, indem wir uns anhand einer Grafik alle Veränderungen im Überblick ansehen (siehe S. 259-261). So können wir auf einen Blick erkennen, inwieweit jede einzelne Sichtweise dem umfassenden neutestamentlichen Verständnis von Taufe in Geist entsprach oder nicht.

In der ersten senkrechten Spalte stehen neben den vier fundamentalen Fragen die acht zentralen biblischen Elemente der Geistestaufe, die wir in Kapitel 4 zusammengetragen haben. In der ersten waagrechten Spalte stehen unter den vier fundamentalen Dingen, die verloren gingen, die acht verschiedenen Sichtweisen bzw. Positionen, die wir in diesem Kapitel untersucht haben. Welche Beziehung zwischen den beiden Spalten besteht, geben die Häkchen oder Fragezeichen in der eigentlichen Tabelle an.

## DIE TRADITIONELLE LEHRE

| | | *Kapitel 5* | ERFAHRUNG GING VERLOREN | |
|---|---|---|---|---|
| | | | Sakramental | Evangelikal |
| *Kapitel 4* | | | | |
| WER? | Täufer | | | |
| | Gläubige | | | |
| WIE? | Erfahrung | | | |
| | Beweis | | | |
| WANN? | Start | | √ | √ |
| | Eingliederung | | √ | √ |
| WARUM? | Errettung | | √ | √ |
| | Dienen | | ? | ? |

## JESUS TAUFT IN EINEM HEILIGEN GEIST

Wir können nun anhand des umfassenden, in der Grafik dargestellten Bilds einige Rückschlüsse ziehen:

1. Keiner der verschiedenen Positionen ist es gelungen, alle acht Elemente zusammenzuhalten!

2. Der grundlegende Unterschied zwischen der sakramentalen und der evangelikalen Position einerseits und der pfingstlichen andererseits kommt sehr klar heraus und macht deutlich, wie sehr sich beide Seiten werden ändern müssen, um zusammenkommen zu können.

3. Dennoch ergänzen sie sich. Sakramentale und Evangelikale konzentrieren sich auf das „Wann" und „Warum", Pfingstler auf das „Wer" und „Wie". Beide scheinen mit dem, was sie bekräftigen, Recht zu haben, und Unrecht mit dem, was sie abstreiten!

4. Nur die „erste Welle" der Pfingstbewegung hat klar und deutlich Christus als „Täufer" gepredigt.

5. Die Terminologie der „Taufe in Geist" wird dort nicht verwendet, wo man sie nicht für eine konkrete, unverwechselbare Erfahrung hält (mehr darüber in Kapitel 6). Ab dem 17. Jahrhundert kam sie wieder mehr in Gebrauch und erreichte ihren Höhepunkt im 20. Jahrhundert; derzeit ist sie allerdings wieder stark rückläufig.

6. Wenn die Geistestaufe wieder in Erscheinung trat, dann tendenziell eher als „zweites" oder „subsequentes" (später folgendes) Ereignis nach der Bekehrung und so ist es auch geblieben.

## DIE TRADITIONELLE LEHRE

| START IN DEN GLAUBEN GING VERLOREN | | ERRETTUNG GING VERLOREN | | TAUFE GING VERLOREN | |
|---|---|---|---|---|---|
| Puritaner | Heiligung | Pfingstlich | Neopfingstlich | Charismatisch | Zeitgenössisch |
| | | 1. Welle | 2. Welle | 3. Welle | 4. Welle |
| | ? | √ | ? | | |
| √ | √ | √ | √ | | |
| √ | √ | √ | √ | ? | √ |
| ? | ? | √ | √ | ? | ? |
| | | | | √ | |
| | | | | √ | |
| √ | √ | | | ? | ? |
| ? | ? | √ | √ | √ | ? |

Der Rückgang und das mögliche Verschwinden der Geistestaufe aus Gemeinden, die nicht der Pfingstbewegung angehören (ja inzwischen sogar auch aus einigen von ihnen!), wirken sich fatal aus. Trotz aller Hoffnungen der „dritten Welle" wurde vielfach die Beobachtung gemacht, dass überall dort, wo *Taufe* im Geist weder aus Überzeugung heraus gepredigt noch bewusst erfahren wird, auch die übernatürlichen *Gaben* des Geistes rückläufig sind und letztendlich verschwinden. Das geschah in der Urgemeinde und das zeichnet sich auch jetzt wieder ab.

Ein Südafrikaner kann dies bezeugen. In seinem Buch *Bursting the Wineskins* (Hodder and Stoughton, 1983) zitiert Michael Cassidy zwei seiner (und meiner) Freunde: „Vielleicht wird nur Michael Green dem voll und ganz gerecht, was die charismatische Erneuerung des 20. Jahrhunderts aufs Erstaunlichste beweist, die ihre stärkste Schubkraft und vielleicht auch ihre geistliche Vollmacht und Effektivität der anhaltenden Predigt der Taufe im Geist verdankt." Er zitiert überdies Derek Crumpton, einen Pionier der Erneuerung in jenem Land: „Evangelikale streiten vielleicht über die Terminologie. Doch es liegt auf der Hand, dass überall dort, wo diese Lehre (d. h. Geistestaufe als klare, eindeutige Erfahrung) gebracht wird, auch die daraus resultierende Resonanz nicht zu leugnen ist ... Ich habe auch beobachtet, dass überall dort, wo diese Betonung fehlt, das erneuernde Wirken des Geistes an Wirkung, Wucht und Bedeutung verliert." Wen der scheinbare Niedergang der „charismatischen Erneuerung" irritiert, der braucht nach keiner anderen Ursache zu suchen.

Wer glaubt, dass Taufe in Geist eine zentrale und nicht wegzudenkende Rolle im Leben des einzelnen Gläubigen und der Gemeinde als Ganzes spielt, wird sich große Sorgen über diese zunehmende Vernachlässigung machen und darauf erpicht sein, alles in seinen Kräften Stehende zu tun, um sie wieder an ihren angestammten Platz zurückzubringen.

Doch wie ich die Dinge sehe, wird dies erst geschehen, wenn ein starkes theologisches Verständnis vorhanden ist, das sowohl den Predigern und Lehrern als auch den Gemeinden die Zuversicht schenkt, dass dies tatsächlich der Wille Gottes für sein Volk zu allen Zeiten und an allen Orten ist. Aber es wird eine neue Theologie sein müssen, die die Erkenntnisse all der Sichtweisen, die wir betrachtet haben und die wahrhaft biblisch sind, in sich vereint.

In Kapitel 6 werden wir uns mit der Frage beschäftigen, ob eine derartige theologische Integration überhaupt *möglich* ist und uns vor Augen führen, welche notwendige „Form" sie annehmen müsste. In Kapitel 7 werden wir die Frage stellen, ob es überhaupt *wahrscheinlich* ist, dass eine solche Integration akzeptiert und angewandt wird. Die Antworten werden weder optimistisch noch pessimistisch, sondern sehr realistisch ausfallen!

# 6

# Jüngste Revisionen

Sowohl Pfingstler als auch Neo-Pfingstler waren von ihrer Tendenz her eher pragmatisch ausgerichtet; es ging ihnen mehr darum, eine Erfahrung der Taufe in Geist zu verbreiten und weniger um deren Verständnis, insbesondere deren *theologisches* Verständnis.

Doch wer Weitblick hatte, begriff allmählich, dass die Erfahrung nicht der ganzen Gemeinde Jesu ans Herz gelegt oder vermittelt werden konnte, wenn sie nicht gleichzeitig durch eine solide biblische Exegese untermauert wurde. Außerdem war es notwendig, dies in die bereits in den Gemeinden vorhandenen Theologie zu integrieren. Die grundlegende Frage war, ob diese „neue" Lehre (neu nur für die heutigen Gemeinden, aber so „alt" wie die Urgemeinde) in die bereits existierenden Glaubenssätze eingebunden werden konnte oder ob dadurch neuer Wein alte Weinschläuche zum Platzen bringen würde.

Ein wahres Heer an Theologen hat sich dieser Frage angenommen, aber ich werde mir nicht noch einmal die Arbeit machen, die zur Sammlung der Früchte ihrer Mühen bereits unternommen wurde. Das beste Buch, das ich zu genau diesem Thema kenne, ist *Treasures Old and New – interpretations of ‚Spirit baptism' in the charismatic renewal movement*, eine Dissertation an der University of South Africa von Henry I. Lederle (Hendricksen, 1988). Obgleich ich Grund habe, seine persönliche Schlussfolgerung zu kritisieren, möchte ich dieses umfangreiche Kompendium all jenen wärmstens ans Herz legen, die zu diesem Thema wirklich in die Tiefe (und Breite) gehen wollen. In seinem Werk tauchen zahlreiche klangvolle Namen auf – Dennis Bennett, Larry Christenson, Stephen Clark, Peter Hocken, Rodman Williams und Howard Ervin (für die „neopfingstliche" Interpretation); Kardinal Suenens, Kilian McDonnell, Kevin Ranaghan, Simon Tugwell, Eusebius Stephanou und John Gunstone (für die „sakramentale" Interpretation); Tom Smail, David Watson, Michael Harper, Michael Cassidy, Arnold Bittlinger, Siegfried Grossmann, Francis Sullivan und Morton Kelsey (für die, wie er es bezeichnet, „integrative" Interpretation) sowie viele andere mit geringerem Bekanntheitsgrad. Seine Analyse und meine ähneln sich, aber ich möchte gerne diese dritte Gruppe unterteilen und die beiden ersten zusammenfassen.

Auch wenn sie sich im Detail unterscheiden, stelle ich doch fest, dass all diese Versuche, die Pfingsterfahrung in die existierende Theologie zu integrieren, in zwei Kategorien eingereiht werden können – jene, die diese Theologie unverändert lässt, und jene, die fordert, dass sie geändert wird (auch wenn diese Veränderungen unterschiedlich weit gehen mögen). Dies mag wie eine grobe Vereinfachung anmuten, hat jedoch den enormen Vorteil, dass man zum Kern des zur Diskussion stehenden

Themas vordringt und auch die Probleme im Hinblick auf die praktische Anwendung beleuchtet (auf die wir in Kapitel 7 näher eingehen werden). Aus Gründen, die sich dem Leser rasch erschließen werden, sollen diese beiden Kategorien „Zeitverzögerte Erfahrung" und „Zweifelsfreies Ereignis" genannt werden.

## ZEITVERZÖGERTE ERFAHRUNG

Die meisten Versuche, traditionelle Theologie und pfingstliche Erfahrung miteinander zu verzahnen, bedienen sich des Kunstgriffs, die Erfahrung von der Taufe zu scheiden und zwischen beiden einen Zeitraum anzusetzen. Mit anderen Worten: Die Erfahrung und der damit Hand in Hand gehende Beweis seien *zu dem Zeitpunkt, in dem sie geschieht*, kein wesentliches Element der Taufe in Geist. Das könne später noch kommen, viel später, vielleicht auch gar nicht. Wann auch immer – oder wenn überhaupt – es später zu einer bewussten Erfahrung werde, tue dies der Tatsache keinen Abbruch, dass die Taufe in Geist bereits früher stattgefunden habe, ohne dass man sich dessen bewusst gewesen wäre.

Sobald man die Erfahrungsdimension als etwas für das Ereignis Wesentliches weglässt, entsteht ein Freiraum, so dass jeder sie innerhalb der *orda salutis* (der „Reihenfolge des Heils") dort platzieren kann, wo er will. So ist es keine Überraschung, dass sich sowohl „sakramentale" als auch „evangelikale" Theologen diesen Ansatz mit großer Begeisterung zu Eigen gemacht haben. Das gibt der einen Gruppe die Freiheit, die Geistestaufe mit der Wassertaufe (meist von Kindern) gleichzusetzen; die andere hingegen setzt sie mit der „Bekehrung" gleich.

In beiden Fällen besteht nicht die Notwendigkeit, die Theologie, die man bereits vertritt, zu ändern. „Taufe in Geist" ist lediglich eine andere Bezeichnung für das, was man bereits glaubt und praktiziert. Hierzu gibt es allerdings einen Zusatz, wenn auch keine Modifikation – nämlich, dass es möglich, ja sogar wünschenswert sei, etwas erst später bewusst wahrzunehmen, das bereits geschehen ist. Es liegt auf der Hand, dass es natürlich einige Vorzüge hat, wenn jemand sich in der Praxis dessen voll und ganz bewusst wird, was er vom Prinzip her bereits besitzt. Würde man diesen Sachverhalt in seiner simpelsten Form beschreiben, könnte man sagen: Ein Baby kann ein Vermögen erben, doch in den Genuss, es auszugeben, kommt es erst viele Jahre später. In gleicher Weise könnte jemand, der im Geist getauft worden ist (sagen wir bei seiner Kindertaufe oder bei seiner Bekehrung), dessen Gegenwart möglicherweise erst viel später für sich selbst genießen und dessen Kraft für andere einsetzen.

Ich nenne das „Zeitbomben-Theologie"! Die Bombe wird heimlich gelegt, ohne dass sich irgendjemand dessen bewusst wäre; erst viel später explodiert sie und jeder bekommt es mit.

Was ist falsch daran? Das scheint doch eine sehr einfache und nahe liegende Lösung zu sein, die der ganzen Gemeinde Jesu die Möglichkeit gibt, pfingstliche Erfahrung willkommen zu heißen, ohne pfingstliche Lehre übernehmen zu müssen (insbesondere „Subsequenz" und „Beweis"). Darüber hinaus erfordert sie keine Reformation traditioneller Lehre und deshalb auch keine Buße über falsche Unterweisung.

Nun, erstens stoßen wir dabei auf ein sprachliches Problem. Und Terminologie ist für Theologie ganz entscheidend. Was wir sagen, wirkt sich auf unser Denken aus und umgekehrt.

Was nennen wir nun „Taufe in Geist": das unbewusste Ereignis oder die später folgende bewusste Erfahrung?

Einige, die mit dem Neuen Testament im Einklang stehen wollen, versuchen ihr Bestes, den Begriff auf beides anzuwenden und sehen das Ereignis und die Erfahrung als Teile eines Ganzen. Doch das ist eine schwierige gedankliche Gymnastikübung, vor allem wenn zwischen beiden mehrere Jahre liegen und man sich an das eine nicht einmal bewusst erinnern kann.

Eine Parallele zu diesem Problem tut sich im Zusammenhang mit der Wassertaufe auf. Weil immer mehr Menschen, die bereits als Babys getauft wurden, in den Genuss dieser Erfahrung kommen wollen, kamen einige anglikanische und presbyterianische Gemeinden auf die Idee, eine neue Zeremonie, die „Tauferinnerung durch Untertauchen", anzubieten; dabei bekommen sie die Möglichkeit, sich in Wasser untertauchen zu lassen, um ihre Taufe zu „komplettieren" oder sie zumindest bewusst in Erinnerung zu behalten. Doch was ist dann ihre eigentliche Taufe? Die erste oder die zweite? Der Vertreter der Geistlichkeit, der die Taufe durchführt, würde sich wohl für Ersteres entscheiden, um sowohl seine Theologie als auch sein Gewissen intakt zu belassen! Der Laie, der die Taufe empfängt, würde, auf seine Taufe hin befragt, so gut wie sicher auf Zweiteres verweisen. Nur die wenigsten hätten kein Problem damit zu sagen, es sei beides gewesen. Denn das würde ja bedeuten, dass sie beim ersten Mal nur „halb" getauft worden wären und erst beim zweiten Mal „ganz", was mit den Schriftstellen, in denen es um Wassertaufe geht, unmöglich zu rechtfertigen ist.

Genauso wenig ist eine Aufteilung der Geistestaufe in zwei separate, zeitlich getrennte Ereignisse zu rechtfertigen. Deshalb muss man sich entscheiden: Soll nun das frühere unbewusste Ereignis „Taufe in Geist" genannt werden oder die spätere bewusste Erfahrung?

Die Synonyme für „getauft" (d. h. „fallen auf", „ausgießen auf"), vom Wort „taufen" ganz zu schweigen, machen zweifelsfrei deutlich, dass der Geist von *außen* zu einer Person kommt, während die Sichtweise, über die wir uns hier Gedanken machen, die spätere Erfahrung als etwas sieht, das vom Geist kommt, der bereits *im Inneren* ist. Damit käme es, so wie es aussieht, nicht in Frage, dies als „Taufe" zu bezeichnen.

Also entscheiden sich fast alle „Zeitbomben"-Theologen, sowohl sakramentaler als auch evangelikaler Prägung, dafür, den Begriff an sich auf das frühere unbewusste Ereignis anzuwenden und lösen ihn dadurch von dem los, was in der Apostelgeschichte als eine bewusste Erfahrung geschildert wird (den wenigen Ausnahmen wie Michael Eaton wirft man dann vor, sie würden sich die pfingstliche Lehre der „Subsequenz" zu

Eigen machen). Die spätere Erfahrung bezeichnen sie oft als das, „…was Pfingstler ‚Taufe in Geist' nennen"; dies impliziert natürlich, dass sie selbst das nicht tun. Doch wie nennen sie es dann? Das kommt darauf an, ob sie die spätere Bewusstwerdung als Einfach- oder Mehrfacherfahrung sehen.

**Einfach:** Einige sehen die Notwendigkeit, dass es einen klar umrissenen und konkreten Augenblick geben müsse, in dem man in den bewussten Genuss der Gegenwart und Kraft des Geistes hineinkomme. Man bedient sich einer Reihe von Worten, um dies zu umschreiben und zu kommunizieren, wobei am häufigsten davon gesprochen wird, dass der Geist *„freigesetzt"* werde. Die unbeholfenste Variante ist wohl „Aktualisierung". Igitt!

**Mehrfach:** Andere sehen eine Reihung bewusster Erfahrungen, wobei sich die erste nicht von den nachfolgenden unterscheidet. Sehr beliebt in diesem Zusammenhang scheint das Wort „erfüllt" zu sein (was in der Schrift sowohl für die erste als auch für die späteren Erfahrungen verwendet wurde – Apg 2,4; 4,31 –, im Gegensatz zu all den anderen Synonymen, die nur für die erste verwendet wurden). Ich habe sogar gelesen und zwar mehr als einmal, wir könnten viele, viele „Salbungen" erwarten, ja sogar viele „Taufen", doch an diesem Punkt bedeuten Begriffe dann alles, was wir in sie hineinlegen wollen, und wir sind bei Alice im Wunderland angekommen.

*In der Theorie* wird also die Sprache der Geistestaufe

nicht auf irgendeine spätere Erfahrung angewandt, sei sie einfach oder mehrfach; sie ist auf das frühere Ereignis in dieser Theologie beschränkt. *In der Praxis* wird dieser Begriff so gut wie überhaupt nicht verwendet. Vielleicht liegt das daran, dass es unschmeichelhafte Vergleiche mit dem nach sich ziehen würde, wie es in der Schrift beschrieben wird.

Faktisch stellt dieser Ansatz eine Rückkehr zu den traditionellen sakramentalen und evangelikalen Positionen dar, bei denen die Geistestaufe kaum eine oder gar keine Rolle spielt. Dennoch stößt er auf breite Resonanz. Warum er so populär ist, hat zwei sehr einfache Gründe.

Erstens: Er stellt *die geringste Veränderung* in Aussicht. Der Status Quo ist etwas sehr Träges und kaum zu bewegen. Was man seit Jahrhunderten oder auch nur seit Jahrzehnten glaubt, wirft man nicht so ohne weiteres über Bord. Die Gemeinde Jesu hat seit jeher eine größere Bereitschaft, Neues einzuführen als Altes loszulassen. Es liegt auf der Hand, dass es viel einfacher ist, eine neue Erfahrung einzuführen, wenn dabei von niemandem verlangt wird, alte etablierte Thesen zu überdenken.

Zweitens: Er stellt *die geringere Herausforderung* dar. Wenn man zu einer Gemeinde sagt: „Ihr seid bereits in Geist getauft worden und müsst euch nur dessen bewusst werden" irritiert sie das viel weniger als: „Ihr müsst in Geist getauft werden, wenn ihr es noch nicht seid." Die Frage des Paulus („Geglaubt habend, habt ihr heiligen Geist empfangen?" Apg 19,2) braucht weder gestellt noch beantwortet zu werden.

Nichtsdestotrotz ist es ein Kompromiss und jeder

Kompromiss hat seinen Preis. Vier der acht Elemente neutestamentlicher Taufe in Geist sind verloren gegangen, was zur Folge hat, dass bei den restlichen vier die Tendenz besteht, dass sie ebenfalls in der Bedeutungslosigkeit versinken. Das Endresultat ist, dass die Geistestaufe komplett aus der Predigt des Evangeliums verschwindet und man sich darauf konzentriert, was Jesus vor langer Zeit für uns *getan hat*, und nicht darauf, was er als der in den Himmel aufgefahrene Herr jetzt für uns *tut*.

In der Praxis führt dies dazu, dass immer weniger Leute eine bewusste Beziehung mit der dritten Person der Dreieinigkeit haben. Sie kennen den Vater und den Sohn (und reden gern von ihm), aber nicht den Geist. Ich habe die Feststellung gemacht, dass es in fast jeder Gemeinde, die ich besuche, Christen gibt, die diese sehr persönliche und intime Kenntnis des Geistes haben, sie in aller Regel aber in einer Gemeinde bekamen, wo Taufe in Geist aus Überzeugung heraus als eine bewusste Erfahrung gepredigt wurde, und nicht in einer Gemeinde, die die „Zeitbombentheorie" vertritt, wo die Lehrer vor dem Problem stehen, welche Bibelstellen man verwenden könne, um zur „verspäteten Erfahrung" zu ermutigen, ohne sie Geistestaufe zu nennen. Also wird den Gemeindegliedern faktisch nicht einmal das „zugeteilt", sei es im öffentlichen oder im privaten Rahmen.

Es gibt einige Abwandlungen in dieser Gruppe theologischer Konzepte, vor allem unterschiedliche Anschauungen darüber, ob Taufe in Geist nun bei der Kindertaufe oder bei der Bekehrung erfolgt, aber sie sind nicht bedeutend genug, um eine separate Untersuchung zu rechtfertigen. Wenn sie alle, wie es der Fall ist, als grundlegenden Faktor gemeinsam haben, dass sie die Erfahrung aussortieren, dann haben wir genug gesagt, um zu zeigen, dass dies nicht der Weg ist – weder in Theorie noch in Praxis –, um die Pfingsterfahrung in den Rest der Gemeinde Jesu zu integrieren.

## DEFINITIVES EREIGNIS

Die eigentliche Hoffnung auf eine solche Integration ruht auf der Bereitschaft, unsere Theologie neu zu überdenken und dort Veränderungen vorzunehmen, wo die Bibel beweist, dass es nötig ist. Eine solche revidierte Theologie muss der grundlegenden Anforderung genügen, dass sie alle acht zentralen Elemente von Taufe in Geist, die wir im Neuen Testament gefunden haben, in sich einschließt, allerdings als Aspekte eines Ganzen, als Aspekte *eines einzigen Ereignisses*. Wenn man diese Elemente auseinanderreißt, kann dies früher oder später nur dazu führen, dass ein schiefes Bild der „Taufe" entsteht oder sie sogar zerstört wird.

Einige haben bereits den Mut bewiesen, diese Aufgabe anzupacken, und ich weise gerne auf sie hin, wenngleich ich festhalten muss, dass wir noch nicht bei einer Theologie angekommen sind, die in zufriedenstellender Weise einer Überprüfung durch die Schrift in allen Punkten standhält. In diesem Zusammenhang entstanden zwei Schlagworte, die zwar nicht ganz biblisch sind, aber dennoch Klarheit in die Diskussion bringen und den Weg nach vorne aufzeigen: „Geistestaufe" und „Initiationskomplex"[1]. Das eine betont die „Vollständigkeit" der Taufe in Geist, das andere ihre „Unvollständigkeit".

**Vollständig:** Ich verwende dieses Wort für Lehre, die alle acht Elemente zusammenführt (und zugegebenermaßen nicht leicht zu finden ist). Genau genommen kenne ich kein anderes Buch, in dem sie so konkret aufgeführt werden, wie es in diesem der Fall ist – was ja auch ein Hauptgrund war, warum ich es gewagt habe, noch ein Werk zu diesem Thema zu verfassen.

Doch einigen Autoren steht diese Vollständigkeit zweifellos vor Augen, was sie dazu veranlasst hat, die elementare Bedeutung der „Geistestaufe", wie sie es oft nennen, zu betonen. Sie würdigen ihre maßgebliche und zentrale Rolle im Neuen Testament und es belastet sie, dass sie im Vergleich dazu in den heutigen Gemeinden kaum mehr vorhanden ist.

Ein wissenschaftliches, aber gut lesbares Werk in dieser Kategorie ist *Baptism in the Holy Spirit* von Professor James D. G. Dunn (S.C.M., 1970), eine bahnbrechende Arbeit, der noch weit mehr Aufmerksamkeit zuteil werden sollte als bisher. Es handelt sich hierbei um eine schlüssige Abhandlung, die auf der Gleichung aufbaut, dass „in Geist getauft werden" dasselbe ist wie „den Geist empfangen". So verstanden weist der Autor der Taufe in Geist die zentrale Rolle beim Eintritt in den neuen Bund und in das Reich Gottes zu. Sie ist für beides ein „sine qua

---

[1]. Der Begriff soll in diesem Zusammenhang als Kunstwort eingeführt werden, das einen Komplex aus Elementen beschreibt, die zum Start ins Glaubensleben (engl. initiation) dazugehören (Anm. d. Übers.; vgl. Fußnote auf Seite 95.)

non", ohne die es nicht geht, ohne die der Gläubige weder in das eine noch in das andere hineinkommt. Die Studien des Autors versetzen der „Subsequenz"– Geistestaufe als „zweiter Segen"– den Todesstoß.

Zudem beharrt er darauf, dass „Geistestaufe" „eine definitive, ja sogar dramatische Erfahrung" war, ist und immer sein wird. Zu sagen, es könnte auch anders sein, sei ein Widerspruch in sich, so als würde man sagen, Wassertaufe habe auch ohne Wasser ihre Gültigkeit.

Seine „vollständige" Darstellung der Geistestaufe, die all ihre charakteristischen Facetten miteinander kombiniert, hat meines Wissens nicht viele dazu bewogen, ihre Theologie zu ändern (meine könnte sogar noch weniger Wirkung zeigen!). Das liegt nach meinem Dafürhalten daran, dass er in etlichen Punkten mit seiner Argumentation zu weit geht.

Am weitesten schießt er über sein Ziel hinaus, wenn er sagt, dass jeder, der den Geist nicht empfangen habe bzw. nicht in Geist getauft worden sei, „noch nicht Christ" sei. Das geht weiter als die Schrift und deshalb zu weit. Ich weiß, was er meint und stimme ihm auch zu, aber es war etwas unglücklich, an dieser kritischen Verbindungsstelle das Wort „Christ" einzuführen, was die Schrift selbst nie tut. Dessen antike wie auch moderne Bedeutung macht die Thematik tatsächlich schlicht und einfach noch verwirrender (wie wir in Kapitel 7 noch sehen werden).

So formuliert er seine Überzeugung, dass die Samariter (in Apostelgeschichte 8) keine „Christen" waren, bis Petrus und Johannes für sie beteten, obwohl sie dem Evangelium geglaubt hatten und im Namen Jesu getauft worden waren.

Es ist eine Sache, dies in einem akademischen Kontext zu sagen, aber würde er das auch von der Kanzel predigen? Das würde seine eigene Denomination dezimieren – und auch die meisten anderen!

Zudem überhöht er die Geistestaufe auf Kosten der Wassertaufe, die kein Sakrament mehr sei, kein Mittel der Gnade, und so zu einem bloßen „Symbol" wird, das zwar etwas aussagt, aber nichts bewirkt.

All das ist ein bisschen übertrieben und verhindert, dass seine Grundthese ihre volle Durchschlagskraft entfaltet. Wie so oft hat auch er Recht mit dem, was er bekräftigt, und Unrecht mit dem, was er bestreitet.

Dennoch möchte ich sein Buch all jenen wärmstens empfehlen, die sich ihre eigenen Gedanken machen, während sie lesen, was andere denken. Es hat mich begeistert, eine derart vollständige Abhandlung zu finden, und ich habe sehr viel daraus gelernt. Ich habe sie präzise zitiert und rezensiert, weil man den Mut, fest zementierte Überzeugungen in Frage zu stellen, nur mehr selten findet.

**Unvollständig:** Ich verwende dieses Wort für die Lehre, dass die Geistestaufe nur ein Element von mehreren sei, die allesamt gleich wichtig sind. Im englischsprachigen Raum wird diese Sicht der Dinge mit dem Begriff „Initiationskomplex" umschrieben (ich bin mir nicht sicher, wer ihn als Erstes geprägt hat, doch Michael Harper und David Watson zählten zu den ersten, die ihn verwendeten). Es ist ein nützlicher Begriff, um die verschiedenen Elemente abzudecken, die zum Start ins Christenleben dazugehören und die man separat betrachten kann – und die in der Tat nie miteinander gleichgesetzt oder verwechselt werden dürfen –, die aber zusammengehören, wobei die Geistestaufe als die letzte Phase gesehen wird, die normalerweise in zeitlicher Nähe zu den anderen liegt.

Die Liste der separaten Elemente weist manchmal leichte Abweichungen auf, umfasst jedoch in aller Regel die folgenden vier Grundpfeiler:

Gott gegenüber Buße tun für Sünden
An Jesus als Heiland und Herr glauben
In Wasser getauft werden
In Heiligem Geist getauft werden bzw. Heiligen Geist empfangen

Diese vier Elemente werden ausführlich in meinem Buch *Wiedergeburt – Start in ein gesundes Leben als Christ,* Anchor Recordings 2022 erörtert.

Der Start ins Glaubensleben wird hier als Prozess verstanden, der erst dann abgeschlossen ist, wenn alle vier Elemente vorhanden sind, nachdem alle vier „Ereignisse" geschehen sind, nachdem alle vier Schritte gegangen worden sind.

Obwohl sie theologisch zusammengehören, müssen sie nicht unbedingt zeitgleich erfolgen. Auch im Neuen Testament gab es Verzögerungen, wenngleich, wie wir festhielten, in aller Regel unverzüglich Maßnahmen ergriffen wurden, um den Mangel auszugleichen. Man vergeudete keine Zeit damit, darüber zu diskutieren, ob jemand nun „Christ" sei oder nicht. Dies hätte man für eine irrelevante Debatte gehalten, die Zeit verschwendete und nichts gegen einen offensichtlichen Mangel bewirkte. Denn in jenen Tagen wusste jeder, dass man alle Elemente brauchte. Das war die „Lehre der Apostel", in der sie „verharrten". Niemand fragte: „Kann man diese Leute schon Christen nennen?" Man hätte höchstens gefragt: „Haben sie schon Buße getan? Haben sie schon geglaubt? Sind sie schon getauft worden? Haben sie den Geist schon empfangen?"

Für ein Verständnis dieser Art ist es ganz entscheidend, dass man ausdrücklich sagt, dass Wassertaufe und Geistestaufe *nicht* ein und dasselbe ist, dass „an Jesus glauben" und „den Geist empfangen" *nicht* ein und dasselbe ist. Keines der separaten Elemente des „Initiationskomplexes" kann selbstverständlich vorausgesetzt werden. Keines geschieht automatisch, genauso wenig wie die anderen; und keines kann unbewusst geschehen.

Ich glaube, dass nur ein solcher Ansatz jedem einzelnen Element die Bedeutung und Tragweite gibt, die es im Neuen Testament hat. So ist insbesondere die Geistestaufe kein vernachlässigter Faktor mehr, sondern sie nimmt ihren angemessenen Platz als Höhepunkt und Bestätigung der drei anderen ein.

Ich glaube auch, dass jeder, der offen an die Schrift herangeht, frei von Vorurteilen und Traditionen, so ziemlich dasselbe Verständnis erlangen wird. Die Taufe in Geist muss vollständig erhalten bleiben; all ihre biblischen Merkmale müssen fest zusammengehalten werden; und dennoch muss sie ohne Buße, Glaube und

Wassertaufe als unvollständig angesehen werden.

Ich glaube nicht, dass immer nur rein theologische Gründe dahinterstecken, wenn dieses Verständnis abgelehnt wird. Zweifellos gibt es Zurückhaltung in allen drei „Lagern", dem sakramentalen, dem evangelikalen und dem pfingstlichen – von denen keines alle acht Elemente der Geistestaufe auch nur akzeptiert hat –, eigene Anschauungen zu ändern. Und solange die Bereitschaft, diese Positionen im Licht der Bibel zu überdenken, nicht vorhanden ist, werden sie separate Strömungen bleiben, zwischen denen nur wenig Einheit herrscht. Denn die Differenzen betreffen ja die elementarste Frage überhaupt: Wie wird man Christ? Oder noch grundlegender: Was ist ein Christ?

Doch ich habe festgestellt, dass an der „Basis" (in den Ortsgemeinden) sogar jene, die davon überzeugt sind, dass der oben skizzierte „Initiationskomplex" im Einklang mit dem Neuen Testament steht, in der Praxis trotzdem höchst zurückhaltend sind, ihn anzuwenden und ihn deshalb auch in der Predigt aussparen.

Die praktischen Probleme, die sie bewältigen müssten, schrecken sie ab. Ein letztes Kapitel wird eben diese Probleme offen ansprechen und, wie ich hoffe, Pastoren und Evangelisten, die vor diesem Dilemma stehen, Hilfestellung und Ermutigung geben.

# 7

# Praktische Probleme

Bislang lag der Schwerpunkt dieses Buchs auf der Theologie der Geistestaufe, denn genau dort müssen alle dauerhaften Veränderungen ihren Anfang nehmen. Solange die Gemeinde Jesu nicht geschlossen eine stabil und fest auf der Bibel ruhende Überzeugung vertritt, werden die einzelnen Strömungen ewig ihre separaten Wege gehen.

Doch wenn Theologie einen echten Wert haben soll, muss sie früher oder später in die Praxis umgesetzt und zur persönlichen Erfahrung werden. Eine akademische Debatte hat wenig Sinn, wenn sie nicht in der Tat mündet. Und genau dort treten die wirklich gravierenden Probleme auf!

Die Schlussfolgerungen, die wir nach dem Studium der relevanten neutestamentlichen Fakten hier präsentiert haben, liegen auf halbem Wege zwischen der evangelikalen und der pfingstlichen Position. Beide fanden Anerkennung für einige Gesichtspunkte und ernteten Kritik für andere. Eine Kombination aus den besten Einsichten beider Seiten wurde angeboten, nicht als Kompromiss, sondern als eine umfassendere Präsentation, die beiden einen Punkt der biblischen

Integration bieten könnte und sollte – und einen Punkt, an dem auch die sakramentale Strömung ins Boot geholt werden könnte, wenn auch sie bereit ist, ihre Thesen noch einmal zu überdenken.

Ein „Niemandsland" zwischen zwei im Widerstreit liegenden Armeen kann ein sehr einsamer Ort sein. Es kann auch ein gefährlicher Ort sein, der zu Angriffen von beiden Seiten einlädt! Doch es ist auch der Ort, an dem ein Waffenstillstand unterzeichnet und ein Abkommen ausgetüftelt werden kann, damit sich beide Seiten zu einem dauerhaften Frieden vereinigen. Das ist die – zugegebenermaßen verhaltene – Hoffnung, die hinter diesem Buch steckt, in dem vollen Bewusstsein, dass keine der existierenden Strömungen es ausnahmslos begrüßen wird.

Doch in diesem Kapitel nähern wir uns der Aufgabestellung von einer ganz anderen Seite. Es wurde für all jene geschrieben – und es werden immer mehr –, die zwar davon überzeugt sind, dass die Sichtweise vom „Initiationskomplex" biblisch solide und integer ist (und in der Tat die einzige, die dem Neuen Testament voll umfänglich gerecht wird), aber fast unüberwindliche Hindernisse für dessen praktische Anwendung in der heutigen Gemeinde Jesu sehen. Und es erzeugt natürlich eine Menge Stress und Schuldgefühle, von Scheinheiligkeit ganz zu schweigen, wenn man dies glaubt, aber jenes tun muss. Dennoch begegnen mir immer mehr Pastoren und Geistliche, die sich bei diesen und anderen Themen in einer Zerreißprobe zwischen ihrem Gewissen und ihrer Gemeinde befinden.

Wie einmal ein anglikanischer Pfarrer zu mir sagte: „Ich stimme dem, was Sie lehren, zu, wage allerdings nicht, es selbst zu lehren; ich habe genug Probleme in meiner Gemeinde und brauche nicht noch weitere!" Ein anderer Pfarrer hat es gelehrt und erzielte einige sehr überraschende Resultate („So harmonisch war es bei uns noch nie"); allerdings erzählte er mir auch, dass er es nicht gewagt hätte, seinen Bischof über seine Worte und seine Praxis zu informieren! Pragmatisches Vorgehen und gesunde Lehre können etwas bewirken.

Es lässt sich nicht leugnen, dass sich die zeitgenössische Gemeinde Jesu sehr weit von der „Lehre der Apostel" entfernt hat und das schon sehr lange, womit deren Wiederherstellung gleich auf ein doppeltes Hindernis stößt. Ein Autofahrer, der einen Fußgänger einmal nach dem Weg fragte, bekam folgende befremdliche Antwort: „Wenn ich dorthin fahren wollte, würde ich nicht hier losfahren." In der Praxis ist genau das unser Dilemma.

Wir brauchen nichts weniger als eine „Reform" und dagegen haben immer schon jene Widerstand geleistet, die ein persönliches Interesse daran haben, den Status Quo aufrecht zu erhalten. Traditionen sterben nur schwer, vor allem im Bereich der Religion; häufig gilt sie als unveränderlicher Fels inmitten ständiger Veränderungen und daher als Symbol und Quelle der Sicherheit. Kühne Seelen, die eine Reform versuchen, stellen rasch fest, wie schmerzhaft hoch ihr Preis ist. Sie werden erst geehrt, nachdem ihr Werk breite Akzeptanz gefunden hat – sofern sie auf menschlichen statt auf göttlichen Beifall spekulieren.

Die Situation schreit nach mutigen Pionieren, die zu neuen (und doch alten) Überzeugungen gelangen und bereit sind, sie zu predigen und zu praktizieren, was es auch kosten und welche Konsequenzen es auch haben mag, und sich weigern, sich durch praktische Probleme vom Ziel abbringen zu lassen.

Schwierigkeiten in zwei Bereichen warten auf jeden, der in der Praxis anwenden will, was in diesem Buch geschrieben wurde (er darf es allerdings nicht als Experiment „ausprobieren", sondern erst aktiv werden, nachdem er von der Schrift und vom Geist von der Wahrheit überzeugt worden ist).

Ein „Problem" ist pastoraler Natur und taucht auf, wenn man Gläubige mit dieser Wahrheit konfrontiert. Das andere ist evangelistischer Natur und hat Auswirkungen darauf, mit welchen Methoden wir Ungläubige erreichen wollen.

## GLÄUBIGE

**Selbstzufrieden:** Sobald in der Gegenwart derer, die sich selbst bereits für Christen halten, die Notwendigkeit der Taufe in Geist angesprochen wird, gibt es in aller Regel eine augenblickliche und emotionale Reaktion, vor allem, wenn man sie so beschreibt, wie wir es getan haben, und das in der Apostelgeschichte dargestellte Muster und nicht die späteren Traditionen der Kirche als Norm nimmt.

Viele Mitglieder von Gemeinden, vielleicht sogar die meisten, empfinden dies als ausgesprochen bedrohlich und reagieren empört: „Willst du damit sagen, dass ich kein Christ bin? Dass ich dieser Gemeinde gar nicht angehören sollte? Dass ich nicht errettet bin? Dass ich nicht in den Himmel komme, wenn ich sterbe?"

Wenn Menschen so reagieren und die Emotionen hoch kochen, ist es nicht einfach, eine rationale Diskussion zu führen. Vielmehr ist geduldige Lehre vonnöten, um ans Licht zu bringen, welche Grundannahmen hinter solchen Fragen stecken, die verhindern, dass Antworten gegeben, geschweige denn, angenommen werden.

So stiftet beispielsweise das Wort „Christ" bei allen Diskussionen zu diesem Thema Verwirrung. Es wird in der Schrift nur dreimal verwendet und dann auch nur als Spitzname aus dem Mund von Außenstehenden. Für Insider ist es kein hilfreicher Begriff, vor allem wegen seiner modernen populären Konnotation: jemand, der vor der Hölle sicher ist und eine Fahrkarte in den Himmel hat. Es wird landläufig als Synonym für „errettet" verwendet.

Aber „errettet" ist ebenfalls irreführend, da es fast ausnahmslos in der Vergangenheitsform als Synonym für „bekehrt" oder „wiedergeboren" gebraucht wird, als etwas, das binnen eines Augenblicks bereits geschehen ist, abgeschlossen und ein für alle Mal erledigt, während Errettung im Neuen Testament ein Prozess ist, der eine gewisse Zeit braucht und in drei verschiedenen Zeitformen ausgedrückt wird („sind errettet worden", „werden errettet" bzw. „sind dabei, errettet zu werden" und „werden errettet werden").

Wenn die Begriffe „Christ" und „errettet" so verwendet werden, kann dies anhand einer gedachten *senkrechten* Linie bildhaft wie folgt dargestellt werden: „Christ" und „errettet" entsprächen dann dem Bereich rechts dieser Linie; der „nicht errettete Nichtchrist" entspräche der linken Seite. Dieser Vorstellung von Errettung zufolge, stünden dann Buße und Glaube (was die „Nicht-Erretteten" brauchen) links der Linie, Wasser- und Geistestaufe hingegen rechts der Linie (weil es die brauchen, die bereits „errettet" sind, womit es auch kein notwendiger Teil ihrer Errettung wäre!) Damit trennt man das, was Gott zusammengefügt hat.

Errettung ist im Neuen Testament aber eher eine *waagrechte* Linie, ein „Weg, auf dem man gehen muss" (die früheste Bezeichnung war nicht „Christentum", sondern „der Weg"; Apg 16,17; 18,26; 19,9.23; 24,14). Buße, Glaube, Wassertaufe und Geistestaufe sind die ersten vier Schritte auf diesem „Weg"; alle vier sind für die volle Errettung notwendig und es folgen dann noch viele andere Schritte. Vielleicht werden aus diesem Grund Nachfolger Jesu in der Apostelgeschichte am häufigsten als „Jünger" bezeichnet, was von denen gesagt werden kann, die nur einen Schritt gegangen sind (Apg 19,1), und von allen, die auf „dem Weg" unterwegs sind, ungeachtet dessen, wie weit sie schon vorangekommen sind (Apg 9,26).

Doch was geschieht, wenn jemand stirbt, bevor er die Reise beendet hat? Es ist schon seltsam, wie viele dieser Fragen ein morbides Interesse der Menschen an dem Thema offenbaren, wie sich der Tod auf ihre Errettung auswirken wird - statt ein gesundes Interesse daran zu zeigen, wie die Errettung ihr Leben beeinflussen wird! Das liegt daran, dass es ihnen mehr darum geht, vor der Hölle sicher zu sein als von Sünden errettet (auch wenn letztere der Hauptgrund waren, weshalb Jesus kam und für uns starb; Mt 1,21; 2 Kor 5,15.21), so als sei das Evangelium in erster Linie und vor allem eine Versicherungspolice, die Risiken in der kommenden Welt abdeckt.

Wir erwähnten bereits, dass die Apostel nie ihre Zeit damit verschwendeten, darüber zu diskutieren, was denn nun der Zustand oder Status derer sei, die Buße getan und geglaubt hatten und getauft worden waren, jedoch den Geist noch nicht empfangen hatten. Sie unternahmen ganz einfach etwas gegen diesen Mangel und zwar so rasch wie möglich. Heutzutage wird so intensiv darüber diskutiert, weil es so viele Leute gibt, die sich in derselben Situation befinden wie damals die Samariter (oder denen noch mehr mangelt, nämlich die Wassertaufe) und das oft schon sehr lange, manchmal sogar Jahre.

Also beißen wir in den sauren Apfel und geben frei heraus eine Antwort. Das ist umso leichter, wenn man die senkrechte Vorstellung von Errettung zugunsten des waagrechten „Wegs" aufgegeben hat. Ich glaube, dass jeder, der sich bereits auf dem „Weg" der Errettung befindet und in die richtige Richtung geht, sicher beim Herrn ankommen wird, wenn er stirbt. Wäre irgendeiner der Samariter gestorben, bevor Petrus und Johannes dorthin kamen, bin ich mir sicher, dass er in den Himmel gekommen wäre. Wenn jemand nur Buße getan und geglaubt hätte, aber noch nicht in der Lage gewesen wäre, in Wasser oder Geist getauft zu werden, zweifle ich ebenfalls nicht daran. Ich glaube sogar, dass es biblisch begründet ist, davon auszugehen, dass jemand, der aufrichtig Buße über seine Sünden tut und die Barmherzigkeit Gottes sucht, von ihm angenommen werden wird (Apg 10,34-35). Alle, die damit begonnen haben, auf dem „Weg" zu gehen, aber sterben, bevor sie den nächsten Schritt tun können, werden, wie ich glaube, mit dem Herrn im Paradies sein (was der Schächer am Kreuz beweist; Lk 23,43). Immer, wenn ich dieses Argument bringe, denke ich an eine zweiundneunzigjährige Dame, die wir ins Seniorenheim unserer Kirchgemeinde brachten. Sie bemerkte zwar nicht, dass ihre Familie sie in ein christliches Heim gebracht hatte, aber ihre körperlichen und geistigen Fähigkeiten waren immer noch intakt. Sie war britische Frauenmeisterin im Gewehrschießen gewesen und ging immer noch täglich joggen! Schon bald glaubte sie an Christus und wir setzten das Datum für ihre Wassertaufe (durch Untertauchen) fest, doch wenige Tage zuvor ging sie zu ihrem Herrn.

Die Sterbenden dürfen nicht als Maßstab und noch viel weniger als Entschuldigung für die Lebenden herangezogen werden. Der Schächer am Kreuz wäre wahrscheinlich entsetzt gewesen, wenn er gewusst hätte, dass sein Fall als Grundlage für die Lehre verwendet worden ist, dass jene, die noch eine ganz schöne Lebensspanne vor sich haben, auch nur einen minimalen „Eintrittspreis" entrichten müssten, um in den Himmel zu kommen. Wir sollten ihn bedauern und nicht beneiden, denn er konnte nicht mehr alles haben und wird nie den Lohn für treues Dienen empfangen. Er ist eine Ermutigung für die Sterbenden, aber nicht für die Lebenden.

Selbst jene, die sowohl die Wasser- als auch Geistestaufe empfangen haben, sind noch nicht „sicher" – und werden es auch nicht sein, wenn sie nicht auf dem „Weg" weitergehen, bis auch sie „über den Jordan" gehen und vom Tod ereilt werden. Das ist die ganze Botschaft von Bunyans *Die Pilgerreise*. Es mag den einen oder anderen überraschen, dass sich Calvinisten und Arminianer darin einig sind, dass die Lebenden im Glauben ausharren und der Heiligung nachjagen müssen, wenn sie das endgültige Heil erlangen wollen; nur in der Frage, warum es einige nicht schaffen, dieses Ziel zu erreichen, sind sie sich uneins (vgl. mein Buch *Einmal gerettet – immer gerettet? Eine Studie über Ausharren und Erbschaft,* Anchor Recordings Ltd, 2020*)*.

Wir können noch einen Schritt weiter gehen. Im Neuen Testament steht Sündenvergebung nicht im Zusammenhang mit Geistestaufe, aber mit Buße, Glauben und Wassertaufe. Aus diesem Grund kann jemand als Sünder, dem vergeben und der durch Glauben gerechtfertigt wurde, in den Himmel kommen, bevor er den Heiligen Geist empfangen hat. Doch ohne die Geistestaufe gäbe es keinen Beweis dafür, dass er all das getan hat, da die Gabe des Geistes ja das „Siegel" ist, das Zeichen von Gottes Eigentumsrecht.

Wir dürfen auch nicht meinen, der Heilige Geist sei ein völlig Fremder, bevor er „empfangen" wird. Es ist seine Aufgabe, die Menschen von Sünde, Gerechtigkeit und Gericht zu überführen und in Buße und Glauben hinein zu geleiten. Doch all das kann geschehen, ohne dass man sich seiner Person bewusst ist, auch wenn man von seinem

Wirken profitiert. Dies könnte man mit der Erfahrung vergleichen, die schon die zwölf Apostel machten:

„*Aber ihr kennt ihn, denn er lebt* **mit** *euch und wird* **in** *euch sein*" (Joh 14,17b; wörtl. a. d. Engl.).

Wir dürfen nicht annehmen, dass dieses Wirken bedeutet, dass man ihn bereits „empfangen" habe bzw. dass er bereits in jemandem „wohne". Diese beiden Begriffe sind im Neuen Testament der Geistestaufe vorbehalten und so sollte es auch heute sein. Die Frage, die Paulus stellte, hat nach wie vor ihre Berechtigung: „Geglaubt habend, habt ihr Heiligen Geist empfangen?" (Apg 19,2). Doch die Tragweite dieser Frage muss klar und eindeutig dargelegt werden, um voreilige Schlussfolgerungen und falsche Reaktionen zu vermeiden. Das kann bedeuten, dass eine ganz neue Unterweisung und Schulung darüber vonnöten ist, was „Heil" bzw. „Errettung" wirklich bedeutet und zwar im Hinblick darauf, dass sie uns vor dem Zugang zum Himmel zuerst Zugang zur Heiligung schafft.

Doch schließlich und endlich haben selbstzufriedene „Jünger" (und in diesem Zusammenhang wirkt dieser Begriff eher wie ein Widerspruch in sich, weshalb wir besser „selbstzufriedene Christen" sagen sollten) immer etwas dagegen, dass man ihnen sagt, sie bräuchten mehr als sie schon haben. Die Mentalität „Ich habe meine Fahrkarte in den Himmel" ist so tief verwurzelt, dass sie kontinuierlich und scheibchenweise abgetragen werden muss, bis sie endlich ausgemerzt ist. Es hat etwas Schockierendes an sich, wenn einem gesagt wird, ohne Heiligung werde niemand den Herrn sehen (Hebr 12,14). Und wer kann diese Heiligung, die vor Gott annehmbar ist, erlangen, ohne zuvor in heiligem Geist getränkt zu werden? Wer versucht, sie auf irgendeinem anderen Wege zu erlangen, wird letztlich zum Pharisäer, voll des „Drecks" der Selbstgerechtigkeit (Phil 3,7-11).

Teil dieser notwendigen Neuschulung muss die Schwerpunktverlagerung vom Tod zum Leben sein. Möglicherweise haben es zu einem gewissen Teil die Evangelisten zu verantworten, dass derzeit die Betonung mehr auf „wenn wir sterben" und weniger auf „wie wir leben" liegt. Wir müssen die biblische Balance wiederfinden – Sicherheit vor der Hölle ist für jene bestimmt, die darauf erpicht und willens sind, hier und jetzt von ihren Sünden errettet zu werden, sowohl von der Macht, die sie haben, als auch von der Strafe, die sie nach sich ziehen. In den Himmel hineinzukommen erfordert sowohl Heiligung als auch Vergebung seitens der Lebenden, ungeachtet dessen, wie sehr man den Sterbenden entgegenkommt.

Fassen wir zusammen: Die Selbstzufriedenen müssen mit der Notwendigkeit der Taufe in Geist herausgefordert werden, wenn sie ein errettetes Leben führen, vollumfänglich ihre Funktion im Leib Christi wahrnehmen und uneingeschränkt verfügbar sein wollen, um anderen in ihrer Not zu dienen.

**Frustriert:** Es gibt noch eine andere Gruppe von Gläubigen, mit der es Schwierigkeiten geben könnte. Sie haben akzeptiert, dass es notwendig ist, in Geist getauft zu werden, und sich danach ausgestreckt, aber nicht „empfangen". Sie kennen ihren Mangel, sind jedoch frustriert darüber, dass er nicht gestillt wurde.

Es scheint schwieriger zu sein, etwas nachzuholen, das diese Leute gleich zu Beginn hätten haben sollen. Nachdem sie es geschafft haben, so lange ohne diese Erfahrung „Christ" zu sein, ist es nicht so leicht, ihr durch „schlichten" Glauben Raum zu schaffen. Diese Problematik hat zwei unterschiedliche Facetten.

Die positive Seite: Es ist aktive Mitarbeit erforderlich, um zu „empfangen". Niemand wird je in den Genuss dessen kommen, dass etwas durch seinen Mund überfließt, wenn er nicht zu sprechen anfängt. Der Geist gibt das Auszusprechende, aber er übernimmt nicht das Sprechen an sich. Manchmal, wenn der Mund nicht gebraucht wird, führt das, was im Inneren aufsteigt, zu einem emotionalen Ausbruch (Schluchzen oder gar Lachen), doch der Geist der Prophetie verlangt nach der Zunge (dieses kleine von der Hölle entzündete Ding; Jak 3,6). Die meisten Gaben, die der „Getaufte" später gebrauchen wird, sind Gaben, die mittels Sprache ausgeübt werden (Worte der Weisheit, Worte der Erkenntnis, Worte der Prophetie, Worte in einer anderen Sprache, Worte der Auslegung). Wenn zu Beginn eine Abneigung dagegen besteht, dass der Geist die Kontrolle über die eigene Zunge übernimmt, sinkt auch die Wahrscheinlichkeit, dass die anderen Gaben folgen werden. Jene, die das, was sie sagen, stets aufs Strengste kontrollieren, aber auch jene, die es sich angewöhnt haben, in geistlichen Dingen eine passive Haltung einzunehmen, dürften wohl Probleme damit haben, dem Imperativ des Herrn „Empfangt!" Folge zu leisten (Joh 20,22).

Die negative Seite: Es gibt Ängste und Hemmungen, die den Segen zurückhalten. Ich habe diese bereits an anderer Stelle erwähnt und Anregungen gegeben, wie man damit umgeht (in *Wiedergeburt – Start in ein gesundes Leben als Christ*, Kapitel 35), und werde mich hier nicht wiederholen. Man wird bestimmt und einfühlsam etwas dagegen unternehmen müssen, bevor man anbietet, mit diesen Personen für die Geistestaufe zu beten.

Sollte der Betreffende dann immer noch nicht „empfangen", muss man unter Umständen noch einmal „zurück zu den Wurzeln" gehen und zwei Dinge ganz besonders ins Visier nehmen.

Einerseits sollte man untersuchen, ob der Betreffende wirklich Buße getan hat (in Worten und Werken wie auch in seinem Denken), einen „tätigen Glauben" hat (und sich nicht nur mit dem Mund dazu bekennt) und in Wasser getauft wurde (gemäß der Schrift).

Andererseits sollten wir uns vergewissern, ob er selbständig zu der Überzeugung gelangt ist, anhand der Schrift und nicht nur durch Beobachtung und Zeugnisse anderer, dass Taufe in Geist etwas ist, das Jesus geben und jeder Gläubige haben kann. Die Leute müssen sich ihrer eigenen Erwartungshaltung und des zu Erwartenden sicher sein. Und sie müssen daran erinnert werden, dass der Glaube nicht damit zufrieden ist, ein- oder zweimal um etwas zu bitten, sondern *anhaltend und kontinuierlich* bittet, sucht und anklopft, bis das Gebet erhört wird (Lk 11,9-13). Zweifellos muss damit auch die pastorale Betreuung derer, die bereits dem Leib Christi angehören, in neue Dimensionen vordringen. Aber wir müssen uns auch vor Augen führen, welche notwendigen Veränderungen unser Umgang mit denen durchlaufen muss, die wir gerne in den Leib Christi hereinholen wollen.

## UNGLÄUBIGE

Evangelisation in heutiger Zeit steht unter dem starken Einfluss der amerikanischen Erweckungsbewegungen des 19. Jahrhunderts, die dazu neigten, die angemessene Reaktion auf das Evangelium zu stark zu vereinfachen. Ausnahmslos wurde am Ende einer öffentlichen Veranstaltung an all jene, die reagieren wollten, appelliert, nach vorne zur Bühne zu kommen (der „Altarruf") und sich dort zu „entscheiden", indem sie Satz für Satz ein Gebet nachsprachen, das ihnen der Prediger vorsprach (das „Bekehrungsgebet"). Mit dem „Suchenden" wurde anschließend „ein Gespräch geführt", in der Annahme, er habe jetzt Christus „angenommen", d. h. in sein Herz und Leben „aufgenommen" und bräuchte nur mehr ein paar Bibeltexte, um die Gewissheit zu haben, jetzt „wiedergeboren" zu sein; gleichzeitig gab man ihm Ratschläge, wie er dranbleiben könne, nämlich indem er in der Bibel lese, bete und sich einer Gemeinde anschließe. Der öffentliche Aspekt war nicht zwingend notwendig (das „Bekehrungsgebet" war in vielen Publikationen abgedruckt und konnte deshalb auch in den eigenen vier Wänden gesprochen werden), galt aber als wünschenswert.

Die Lücken, die diese allgemeine Vorgehensweise aufweist, sind höchst bedeutsam. Da dies alles recht rasch am Ende einer Veranstaltung, meist spät abends, abgewickelt wurde, war schlicht und einfach nicht genügend Zeit für irgendwelche Taten, die die Buße des Frischbekehrten belegten (Lk 3,8; Apg 26,20), oder für mehr als ein bloßes Bekenntnis des Glaubens. Zudem spielten weder Taufe in Wasser noch Taufe in Geist irgendeine Rolle dabei, „Christ zu werden". Neutestamentlicher Predigt und Praxis zufolge ist dies bedenklich unzureichend und bleibt weit hinter dem „Initiationskomplex" zurück, den wir anhand der Bibel erörtert haben.

Auch wenn sich nicht leugnen lässt, dass viele auf diese Weise ins Glaubensleben starteten, haben sie oft sehr lange gebraucht, um dieses Defizit auszugleichen und manche taten das nie. Wir müssen auch der Tatsache ins Auge sehen, dass viele, die so anfangen, schon bald darauf wieder abfallen – und sich dann nur sehr, sehr schwer wieder erholen und einen „zweiten Versuch" wagen (meist bekommt man die Antwort: „Ich hab's versucht, aber es hat nicht geklappt!").

Ich habe die Beobachtung und Erfahrung gemacht, dass jene, die alle vier biblischen Elemente des gesunden Starts in den Glauben in enger zeitlicher Abfolge gleich am Anfang ihres Christenlebens bekommen, mit viel geringerer Wahrscheinlichkeit wieder abfallen und mit viel größerer Wahrscheinlichkeit mit der geringsten Hilfestellung durch andere wachsen und sich weiterentwickeln. Wir könnten uns eine Menge Sorgen und Nacharbeit ersparen, wären wir bessere Geburtshelfer, die den Leuten bei ihrer Wiedergeburt beistehen. Und so, wie man Babys säubern und ihnen oft auch atmen helfen muss (in aller Regel durch

Handauflegung!), brauchen die, die wiedergeboren werden, das geistliche Äquivalent dazu.

Kaum etwas würde die Effektivität unserer Evangelisation so sehr steigern wie den zwei Taufen in Wasser und in Geist wieder ihren angestammten Platz zu geben, den sie früher hatten, als die Apostel missionierten.

**In Wasser getauft:** Dass man die Taufe auf Kinder übertrug, war, wie gesagt, vermutlich die entscheidende Ursache für das Schwinden der Erfahrung der Geistestaufe, die noch weiter bestanden hatte, solange erwachsene Taufbewerber auf das Untertauchen vorbereitet wurden.

Wir haben auch erwähnt, dass unmittelbar nach dem Untertauchen in Wasser der passendste, angemessenste und effektivste Augenblick ist, um zu beten, dass der Täufling „den Geist empfängt".

Im Neuen Testament besteht ein klarer und enger Zusammenhang zwischen Wasser- und Geistestaufe, auch wenn sie nie mit einander gleichgesetzt oder verwechselt werden und nie im selben Augenblick geschehen. Es scheint etwas verloren zu gehen, wenn man zu viel Zeit zwischen den beiden vergehen lässt.

Jesus hat uns nicht aufgetragen, die Menschen zu einer „Entscheidung" für ihn oder einer „Lebensübergabe" an ihn zu veranlassen und er hat uns auch nicht geboten, andere dazu zu überreden, ihm „ihr Herz zu geben" oder ihn „in ihr Leben einzuladen". Diese und viele andere wunderliche Euphemismen haben den Platz seines Missionsbefehls eingenommen, der da lautet: „*Geht nun hin und macht alle Nationen* [ethnische Gruppierungen und nicht Staaten] *zu **Jüngern**, und **tauft** sie …"* (Mt 28,19). Das ist der Start, den wir ihnen geben sollen.

Warum taufen wir dann die nicht, die als Reaktion auf unsere Verkündigung des Evangeliums Buße tun und glauben? Auf dem Missionsfeld im „Ausland" ist das ganz normal (die meisten anglikanischen Kathedralen in Übersee haben Taufbecken für die Erwachsenentaufe durch Untertauchen). Doch in unserer westlichen Zivilisation, die von einigen Mutigen immer noch als „Christentum" bezeichnet wird, werden so viele als Babys getauft (in Großbritannien immer noch mehr als die Hälfte), dass Kirchen, die sich darauf verlassen, dass sie hauptsächlich dadurch ihre neuen Mitglieder bekommen (was rein technisch als „biologisches Wachstum" bezeichnet wird, doch etwas unverblümter könnte man sagen, dass man „ihrer habhaft wird, bevor sie sich dagegen wehren können"), mit Nachdruck gegen irgendeine gemeinsame evangelistische Aktion protestieren oder sich schlicht und einfach weigern, mitzumachen.

Wie stehen nun die Chancen, dass die Taufe an ihren normalen, angestammten und zentralen Platz in der Evangelisation zurückkehrt (wie in Apostelgeschichte 2,41; 8,12; 10,48; 19,5)? Eigentlich recht gut, doch eher automatisch als durch irgendeine Entscheidung. In den weltweit am schnellsten wachsenden Strömungen der Gemeinde Jesu ist die Taufe in aller Regel bußfertigen Gläubigen vorbehalten. Selbst in Ländern, wo dies nicht der Fall ist – insbesondere in Europa und jenen Teilen der Welt, wo Missionare aus Europa tätig sind –, ist die Kindertaufe in eklatanter Weise rückläufig.

Die säkularisierte Kultur der westlichen Gesellschaft ähnelt immer mehr einem heidnischen Missionsfeld. Ja, eigentlich erinnert sie immer mehr an das im Untergang befindliche Römische Reich – trotz allen technischen Fortschritts. In einer solchen Situation muss, wie in den Tagen der Urgemeinde, das „biologische Wachstum" durch „Bekehrungswachstum" ersetzt werden.

Wir können also eine Zunahme an „Erwachsenentaufen" erwarten, wodurch es auch einfacher wird, den Bezug zum Empfang des Geistes herzustellen – Taufe und „Konfirmation" in einem, wobei die „Konfirmation" göttlicher und nicht menschlicher Natur sein wird, auch wenn Hände aufgelegt werden.

**In Geist getauft:** Dadurch wäre auch eine Rückkehr zur Praxis der Urgemeinde möglich, einschließlich der vor der Taufe erfolgenden Unterweisung über den Geist, die die Erwartungshaltung entstehen lässt, dass Gott selbst am Start der Person in ihr Glaubensleben Anteil haben wird.

Doch bevor man eine solche Unterweisung geben könnte, müsste es in allen drei großen Strömungen der Gemeinde Jesu einige echte Veränderungen geben.

Die *sakramentale* Strömung müsste die beiden Taufen klar und deutlich voneinander unterscheiden und akzeptieren, dass in der Bibel Wassertaufe weder zeitgleich noch bedeutungsgleich mit Geistestaufe ist. Beides muss Teil der Erfahrung des „Taufkandidaten" werden.

Die *evangelikale* Strömung müsste klar und deutlich unterscheiden zwischen „an Jesus glauben" und „den Geist empfangen" und die Gewohnheit durchbrechen, den unbiblischen Begriff „Jesus annehmen" zu verwenden, der im Rahmen nachpfingstlicher Evangelisation nie benützt wird.

Die *pfingstliche* Strömung müsste die unbiblische Auffassung über Bord werfen, dass man den Geist zweimal „empfängt", einmal beim Start ins Glaubensleben und einmal „subsequent", also später darauffolgend (wobei dies wohl die am wenigsten radikale Veränderung sein dürfte).

Alle drei Strömungen müssten klare und zielführende Lehre darüber geben, wie der Geist gegeben und empfangen wird, warum er empfangen werden muss und, vor allem, dass Jesus, ungeachtet dessen, wer die Kandidaten in Wasser tauft, der Täufer in Geist ist. Sie können sogar schon vor ihrer Wassertaufe damit anfangen, diese „gute Gabe" durch den Sohn vom Vater zu erbitten, im Glauben, dass sie ihnen unmittelbar danach zuteilwerden wird.

Man sollte ihnen sagen, wie der Geist der Prophetie seine Präsenz manifestieren wird, damit sie wissen, was zu erwarten ist, und dann mit ihm kooperieren können, sobald sie erleben, wie er über sie kommt. Man sollte ihnen nicht sagen, sie sollten glauben, „es" sei geschehen, obwohl nichts geschehen ist. Das wäre ja kein „Siegel".

Soweit einige Hinweise auf ein Konzept für Evangelisation, das viel näher an der Praxis der Apostel wäre und von dem man auch ähnliche Resultate erwarten könnte: Gemeinden mit neuen Jüngern, die schon bemerkenswert rasch in der Lage sind, sich zu „multiplizieren" (Apg 9,31; 16,5).

Was wir hier befürworten, ist in einigen Kreisen unter

dem Schlagwort „Das Petrus-Paket" bekannt geworden, d. h. Johannes 1,12 und Offenbarung 3,20 als unsere Allzweck-Standardverse für Gespräche mit Suchenden auszumustern und stattdessen die passenderen Worte zu gebrauchen, die Petrus am Pfingsttag sprach: „*Tut Buße, und jeder von euch lasse sich taufen auf den Namen Jesu Christi zur Vergebung eurer Sünden! Und ihr werdet die Gabe des Heiligen Geistes empfangen*" (Apg 2,38).

Die praktischen Probleme, mit denen wir heute sowohl innerhalb als auch außerhalb der Gemeinde konfrontiert werden, sind beträchtlich, aber nicht unlösbar. Wenn wir den Willen haben, sie zu überwinden, wird Gott die Kraft dazu schenken.

# Epilog

Zweifellos wird eine einfache Frage im Denken des aufmerksamen Lesers unbeantwortet geblieben sein: Wenn die Gemeinde Jesu die meiste Zeit in ihrer Geschichte keine umfassende biblische Lehre von Geistestaufe gepredigt hat, wie lässt sich dann das Wirken des Geistes durch alle Epochen hindurch erklären – sowohl in Einzelpersonen als auch in Gemeinden und Gemeinschaften? In der Tat hat der Geist dort gewirkt, wo das „Empfangen" des Geistes mit keiner Silbe erwähnt wurde.

Ich glaube, die Antwort lautet: *Gott steht über seinem Wort*. Er hat die Freiheit, in Übereinstimmung mit seinem Charakter so zu handeln, wie er möchte. Er ist ein Gott der Gnade, was bedeutet, dass er ein großzügiger Gott ist.

Das Christentum ist deshalb einzigartig unter den Weltreligionen, weil es Rechtfertigung vor Heiligung stellt. Wir müssen nicht gerecht sein, bevor wir als seine Söhne angenommen werden – was auch gerecht (im Sinne von „fair" ist), weil das unsere Fähigkeiten übersteigt. Er nimmt uns auf der Grundlage des Glaubens an, damit wir gerecht werden, indem wir in diesem Glauben bleiben.

Wir müssen also nicht *moralisch* perfekt sein, bevor wir seine Segnungen empfangen können. Genauso wenig müssen wir *mental* vollkommen sein. Gott sei Dank wartet er mit dem Wirken seines Geistes an uns nicht, bis unsere Glaubenslehre die richtige ist.

Jeder, der sich nach seiner Kraft und Reinheit, nach seiner Liebe und seinem Frieden ausstreckt – wie auch immer er dieser Sehnsucht Ausdruck verleiht und ob er nun zur Untermauerung Bibelstellen zitieren kann oder nicht –, dürfte erleben, wie seine Gebete erhört werden. Ich bin vielen begegnet, die zweifelsfrei in Geist getauft worden waren, aber die relevanten Schriftstellen nicht kannten und nicht realisierten, was ihnen widerfahren war. Gott *will* die Gaben und die Frucht des Geistes geben und reagiert auf den aufrichtigen Hunger und Durst jedes Gläubigen, ungeachtet dessen, ob dieser seine Sehnsucht in Lehrterminologie oder biblischen Sprachgebrauch kleiden kann oder nicht. Deshalb sprach Paulus auch von „... *Erneuerung des Heiligen Geistes*", den er „... *durch Jesus Christus, unseren Retter,* **reichlich** [oder „großzügig"] *über uns ausgegossen [hat]*" (Tit 3,5-6).

Wenn wir warten würden, bis bei uns alles in Ordnung ist, sowohl in moralischer als auch in psychischer Hinsicht, würden wir nichts aus seiner Hand empfangen. Er segnet uns, obwohl wir sind, wie wir sind, und nicht so sehr, weil wir sind, wie wir sind – vorausgesetzt, wir glauben an ihn.

Deshalb ist sein Geist auch in den so verschiedenen Strömungen am Wirken – puritanisch und pfingstlich, katholisch und protestantisch, evangelikal und charismatisch. Der Geist ist aktiv, ehe es eine theologische Einigung gibt. Die Dynamik eilt der Doktrin voraus. Jene, die „den Geist" haben, sollen *„… sich befleißigen, die Einheit des Geistes zu bewahren durch das Band des Friedens: … bis wir alle hingelangen zur Einheit des Glaubens und der Erkenntnis des Sohnes Gottes, zur vollen Mannesreife, zum Maß der vollen Reife Christi"* (Eph 4,3.13).

Da Gott also über seinem Wort steht, kann er über sein Wort hinaus, aber nie im Widerspruch zu ihm, tätig werden. Allerdings zieht man gern zwei höchst irrige Schlussfolgerungen aus dieser seiner gnädigen Großzügigkeit.

Erstens: Man geht zu leichtfertig davon aus, dass sein Segen die Billigung unserer Lehre sei, d. h., weil sein Heiliger Geist wirkt, müsse unser Lehrverständnis korrekt sein. Das ist eine absolut unzulässige Folgerung. Sein Segen bedeutet, dass er gnädig ist, und nicht, dass wir richtig liegen. Wir haben schon genug gesagt, um dies zu erhärten.

Zweitens (und viel schwerwiegender): die Annahme, Lehre sei nicht so wichtig, Aufrichtigkeit sei das einzig Entscheidende. Warum über Theologie streiten, wenn Gott sowieso segnet? Die postmoderne Kultur favorisiert toleranten Relativismus und hasst intoleranten Dogmatismus. Können wir nicht davon lernen und uns über die Erfahrung des Geistes freuen, ungeachtet dessen, was darüber gelehrt wird?

Natürlich könnte man aufgrund dessen, was bisher in diesem Epilog gesagt wurde, sogar zu dem Fazit kommen, dass es reine Zeitverschwendung war, dieses Buch zu schreiben. Warum für eine einheitliche

Theologie plädieren, wenn sie ohnehin nicht so wichtig ist? Warum nicht das pragmatische Prinzip beherzigen: Wenn die Lehre, was auch immer gelehrt wird, „funktioniert", warum soll man sie dann nicht unangetastet lassen und einfach darin übereinkommen, dass man unterschiedlicher Meinung ist? Dieser gute Wille, der nicht von Engstirnigkeit geprägt und von aller gegenseitigen Kritik frei ist, würde der Sache der ökumenischen Einheit doch viel mehr dienen, oder nicht?

Zunächst einmal ist zu sagen, dass Gott zwar über seinem Wort sein mag, doch *wir sind unter seinem Wort*. Er hat uns diese Offenbarung als finalen Maßstab in allen Fragen des Glaubens und Verhaltens gegeben. Sein Wort muss stets als Prüfstein herangezogen werden, an dem sich alle Abweichungen messen lassen müssen.

Wer im Leib Christi lehrt, hat die ehrfurchtgebietende Verantwortung, die Schrift akkurat auszulegen und angemessen anzuwenden, weil jene, die lehren, *„ein schwereres Urteil empfangen werden"* (Jak 3,1). Das liegt an der zusätzlich auf ihnen lastenden Schuld, andere in die Irre geführt zu haben und außerdem selbst falsch zu liegen. Deshalb ermahnt Paulus Timotheus: *„Strebe danach, dich Gott bewährt zur Verfügung zu stellen als einen Arbeiter, der sich nicht zu schämen hat, der das Wort der Wahrheit in gerader Richtung schneidet!"* (2 Tim 2,15; schon einmal zitiert, doch einer Wiederholung wert).

Wir alle haben diese Pflicht, getreu der Schrift zu reden und zu handeln. Selbst jetzt, da ich diese Zeilen schreibe, bete ich: „Bitte, Gott, wenn irgendetwas, das ich geschrieben habe, nicht getreu deinem Wort ist, dann möge dein Geist der Wahrheit die Leser warnen und veranlassen, es nicht anzunehmen, damit ihr Wandel mit dir keinen Schaden nimmt. Amen."

Es gibt also einen *negativen* Grund, unsere traditionelle oder gewohnheitsmäßige Interpretation von Passagen, in denen es um Geistestaufe geht, neu zu untersuchen (deshalb ist Kapitel 3 über das Neue Testament das mit Abstand längste). Was dieses Thema anbelangt, müssen wir es vermeiden, andere in falscher Sicherheit zu wiegen oder in ihnen eine falsche Erwartungshaltung aufzubauen. Aber wir dürfen nicht so sehr davor zurückschrecken, dass daraus eine regelrechte Phobie wird, die uns lähmt, so dass wir gar nichts mehr zu sagen wagen.

Damit wäre ich beim *positiven* Grund für diese Betrachtung angelangt. Nur wenn Prediger die Gaben Gottes mit Klarheit und Zuversicht anbieten, strecken sich ihre Hörer im Glauben danach aus. Bloße Meinungen bekommen nicht dieselbe Resonanz, Überzeugungen schon. Wir verheißen anderen nur, wovon wir zutiefst überzeugt sind, dass Gott selbst es in seinem Wort verheißen hat.

Gleichzeitig haben wir gesehen, dass Taufe in Geist einer der Vorzüge unserer Errettung in Christus ist, der im direkten Zusammenhang mit dem Wort „Verheißung" steht (Lk 24,49; Apg 1,4; 2,33.39). Es ist eine Verheißung, die voll Zuversicht proklamiert werden kann, nachdem sie sich schon an vielen Orten erfüllt hat. Es ist traurig, dass sie in der christlichen Lehre und Predigt so sehr zum Verstummen gebracht wurde.

Die Welt hat noch nicht gesehen, wie viel mehr Kraft, Reinheit und Einheit innerhalb der Gemeinde Jesu vorhanden wären, wenn all ihre Strömungen so laut und klar wie Johannes der Täufer verkünden würden: „Wir taufen euch in Wasser, doch Jesus wird euch in heiligem Geist taufen."

Zu Beginn des neuen Jahrhunderts und Jahrtausends hoffe und bete ich, dass genau dieses geeinte Zeugnis für Jesus, den Täufer, abgelegt werden möge, bevor er wiederkommt, um zu herrschen. Möge dieses Buch einen kleinen Teil dazu beitragen, dass dies geschieht, zum Wohle der Gemeinde Jesu und zur Ehre des Herrn.

www.ingramcontent.com/pod-product-compliance
Lightning Source LLC
LaVergne TN
LVHW011929070526
838202LV00054B/4547